KB148417

Multivariate Analysis

SPSS에 의한
다변량분석
·기초에서 응용까지·

머리말

다변량분석(multivariate analysis)이란 여러 현상이나 사건에 대한 측정치를 개별적으로 분석하지 않고 동시에 한번에 분석하는 통계적 기법을 말한다. 즉 여러 변인들 간의 관계성을 동시에 고려해 그 효과를 밝히는 것이다. 이때 여러 변인을 동시에 고려하려다 보니 다변량 분포는 평면상의 면적이 아니라 공간상의 입체적 표현이 필요하게 된다. 그러나 이 경우에도 4차원 이상의 데이터는 이를 시각적으로 표현하기 어렵게 된다. 이 경우 실제로는 공간상에 표현이 불가능하더라도 논리적으로는 3차원 공간의 분석기법을 확장해 이용하게 된다.

결국 다변량분석은 여러 변인들의 효과를 동시에 분석하기에 종속변인에 대한 효과가 개별 평균(혹은 변량)이 아니라, 여러 변인들 간의 선형조합(평균벡터)으로 해석된다는 점에서 단변량 또는 이변량 분석과는 차이가 있다.

다변량 데이터의 통계처리에는 선형대수에서의 벡터와 확률개념이 그 밑바탕이 된다. 그리고 그러한 이론적 배경 위에서 회귀분석(regression analysis), 주성분분석(principal component analysis, PCA), 요인분석(factor analysis), 다양한 판별분석이론 예컨대 선형판별분석(linear discriminant analysis) 및 다중판별분석(multiple discriminant analysis), 다차원척도법(multidimensional analysis) 등이 응용분야로 발전해 왔다.

다변량분석을 딱부러지게 말하기는 쉬운 일이 아니다. 왜냐하면, 사람들마다 다변량의 의미가 일관되게 사용되고 있지 않기 때문이다. 어떤 사람들은 이 용어를 단순히 두 개 이상의 변수들 간의 관련성을 조사하는 의미로, 어떤 사람들은 다수의 변수들이 다변량 정규분포를 이루고 있는 것으로 가정되는 경우에만 이 용어를 사용한다. 그러나 넓은 의미로 정의한다면 다변량분석은 조사 중인 각 개인 혹은 각 대상물에 대한 다수의 측정치를 동시에 분석하는 모든 통계적 방법이라 볼 수 있다. 다시 말해 두 개의 변수 이상을 동시에 분석하는 것을 다변량분석이라 볼 수 있다. 따라서 많은 다변량 분석기법은 일변량분석과 이변량분석의 확장 형태라 할 수 있다.

다변량분석에 관한 책을 읽고 그 기법이나 의미하는 바를 충분히 이해할 수 있는 사람은 많지 않을 것으로 생각한다. 대부분의 사람들은 아무 생각 없이 사용설명서에 의존하여 나름대로 다변량분석을 이해하고 실제의 데이터를 다루는 과정에서 이 기법에 익숙해져 가는 것이 고작일 것이다.

이 책은 다변량분석에 관한 일반적으로 널리 쓰이는 기법들을 기초에서 응용까지 구성되어 있다. 소위 다변량분석은 과거의 기록 데이터와 새로 계획적으로 수집한 데이터의 어느 쪽에도 적용가능한 기법이다. 수치로 표시되는 양적 데이터는 말할 것도 없고, 수치로는 표현하기 어려운 질적 데이터도 코드화를 통해서 처리할 수 있는 유연성이 높은 기법이다. 이와 같은 특색에 덧붙여서 PC의 급속한 보급과 양질의 소프트웨어의 등장에 의해 최근에는 분야를 불문하고 넓은 범위에서 활용하고 있다.

다변량분석을 실천하려면 컴퓨터와 분석을 위한 소프트웨어가 필요하다. 프로그램을 스스로 작성할 수 있는 사람이더라도 다변량분석의 소프트웨어를 자주적으로 개발한다는 것은 상당한 수고가 필요하다. 그러나 다행스럽게도 PC로 작동되는 SPSS와 같은 신뢰성이 높은 통계 패키지가 시판되고 있어 이것들을 이용하면 수집한 데이터를 다변량분석의 기법으로 분석할 수 있게 된다.

이 책에서는 SPSS의 조작 방법에 대해서 필요최소한의 것밖에 설명하고 있지 않다. 그러나 이 책에 따라 학습하다 보면 스스로 이들 소프트웨어의 조작 방법에 익숙해져 있는 자신을 발견할 것이다. 이 책에서 사용한 소프트웨어는 SPSS 27 버전이다.

끝으로 이 책의 출간을 기꺼이 허락해 주신 한올출판사 사장님과 관계자 여러분의 노고에 감사의 말씀을 드린다.

2022년 6월
저자 씀

CONTENTS

CONTENTS

CONTENTS

CONTENTS

Chapter 01

중회귀분석

Chapter 01
중회귀분석

1. 회귀분석의 기초지식

1) 회귀분석의 개요

> **회귀분석이란**

회귀분석은 어떤 하나의 변수 값을, 다른 변수의 값을 사용해서
　① 예측하고 싶다.
　② 제어하고 싶다.
라고 하는 두 가지 경우에 주로 이용되는 수법이다.

예측하고 싶은 변수를 목적변수라 부르고, 예측에 사용하는 변수를 설명변수라고 부른다. 제어의 문제에 적용할 경우에는 목적변수가 결과로서 제어되는 변수이고 설명변수가 직접 제어하는 변수이다.

회귀분석에는 단(순)회귀분석(simple regression analysis)과 중회귀분석(multiple regression analysis)이 있다. 설명변수가 하나인 경우가 단회귀분석이고 두 개 이상인 경우가 중회귀분석이다.

회귀분석을 적용할 수 있는 데이터의 타입은 목적변수가 양적 변수일 때이다. 설명변수 쪽은 양적 변수이거나 질적 변수이거나 상관없다. 다만 질적 변수를 쓸 경우에는 데이터 값이 0이나 1밖에 취하지 않는 더미변수라고 불리는 변수를 도입하여, 질적인 데이터를 변환하지 않으면 안 된다. 설명변수가 모두 질적인 경우에 이용되는 해석수법에 수량화이론 I류라고 불리는 수법이 있는데, 이것은 설명변수를 모두 더미변수로 해서 중회귀분석을 실시하는 것과 동등하다.

➜ 회귀분석의 목표

단회귀분석은 목적변수 y를 1개의 설명변수 x의 1차식으로 나타내는 것, 즉

$$y = b_0 + b_1 x$$

라고 하는 y와 x 사이의 관계식을 구하는 수법이다.

중회귀분석이란 목적변수 y를 p개의 설명변수 $x_1,\ x_2,\ \cdots,\ x_p$ 의 1차식으로 나타내는 것, 즉

$$y = b_0 + b_1 x_1 + b_2 x_2 + \cdots + b_p x_p$$

라고 하는 y와 $x_1,\ x_2,\ \cdots,\ x_p$ 사이의 관계식을 구하는 수법이다.

회귀분석에서는 b_0를 절편 혹은 상수항이라 부르고, $b_1,\ b_2,\ \cdots,\ b_p$ 를 (편)회귀계수라고 부른다.

➜ 회귀분석의 이론적 배경

단회귀분석을 통해서 회귀분석의 이론적 배경을 설명한다.

지금 체중과 신장의 두 변수에 대해서 n명분의 데이터가 얻어졌다고 한다. 체중은 y, 신장은 x라고 한다. x로부터 y를 예측하는 식을 만들고 싶다.

여기에서 n명의 데이터 $x_i,\ y_i\ (i = 1,\ 2,\ \cdots\ n)$에

$$y_i = b_0 + b_1 x_i$$

라고 하는 직선을 적용하는 것을 생각한다. 구하고 싶은 것은 b_0와 b_1이다.

이 식을 써서 x로부터 y를 예측했다고 하면, 제 i번째 y의 예측치 Y_i는

$$Y_i = b_0 + b_1 x_i$$

가 된다. 따라서 실제의 y값과 y의 예측치 Y의 차 e는

$$e_i = y_i - (b_0 + b_1 x_i)$$

로 나타낼 수 있다.

실제의 y의 값이 예측치보다도 클 때에는 e는 양(+)이 되고, 작을 때에는 e는 음(-)이 된다. e를 잔차(residual)라고 한다.

데이터에 가장 잘 들어맞는 직선이란 '잔차 e의 합계가 최소가 되는 직선'이라고 생각할 수도 있지만, 이와 같은 직선은 y의 평균을 말하는 것으로 이것은 x와 무관하고 의미가 없다.

그래서 잔차 e를 거리처럼 생각해서 + - 의 부호가 사라지도록 e를 자승해서 평가하여, 'e의 자승의 합계가 최소가 되는 직선'이 데이터에 가장 잘 들어맞는 직선이라고 생각하기로 한다. 이와 같은 방법을 최소자승법(least squares method)이라 부르고 이 사고방식이 회귀분석의 이론적인 배경으로 되어 있다.

2) 회귀분석과 SPSS

▶ 회귀분석에 대한 예비적 해석

회귀분석을 실시하기 전에 그래프를 활용한 1변수마다, 2변수마다의 기본적인 해석을 행하여 데이터의 음미를 충분히 실시해 놓을 필요가 있다. 이와 같은 해석의 단계를 예비적 해석이라고 부른다.

예비적 해석에서는 하나의 변수마다의 분포, 두 변수간의 관계, 이상치(이상적으로 차이가 나는 값)의 존재 등을 시각에 호소해서 검토하게 된다.

회귀분석 등의 다변량분석의 수법은 이상치의 영향을 받기 쉽고 또 두 변수간의 관계에는 직선관계를 상정하고 있는 경우가 많다. 따라서 예비적 해석에 의해 이상치의 유무를 검토한다거나 두 변수간의 관계를 검토하는 것은 극히 중요한 과정이 된다.

▶ 1변수마다의 해석

예비적 해석의 제 1단계는 1변수마다의 데이터 해석이다. 다변량 데이터를 구성하는 각 변수마다의 데이터 특징을 파악하기 위해서 1변수마다 기본통계량(평균이나 표준편차)의 산출과 그래프 표현을 실시한다.

평균과 표준편차의 값을 알면, 개개의 데이터가 이상치인지 어떤지를 쉽게 판단할 수 있다.

$$평균 \pm 2.5 \times 표준편차$$

의 범위를 넘어서고 있는 데이터는 이상치(異常値)라고 생각한다.

데이터의 분석이나 이상치의 존재는 데이터를 그래프로 표현하여 시각적으로 음미하는 것도 필요하다. 이때에 이용하는 그래프로서는 히스토그램이나 도트 플롯이 유효하다.

➤ 두 변수마다의 해석

두 개의 양적 변수가 있어서 한쪽 변수의 데이터가 변화했을 때에 다른 한쪽 변수의 데이터도 그것에 따라서 변화하는 경우, 이들 두 변수간에는 상관관계가 있다고 한다. 예를 들면 신장이 큰 사람은 체중이 무겁고, 신장이 작은 사람은 체중이 가볍다고 하는 경향이 있다면 신장과 체중 사이에는 상관관계가 있다고 한다. 상관관계 중에서도 한쪽 변수의 값이 커지면 다른 한쪽 변수의 값도 커진다고 하는 관계를 양(+)의 상관관계라 하고, 이것과는 역으로 한쪽 변수의 값이 커지면 다른 한쪽 변수의 값은 작아진다고 하는 관계를 음(-)의 상관관계라고 한다.

상관관계의 정도를 재는 지표가 상관계수(correlation coefficient)이다. 상관계수는 보통 r 이라고 하는 기호로 표기된다. 상관계수는 -1에서 +1까지의 값을 취하며, 상관계수의 절대치 혹은 상관계수의 자승 값이 1에 가까울수록 상관관계가 강하다고 판단한다.

상관계수의 값이 플러스일 때에는 양(+)의 상관관계가 있다는 것을 시사하고, 상관계수의 값이 마이너스일 때에는 음(-)의 상관관계가 있다는 것을 시사하고 있다. 상관계수가 0에 가까울 때에는 그 두 변수간에는 상관관계가 없게 된다.

두 양적 변수의 관계도 1변수마다의 해석을 실시할 때와 마찬가지로 그래프로 표현하여 시각적으로 음미하는 것이 필요하다. 이를 위한 그래프로서 산점도(scatter diagram) 혹은 산포도가 있다.

산점도를 관찰할 때의 요점은 다음의 세 가지이다.

① 변수 사이에는 어떠한 관계가 있는가(직선적인가, 곡선적인가, 무관계인가)

② 이상치(이상적으로 차이가 나는 값)는 없는가

③ 몇 개의 크러스터(군집)가 형성되어 있지 않은가

SPSS에서는 그래프 기능을 사용해서 산점도를 간단히 작성할 수 있다.

2. 중회귀분석의 시각적 표현

예제 1-1

다음 데이터는 1970~2005년의 평균수명, 1인당 소득에 대한 의료비의 비율, 단백질 섭취량에 대해서 조사한 것이다. 이에 대해 중회귀분석을 실시해 보자.

| 표 1.1 | 장수의 원인

연도	평균수명(년) y	의료비의 비율(%) x_1	단백질 섭취량(g) x_2
1970	62.8	2.65	58.8
1975	64.2	3.05	65.4
1980	65.7	3.27	69.7
1985	67.8	3.06	69.7
1990	70.3	4.22	71.3
1995	72.0	4.10	77.6
2000	74.3	5.26	81.0
2005	76.2	6.18	78.7

중회귀분석(multiple regression analysis)은 몇 개의 변량 사이에 성립하는 관계식을 찾아내는 것부터 시작된다. 변량과 변량 사이의 관계를 조사하는 가장 좋은 방법은 '산점도'를 그려보는 것이다. 즉, 통계처리의 첫 걸음은 그래프의 표현이다.

SPSS를 사용해서 산점도(혹은 산포도)를 그려 보자.

1) 산점도 작성 방법

이 데이터의 경우에 알고 싶은 것은 다음과 같은 변량간의 관계이다.

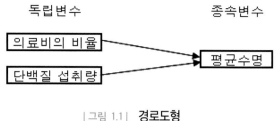

독립변수   종속변수

의료비의 비율 ──→ 평균수명
단백질 섭취량 ──→

|그림 1.1| **경로도형**

이와 같은 그림을 경로도형(path diagram)이라고 한다. 경로도형을 그리면, 무엇을 분석하고 싶은지가 분명해진다.

그래서 평균수명 y와 의료비의 비율 x_1의 산점도와 평균수명 y와 단백질 섭취량 x_2의 산점도를 각각 그려 보자.

> **SPSS에 의한 해법**

순서 1 ▸ ▸ ▸ 데이터의 입력(1-1.sav)

데이터는 다음과 같이 입력해 놓는다.

	평균수명	의료비	단백질	변수
1	62.80	2.65	58.80	
2	64.20	3.05	65.40	
3	65.70	3.27	69.70	
4	67.80	3.06	69.70	
5	70.30	4.22	71.30	
6	72.00	4.10	77.60	
7	74.30	5.26	81.00	
8	76.20	6.18	78.70	
9				

순서 2 ▸ ▸ ▸ 산점도 메뉴의 선택

산점도를 그릴 때는 [그래프(G)]의 메뉴에서 [산점도/점도표(S)]를 선택한다.

순서 3 ▸ ▸ ▸ 산점도 유형의 선택

다음의 화면이 나타나면 [단순 산점도]를 선택하고 [정의]를 클릭한다.

순서 4 ▶ ▶ ▶ 변수의 선택

[단순 산점도]의 화면이 나타나면 [Y - 축(Y)]에 '평균수명', [X - 축(X)]에 '의료비'를 이동한다. 다음에 [확인] 버튼을 클릭한다.

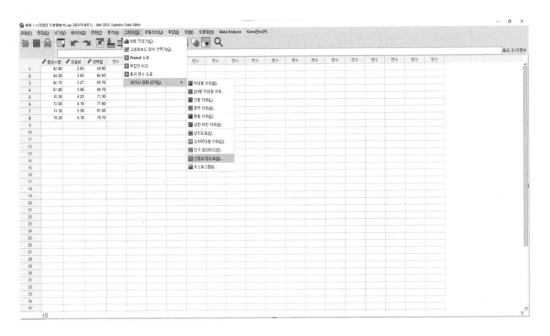

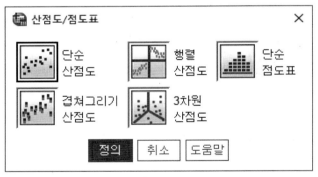

> **분석결과**

다음과 같은 그래프가 그려진다.
이어서 '평균수명'과 '단백질'의 산점도를 그려 보자.

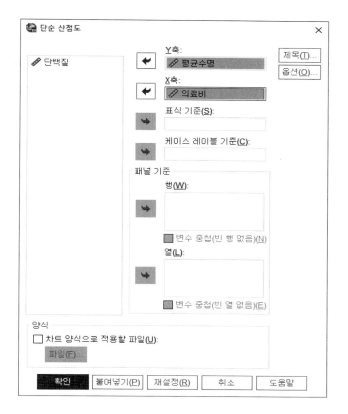

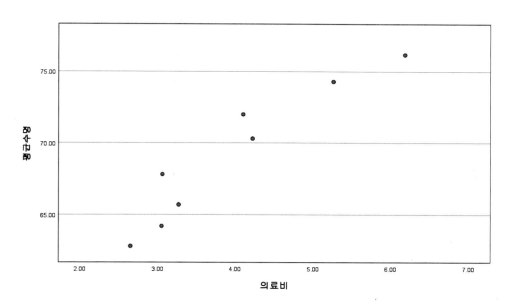

순서 2 ⇨ 순서 3 ⇨ 순서 4는 앞에서와 같다. [단순 산점도]의 화면에서 [Y - 축 (Y)]에 '평균수명', [X - 축(X)]에 '단백질'을 이동한다. 다음에 [확인] 버튼을 클릭한다.

> 분석결과

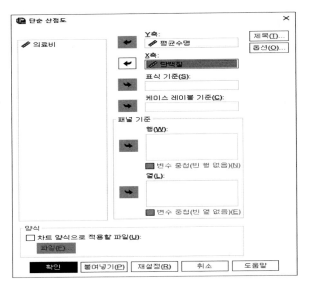

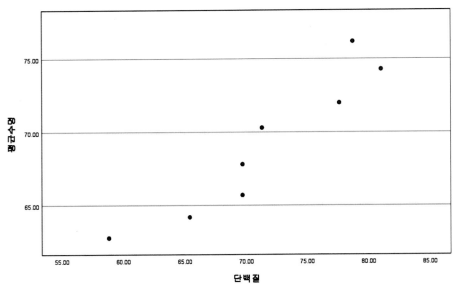

위와 같은 그래프가 그려진다.

이 두 개의 그래프를 보면, 데이터의 점은 다음의 직선(적합선) 주위에 흩어져 있는 것처럼 보인다.

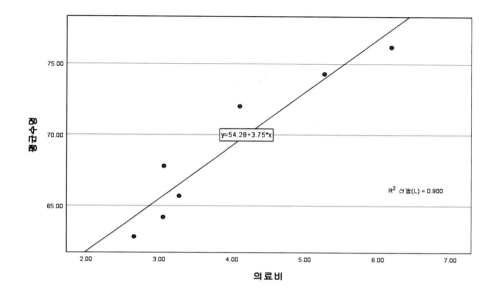

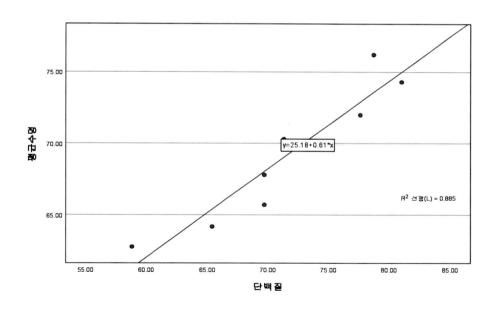

그런데 직선 $y = a + bx$는 1차식이다.

즉, 평균수명 y와 의료비의 비율 x_1의 사이에는

$$y = a_1 + b_1 x_1$$

이라고 하는 1차식의 관계가 있다고 생각된다.

마찬가지로 평균수명 y와 단백질 섭취량 x_2의 사이에는

$$y = a_2 + b_2 x_2$$

라고 하는 1차식의 관계가 있다고 생각된다.

그래서 이 두 개의 식을 합쳐서

$$y = b_1 x_1 + b_2 x_2 + b_0$$

라고 하는 1차식을 구하는 것으로 한다.

이때, 평균수명 y를 종속변수 또는 목적변수라 하고, 의료비의 비율 x_1, 단백질 섭취량 x_2를 독립변수 또는 설명변수라고 한다.

그런데 적합선이 추가된 위의 두 산점도를 보더라도 알 수 있듯이, 각 데이터의 점은 정확히 직선상에 있는 것은 아니다.

그래서 처음에 주어져 있는 데이터를 관측치 y, 1차식으로 주어지는 값을 예측치 Y라고 부르기로 한다. 즉,

관측치 …… y

예측치 …… $Y = b_1 x_1 + b_2 x_2 + b_0$

가 된다. 예측치 $Y = b_1 x_1 + b_2 x_2 + b_0$의 식을 중회귀식이라고 한다.

더욱이,

관측치 - 예측치 …… $y - Y$

를 잔차(residual)라고 부르기로 한다. 잔차를 오차라고 부르기도 한다.

그러면 여기에서 우리가 구해야 할 것은 중회귀식 $Y = b_1 x_1 + b_2 x_2 + b_0$에서, 독립변수 x_1, x_2의 계수 b_1, b_2와 상수 b_0이다. 특히 계수 b_1, b_2를 편회귀계수라고 부른다.

중회귀분석의 회귀계수를 편회귀계수라고 한다. 편회귀계수는 회귀식에 포함되는 다른 변수의 영향을 제거한 후의(다른 변수를 '일정'으로 했을 때의), 해당 설명변수가 반응변수에 주는 영향을 나타낸다.

2) 중회귀식을 구하는 방법

예제 1-1의 데이터를 사용해서 중회귀식을 구해 보자.

순서 1 ▸ ▸ ▸ 선형 회귀분석 메뉴의 선택
데이터를 입력한 다음, [분석(A)]의 메뉴 중에서 [회귀분석(R)]을 선택하고, 서브메뉴 중에서 [선형(L)]을 선택한다.

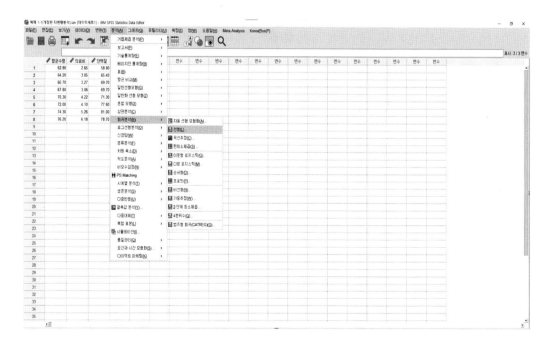

순서 2 ▸ ▸ ▸ 변수의 선택

[선형 회귀] 대화상자에서 다음과 같이 변수를 선택하여 이동한다.

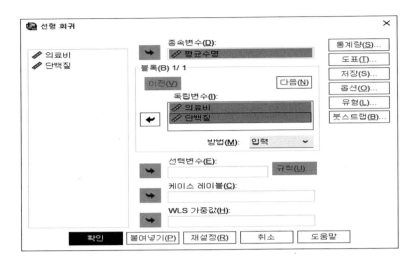

여기에서 [확인] 버튼을 클릭하면 분석결과가 출력된다.

> **분석결과(1)**

계수[a]

모형		비표준화 계수		표준화 계수	t	유의확률
		B	표준화 오류	베타		
1	(상수)	38.147	5.560		6.861	.001
	의료비	2.122	.637	.537	3.332	.021
	단백질	.316	.105	.483	2.995	.030

a. 종속변수: 평균수명

> **분석결과(2)**

모형 요약

모형	R	R 제곱	수정된 R 제곱	추정값의 표준 오차
1	.982[a]	.964	.950	1.08349

a. 예측자: (상수), 단백질, 의료비

ANOVA^a

모형		제곱합	자유도	평균제곱	F	유의확률
1	회귀	158.349	2	79.175	67.443	.000^b
	잔차	5.870	5	1.174		
	전체	164.219	7			

a. 종속변수: 평균수명
b. 예측자: (상수), 단백질, 의료비

계수^a

모형		비표준화 계수		표준화 계수	t	유의확률
		B	표준화 오류	베타		
1	(상수)	38.147	5.560		6.861	.001
	의료비	2.122	.637	.537	3.332	.021
	단백질	.316	.105	.483	2.995	.030

a. 종속변수: 평균수명

> **분석결과의 해석방법**

SPSS의 출력 중에 '계수'의 B라고 하는 곳이 있다. 이곳이 편회귀계수이다.
따라서

의료비의 비율에 대한 편회귀계수 = 2.122
단백질 섭취량에 대한 편회귀계수 = 0.316

이므로, 중회귀식은

$$Y = 2.122 \times 의료비의비율 + 0.316 \times 단백질의섭취량 + 38.147$$

이 된다.
중회귀분석이란 실은 이렇게 간단하다.

TIPS!

회귀분석은 시간에 따라 변화하는 데이터나 어떤 영향, 가설적 실험, 인과 관계의 모델링 등의 통계적 예측에 이용될 수 있다. 그러나 많은 경우에 가정이 맞는지 아닌지 적절하게 밝혀지지 않은 채로 이용되어 그 결과가 오용되는 경우도 있다. 특히 통계 소프트웨어의 발달로 분석이 용이해져서 결과를 쉽게 얻을 수 있지만 분석 방법의 선택이 적절했는지 또한 정보 분석이 정확한지 판단하는 것은 연구자에게 달려 있다.

중회귀식은

| 그림 1.2 | **경로도형(분석결과)**

의 관계를 조사한 것이다. 이때, 편회귀계수는 무엇을 의미하는 것일까?

그래서 다음 두 개의 단회귀분석(單回歸分析, simple regression analysis)을 생각해 보기로 한다.

| 그림 1.3 | **경로도형(두 개의 단회귀분석)**

1) 단회귀식을 구하는 방법(1)

예제 1-1의 데이터를 사용해서 단회귀식을 구해 보자.

> **SPSS에 의한 해법**

순서 1 ▸ ▸ ▸ 선형 회귀분석 메뉴의 선택

데이터를 입력한 다음, [분석(A)]의 메뉴 중에서 [회귀분석(R)]을 선택하고, 서브메뉴 중에서 [선형(L)]을 선택한다.

순서 2 ▸ ▸ ▸ 변수의 선택

평균수명과 의료비의 비율에 대한 단회귀식을 구할 때는, [선형 회귀분석] 대화상자에서
다음과 같이 변수를 선택하여 이동한다. 다음에 [확인] 버튼을 클릭한다.

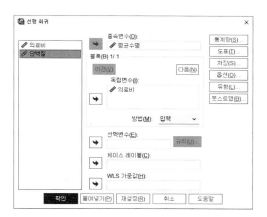

> **분석결과 및 결과의 해석방법**

계수ᵃ

모형		비표준화 계수		표준화 계수	t	유의확률
		B	표준화 오류	베타		
1	(상수)	54.277	2.107		25.762	.000
	의료비	3.746	.509	.949	7.354	.000

a. 종속변수: 평균수명

단회귀분석의 단회귀식은 다음과 같다.

$$y = a + bx$$

평균수명 = 54.277 + 3.746 × 의료비

2) 단회귀식을 구하는 방법(2)

순서 1 ▶ ▶ ▶ 선형 회귀분석 메뉴의 선택

데이터를 입력한 다음, [분석(A)]의 메뉴 중에서 [회귀분석(R)]을 선택하고, 서브메뉴 중에서 [선형(L)]을 선택한다.

순서 2 ▶ ▶ ▶ 변수의 선택

평균수명과 단백질 섭취량에 대한 단회귀식을 구할 때는, [선형 회귀분석] 대화상자에서 다음과 같이 변수를 선택하여 이동한다. 다음에 [확인] 버튼을 클릭한다.

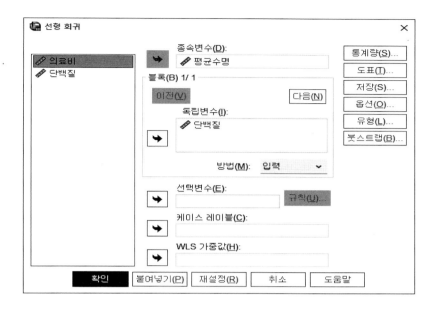

> **분석결과 및 결과의 해석방법**

계수[a]

모형		비표준화 계수 B	비표준화 계수 표준화 오류	표준화 계수 베타	t	유의확률
1	(상수)	25.181	6.507		3.870	.008
	단백질	.615	.091	.941	6.791	.000

a. 종속변수: 평균수명

단회귀분석의 단회귀식은 다음과 같다.

$$y = a + bx$$

평균수명 = 25.181 + 0.615 × 단백질

이상으로부터 각각의 단회귀분석의 계수는

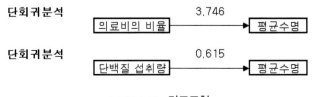

단회귀분석 3.746 의료비의 비율 ⟶ 평균수명

단회귀분석 0.615 단백질 섭취량 ⟶ 평균수명

|그림 1.4| **경로도형**

로 되어 있는 것을 알 수 있다.

그러면 이 두 개의 회귀계수는 중회귀분석의 편회귀계수와 상당히 다르다.

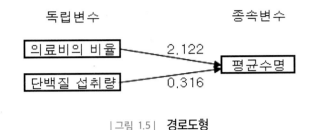

|그림 1.5| **경로도형**

그래서 그 원인을 찾기 위하여 이 세 개의 변량 평균수명, 의료비의 비율, 단백질의 섭취량 사이의 상관계수를 구해 보도록 하자.

3) 상관계수를 구하는 방법

순서 1 ▸ ▸ ▸ 이변량 상관분석 메뉴의 선택

데이터를 입력한 다음, [분석(A)]의 메뉴 중에서 [상관분석(C)]을 선택하고, 서브메뉴 중에서 [이변량 상관(B)]을 선택한다.

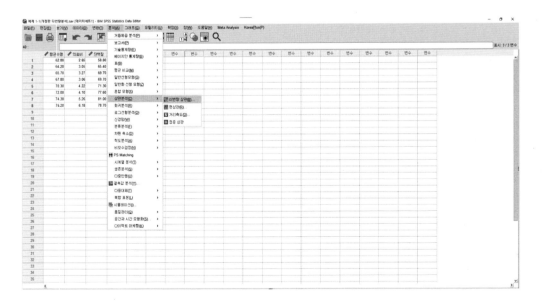

[이변량 상관계수] 대화상자가 나타나면 세 개의 변량을 [변수(V)] 난으로 이동한다. 다음에 [확인] 버튼을 클릭한다.

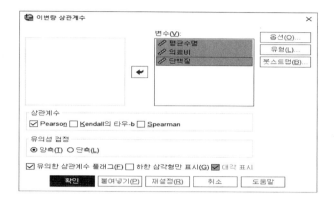

> **분석결과 및 결과의 해석방법**

상 관 관 계

		평균수명	의료비	단백질
평균수명	Pearson 상관	1	.949**	.941**
	유의확률 (양측)		.000	.000
	N	8	8	8
의료비	Pearson 상관	.949**	1	.852**
	유의확률 (양측)	.000		.007
	N	8	8	8
단백질	Pearson 상관	.941**	.852**	1
	유의확률 (양측)	.000	.007	
	N	8	8	8

**. 상관관계가 0.01 수준에서 유의합니다(양측).

SPSS의 출력결과를 보면 상관계수는 모두 0.8 이상이므로, 세 개의 변량은 서로 영향을 미치고 있다는 것을 알 수 있다.

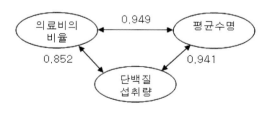

| 그림 1.6 |

그래서 평균수명으로부터 단백질 섭취량의 영향을 제거해 보자.

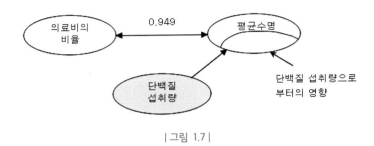

| 그림 1.7 |

그 방법은 간단한데, 우선 평균수명과 단백질 섭취량 사이에서 단회귀분석을 실시한다. 그리고 이때의 단백질 섭취량으로부터 평균수명에 대한 예측치를

'평균수명에 대한 단백질 섭취량으로부터의 영향'

이라고 생각한다. 즉

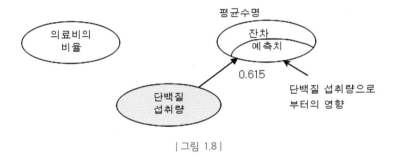

| 그림 1.8 |

이 된다.

마찬가지로 해서 의료비의 비율과 단백질 섭취량 사이에서 단회귀분석을 실시하여, 의료비 비율로부터 단백질 섭취량의 영향을 제거해 보자.

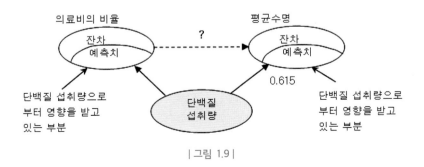

| 그림 1.9 |

라고 하는 것은

평균수명과 단백질 섭취량의 단회귀분석
의료비의 비율과 단백질 섭취량의 단회귀분석

을 실시해서, 각각의 잔차를 구하면 된다.

4) 예측치와 잔차를 구하는 방법

순서 1 ▸ ▸ ▸ 선형 회귀분석 메뉴의 선택

데이터를 입력한 다음, [분석(A)] - [회귀분석(R)] - [선형(L)]을 선택한다.

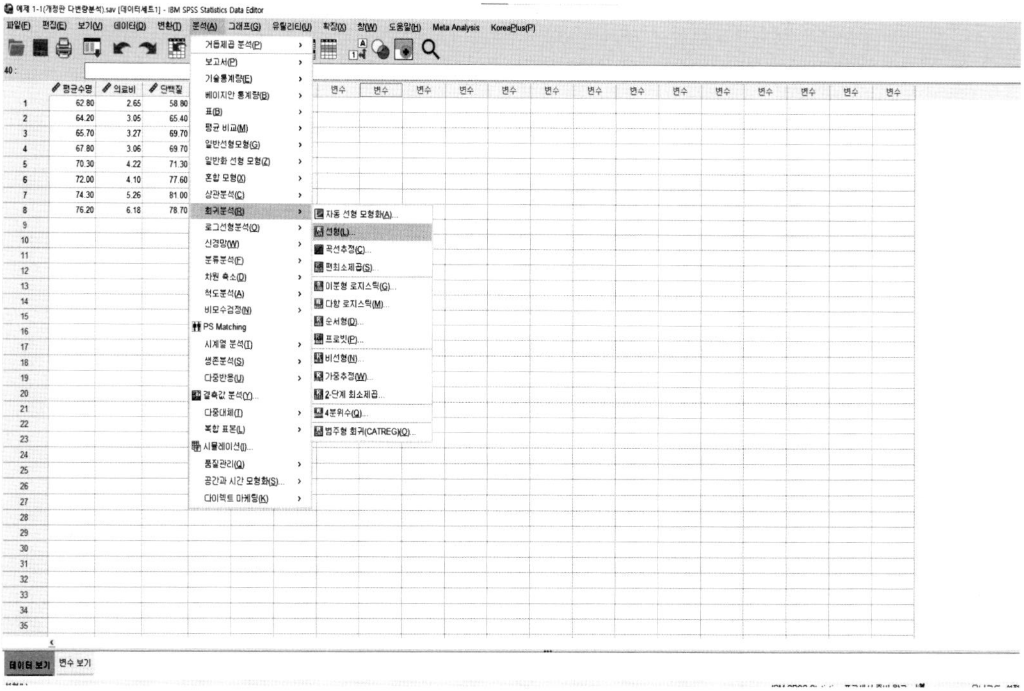

순서 2 ▸ ▸ ▸ 변수의 선택

[선형 회귀분석] 대화상자에서 다음과 같이 변수를 선택하여 이동한다. 다음에 [저장(S)]
버튼을 클릭한다.

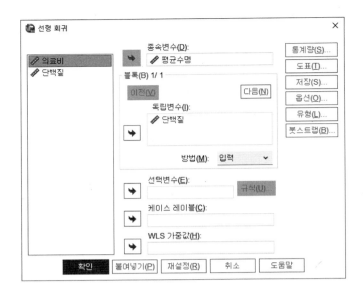

순서 3 ▸ ▸ ▸ 신변수의 저장

　　[저장] 대화상자에서 다음과 같이 선택하고 [계속] 버튼을 클릭한다.

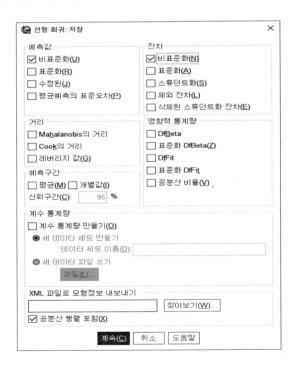

　　순서 2의 화면으로 되돌아오면 [확인] 버튼을 클릭한다.

순서 4 ▸ ▸ ▸ 예측치와 잔차의 출력

이때 [데이터 보기] 화면은 다음과 같이 되어 있음을 확인할 수 있다. 계속해서 순서 5로 넘어간다.

순서 5 ▸ ▸ ▸ 예측치와 잔차의 출력

이번에는 [종속변수(D)] 난에 '의료비', [독립변수(I)] 난에 '단백질'을 이동하고 [저장(S)] 버튼을 클릭한다.

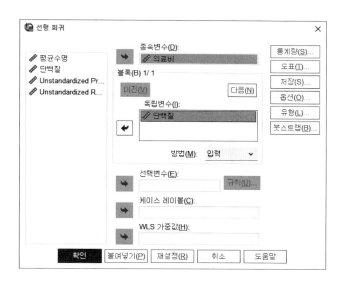

순서 6 ▸ ▸ ▸ 신변수의 저장

순서 3과 마찬가지로 다음과 같이 선택하고 [계속] 버튼을 클릭한다. 순서 5의 화면으로 되돌아오면 [확인] 버튼을 클릭한다.

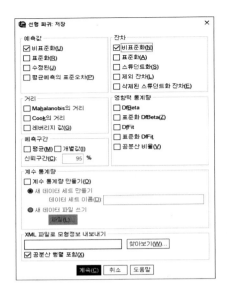

→ 분석결과 및 결과의 해석방법

PRE가 예측치, RES가 잔차를 가리킨다.

따라서

RES_1 = 평균수명으로부터 단백질 섭취량의 영향을 제거한 것

RES_2 = 의료비의 비율로부터 단백질 섭취량의 영향을 제거한 것

이 된다.

그래서 RES_1과 RES_2의 단회귀분석을 실시해 본다.

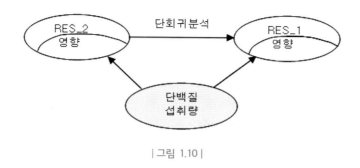

| 그림 1.10 |

5) 잔차와 잔차의 단회귀식을 구하는 방법

순서 1 ▸ ▸ ▸ 선형 회귀분석 메뉴의 선택

메뉴에서 [분석(A)] - [회귀분석(R)] - [선형(L)]을 선택한다.

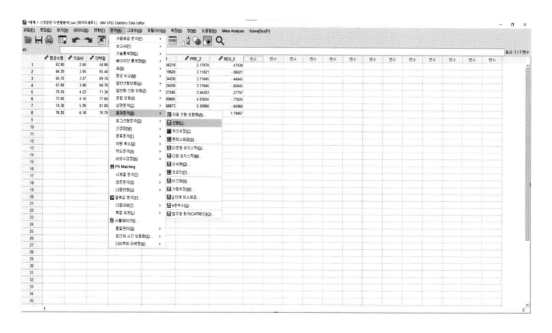

순서 2 ▸ ▸ ▸ 변수의 선택

[선형 회귀분석] 대화상자에서 [종속변수(D)] 난에 'RES_1', [독립변수(I)] 난에 'RES_2'를 이동하고 [확인] 버튼을 클릭한다.

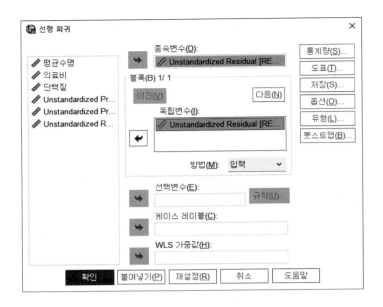

> **분석결과 및 결과의 해석방법**

계수^a

모형		비표준화 계수		표준화 계수	t	유의확률
		B	표준화 오류	베타		
1	(상수)	1.036E-14	.350		.000	1.000
	Unstandardized Residual	2.122	.581	.830	3.650	.011

a. 종속변수: Unstandardized Residual

Unstandardized Residual의 계수에 주목한다. '2.122'로 되어 있다.
이 값은 중회귀분석의 의료비의 비율에 대한 편회귀계수와 일치하고 있다.

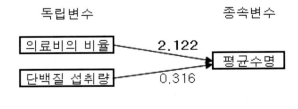

| 그림 1.11 |

즉, 편회귀계수는

'다른 설명변량의 영향을 제거한 다음의, 목적변량과 설명변량 사이의 계수'

였던 것이다.

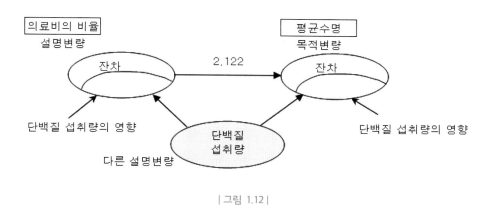

| 그림 1.12 |

4. 중상관계수와 결정계수

앞에서 구한 중회귀식

$$Y = 2.122 \times 의료비의비율 + 0.316 \times 단백질의섭취량 + 38.147$$

에서 의료비의 비율, 단백질 섭취량에 값을 대입하면, 평균수명 Y를 예측할 수 있다.

그러나 예측이 어긋난다면 그 원인으로서, 중회귀식의 적합도에 문제가 있는 것이다. 중회귀식이 데이터에 적합한지 어떤지를 조사하려면, 어떻게 하면 좋을까?

그래서 예측치와 잔차를 구해 보기로 한다.

1) 예측치와 잔차를 구하는 방법

순서 1 ▸ ▸ ▸ 선형 회귀분석 메뉴의 선택

데이터를 입력한 다음, [분석(A)] - [회귀분석(R)] - [선형(L)]을 선택한다.

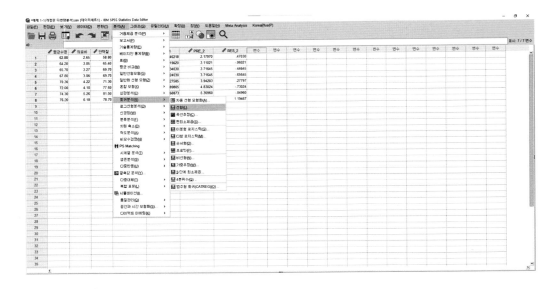

순서 2 ▸ ▸ ▸ 변수의 선택

[선형 회귀분석] 대화상자에서 다음과 같이 변수를 선택하여 이동한다. 다음에 [저장(S)] 버튼을 클릭한다.

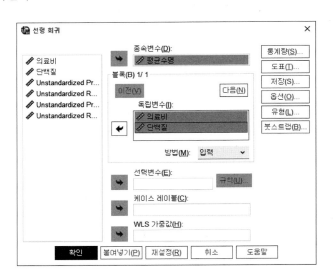

순서 3 ▸ ▸ ▸ 신변수의 저장

[저장] 대화상자에서 다음과 같이 선택하고 [계속] 버튼을 클릭한다.

순서 2의 화면으로 되돌아오면 [확인] 버튼을 클릭한다.

> **분석결과 및 결과의 해석방법**

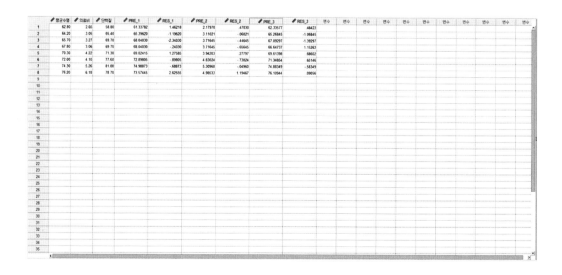

이 화면의 PRE는 예측치, RES는 잔차를 가리킨다.

따라서

관측치 y 예측치 Y 잔차

	평균수명	의료비	단백질	PRE_1	RES_1	PRE_2	RES_2	PRE_3	RES_3	변수
1	62.80	2.65	58.80	61.33782	1.46218	2.17970	.47030	62.33577	.46423	
2	64.20	3.05	65.40	65.39620	-1.19620	3.11021	-.06021	65.26845	-1.06845	
3	65.70	3.27	69.70	68.04030	-2.34030	3.71645	-.44645	67.09297	-1.39297	
4	67.80	3.06	69.70	68.04030	-.24030	3.71645	-.65645	66.64737	1.15263	
5	70.30	4.22	71.30	69.02415	1.27585	3.94203	.27797	69.61398	.68602	
6	72.00	4.10	77.60	72.89805	-.89805	4.83024	-.73024	71.34854	.65146	
7	74.30	5.26	81.00	74.98873	-.68873	5.30960	-.04960	74.88349	-.58349	
8	76.20	6.18	78.70	73.57445	2.62555	4.98533	1.19467	76.10944	.09056	
9										

로 되어 있는 것이다. 여기에서 상관계수를 상기하기로 한다.

구한 중회귀식이 데이터에 적합하다면

"관측치와 예측치의 상관계수가 1에 가깝다"

라고 생각할 수 있다.

그래서 관측치와 예측치의 상관계수를 구해 보기로 한다.

2) 상관계수를 구하는 방법

순서 1 ▸ ▸ ▸ 이변량 상관분석 메뉴의 선택

[분석(A)]의 메뉴 중에서 [상관분석(C)]을 선택하고, 서브메뉴 중에서 [이변량 상관계수 (B)]를 선택한다.

순서 2 ▸ ▸ ▸ 변수의 선택

[이변량 상관계수] 대화상자가 나타나면 평균수명과 PRE_1을 [변수(V)] 난으로 이동한다. 다음에 [확인] 버튼을 클릭한다.

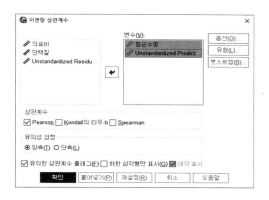

> **분석결과 및 결과의 해석방법**

상 관 관 계

		평균수명	Unstandardiz ed Predicted Value
평균수명	Pearson 상관	1	.982[**]
	유의확률 (양측)		.000
	N	8	8
Unstandardized Predicted Value	Pearson 상관	.982[**]	1
	유의확률 (양측)	.000	
	N	8	8

**. 상관관계가 0.01 수준에서 유의합니다(양측).

평균수명과 Unstandardized Predicted Value의 상관계수는 0.982로 되어 있다. 이 값은 1
에 매우 가깝다. 따라서 앞에서 구한 중회귀식은 데이터에 아주 적합하다고 생각할 수 있다.

중회귀분석에서는 이 상관계수를

'중상관계수 R'

이라 부르고 있다.

중상관계수 R의 제곱을

'결정계수 R^2'

이라고 한다.

물론 중상관계수가 1에 가까우면 중회귀식의 적합도가 좋으므로, 결정계수 R^2도 1에 가까운
편이 좋은 것이다.

평균수명에 관계가 있는 요인으로서 두 개의 독립변수

'의료비의 비율'과 '단백질 섭취량'

을 문제 삼고 있다. 이 두 개의 독립변수 중에서 어느 쪽이 평균수명에 보다 큰 영향을 미치고 있을까?

앞에서 구한 중회귀식은

$$Y = 2.122 \times 의료비의비율 + 0.316 \times 단백질의섭취량 + 38.147$$

로 되어 있었다. 이 편회귀계수가 큰 쪽이 보다 중요한 변량일까?

그래서 다음의 데이터를 생각해 보기로 한다. 단백질 섭취량의 단위가 원래의 데이터 단위와 다르다는 데 주의를 요한다.

| 표 1.2 | **장수의 원인**

연도	평균수명(년) y	의료비의 비율(%) x_1	단백질 섭취량(kg) x_2
1970	62.8	2.65	0.0588
1975	64.2	3.05	0.0654
1980	65.7	3.27	0.0697
1985	67.8	3.06	0.0697
1990	70.3	4.22	0.0713
1995	72.0	4.10	0.0776
2000	74.3	5.26	0.0810
2005	76.2	6.18	0.0787

1) 데이터의 변환

순서 1 ▸ ▸ ▸ 데이터의 입력(1-1.sav)

원래의 데이터 보기는 다음과 같이 되어 있었다.

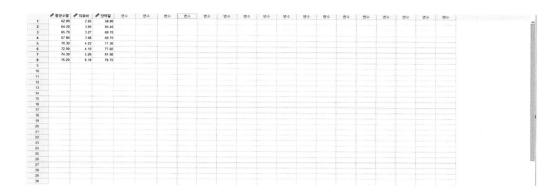

순서 2 ▸ ▸ ▸ 변수 계산 메뉴의 선택

메뉴에서 [변환(T)] - [변수 계산(C)]을 선택한다.

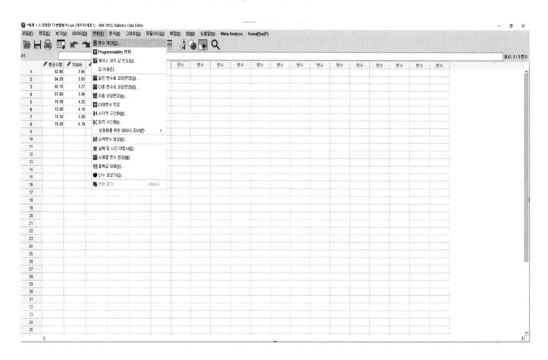

순서 3 ▸ ▸ ▸ 변수 계산

[변수 계산] 대화상자에서 [목표변수(T)] 난에 'X3'라고 입력하고, [숫자표현식(E)] 난에 '단백질*0.001'이라고 입력한다. 다음은 [확인] 버튼을 클릭한다.

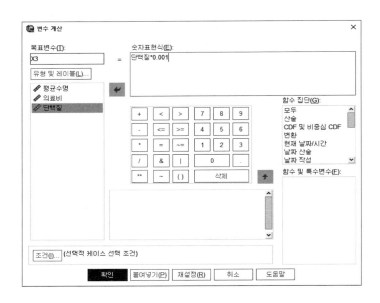

	평균수명	의료비	단백질	X3	변수	변수	변수	변수	변수	변수	변수	변수	변수	변수	변수	변수	변수	변수
1	62.80	2.65	58.80	.06														
2	64.20	3.05	65.40	.07														
3	65.70	3.27	69.70	.07														
4	67.80	3.05	69.70	.07														
5	70.30	4.22	71.30	.07														
6	72.00	4.10	77.60	.08														
7	74.30	5.26	81.00	.08														
8	76.20	6.18	78.70	.08														

1970년 X3의 표시는 0.06이지만, 내용은 0.0588이므로 계산에는 문제가 없다. 즉, X3는 단백질의 단위가 g에서 kg으로 바뀐 것이다.

그래서 '평균수명을 목적변량, 의료비의 비율과 X3를 설명변량'으로 해서 중회귀식을 구해 보도록 하자.

2) 중회귀식을 구하는 방법

순서 1 ▸ ▸ ▸ 선형 회귀분석 메뉴의 선택

메뉴에서 [분석(A)] - [회귀분석(R)] - [선형(L)]을 선택한다.

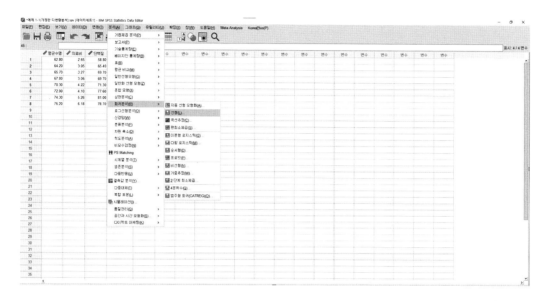

순서 2 ▸ ▸ ▸ 변수의 선택

[선형 회귀] 대화상자에서 다음과 같이 변수를 선택하여 이동한다. 다음에 [확인] 버튼을
클릭한다.

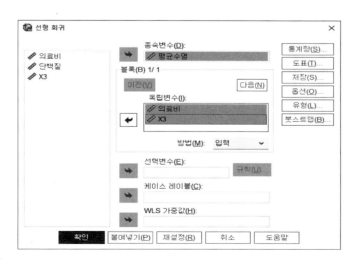

계수^a

모형		비표준화 계수		표준화 계수	t	유의확률
		B	표준화 오류	베타		
1	(상수)	38.147	5.560		6.861	.001
	의료비	2.122	.637	.537	3.332	.021
	X3	315.744	105.424	.483	2.995	.030

a. 종속변수: 평균수명

구한 중회귀식은

$$Y = 2.122 \times 의료비의비율 + 315.744 \times X3 + 38.147$$

이 되었다.

X3의 편회귀계수에 주목을 요한다. 단백질 섭취량의 단위가 g에서 kg으로 바뀌면, 편회귀계수도

$$0.316 \Rightarrow 315.744$$

와 같이 1,000배가 되어 있다. 원래의 데이터에 대한 분석결과는 다음과 같다.

계수^a

모형		비표준화 계수		표준화 계수	t	유의확률
		B	표준화 오류	베타		
1	(상수)	38.147	5.560		6.861	.001
	의료비	2.122	.637	.537	3.332	.021
	단백질	.316	.105	.483	2.995	.030

a. 종속변수: 평균수명

편회귀계수는 변량에 대한 단위의 영향을 받고 있는 것이다. 이와 같은 때에는 '데이터의 표준화'를 해 놓는다. 데이터의 표준화란 다음의 변환을 말한다.

$$데이터 \rightarrow \frac{데이터 - 평균}{표준편차}$$

3) 데이터의 표준화

순서 1 ▸ ▸ ▸ 기술통계 메뉴의 선택

메뉴에서 [분석(A)] - [기술통계량(E)] - [기술통계(D)]를 선택한다.

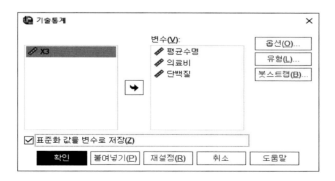

순서 2 ▸ ▸ ▸ 변수의 선택

[기술통계] 대화상자에서 다음과 같이 변수를 선택하여 이동한다. [표준화 값을 변수로 저장(Z)]을 체크한다. 다음에 [확인] 버튼을 클릭한다.

	평균수명	의료비	단백질	X3	Z평균수명	Z의료비	Z단백질	변수	변수	변수	변수	변수	변수	변수	변수	변수	변수
1	62.80	2.65	58.80	06	-1.31361	-1.07907	-1.71737									
2	64.20	3.05	65.40	07	-1.02456	-.75301	-.82663									
3	65.70	3.27	69.70	07	-.71487	-.57367	-.24630									
4	67.80	3.06	69.70	07	-.28130	-.74486	-.24630									
5	70.30	4.22	71.30	07	.23485	.20073	-.03037									
6	72.00	4.10	77.60	08	.58583	.10291	.81988									
7	74.30	5.26	81.00	08	1.06069	1.04950	1.27875									
8	76.20	6.18	78.70	08	1.45297	1.79845	.96834									
9																
10																
11																
12																
13																
14																
15																
16																
17																

변수의 이름 앞에 Z가 붙어 있는 변수는 표준화된 변수이다. 이 표준화된 변수를 사용해서 중회귀식을 구해 보자.

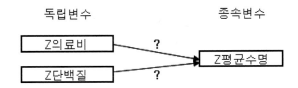

독립변수　　　　　　　　　종속변수

Z의료비 → ?
Z단백질 → ?
Z평균수명

TIPS!

표준화된 점수의 의미
- 변수가 표준화되면 기존의 표준편차로 나누게 되기 때문에 표준화된 점수의 표준편차는 1이다.
- 이 변수의 점수 척도 단위는 표준편차 1이다.
- 정규분포라면 표준화된 변수값은 ±3에서 99.9%를 포함한다.
- 두 사람의 성적이 Z값으로 표준화된 이후 1점 차이는 표준편차 1 만큼 차이가 있기 때문에 상당히 큰 차이라고 볼 수 있다. 0.5 만큼의 차이도 실질적인 의미가 있는 차이가 된다.

4) 표준화된 중회귀식을 구하는 방법

순서 1 ▸ ▸ ▸ 선형 회귀분석 메뉴의 선택

메뉴에서 [분석(A)] - [회귀분석(R)] - [선형(L)]을 선택한다.

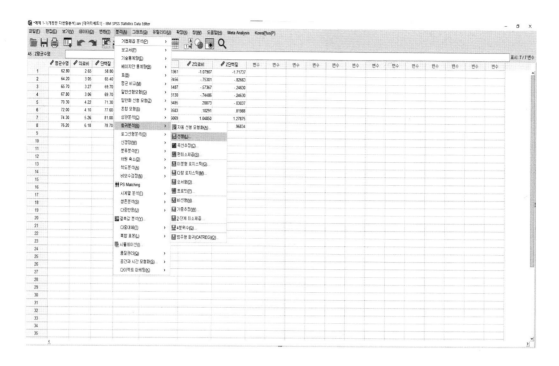

순서 2 ▸ ▸ ▸ 변수의 선택

[선형 회귀] 대화상자에서 다음과 같이 변수를 선택하여 이동한다. 다음에 [확인] 버튼을 클릭한다.

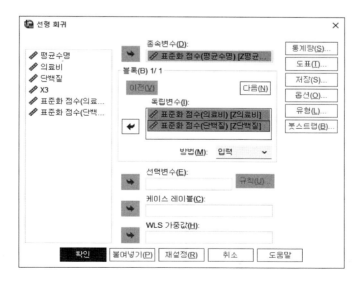

계수ᵃ

모형		비표준화 계수		표준화 계수	t	유의확률
		B	표준화 오류	베타		
1	(상수)	1.447E-15	.079		.000	1.000
	표준화 점수(의료비)	.537	.161	.537	3.332	.021
	표준화 점수(단백질)	.483	.161	.483	2.995	.030

a. 종속변수: 표준화 점수(평균수명)

표준화된 데이터의 편회귀계수를 '표준편회귀계수'라고 한다.

설명변량	표준편회귀계수
의료비의 비율	0.537
단백질 섭취량	0.483

두 개의 표준편회귀계수에 대한 절대값을 비교하면, 단백질 섭취량보다 의료비의 비율 쪽이 크다. 이것은

"평균수명에 미치는 영향의 강도는,
단백질 섭취량보다 의료비의 비율 쪽이 크다"

라고 하는 것을 나타낸다.

그런데 표준편회귀계수를 구하기 위해서는 먼저 데이터의 표준화를 해 놓아야만 하는 것일까?

SPSS의 출력을 잘 보면, 비표준화 계수의 오른쪽에 표준화 계수라고 하는 것이 있다. 그 값과 앞에서 구한 값이 일치하고 있다.

계수ᵃ

모형		비표준화 계수		표준화 계수	t	유의확률
		B	표준화 오류	베타		
1	(상수)	1.447E-15	.079		.000	1.000
	표준화 점수(의료비)	.537	.161	.537	3.332	.021
	표준화 점수(단백질)	.483	.161	.483	2.995	.030

a. 종속변수: 표준화 점수(평균수명)

6. 다중공선성

1) 선형결합

순서 1 ▸ ▸ ▸ 변수 계산 메뉴의 선택

메뉴에서 [변환(T)] - [변수 계산(C)]을 선택한다.

순서 2 ▸ ▸ ▸ 변수 계산

다음의 대화상자에서 [목표변수(T)] 난에 'X4'라고 입력하고, [숫자표현식(E)] 난에 '2*의료비 - 3*단백질'이라고 입력한다. 다음은 [확인] 버튼을 클릭한다.

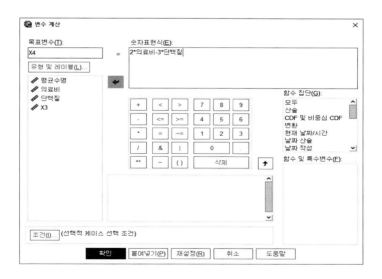

	평균수명	의료비	단백질	X3	X4	변수	변수	변수	변수	변수	변수	변수	변수	변수	변수	변수	변수	변수
1	62.80	2.65	58.80	06	-171.10													
2	64.20	3.05	65.40	07	-190.10													
3	65.70	3.27	69.70	07	-202.56													
4	67.80	3.06	69.70	07	-202.98													
5	70.30	4.22	71.30	07	-205.46													
6	72.00	4.10	77.60	08	-224.60													
7	74.30	5.26	81.00	08	-232.48													
8	76.20	6.18	78.70	08	-223.74													
9																		
10																		
11																		
12																		
13																		
14																		
15																		
16																		
17																		
18																		
19																		
20																		
21																		
22																		

그래서

평균수명을 종속변수(목적변량),
의료비, 단백질, X4를 독립변수(설명변량)

로 해서 중회귀분석을 실시해 보자.

순서 1 ▸ ▸ ▸ 선형 회귀분석 메뉴의 선택

메뉴에서 [분석(A)] - [회귀분석(R)] - [선형(L)]을 선택한다.

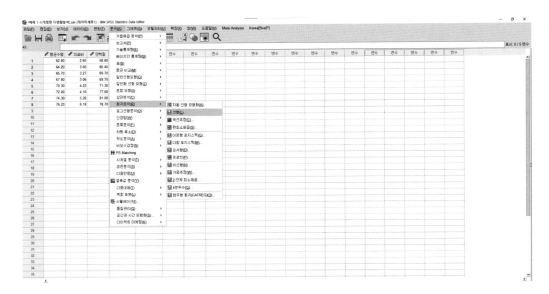

순서 2 ▸ ▸ ▸ 변수의 선택

[선형 회귀] 대화상자에서 다음과 같이 변수를 선택하여 이동한다. 다음에 [확인] 버튼을 클릭한다.

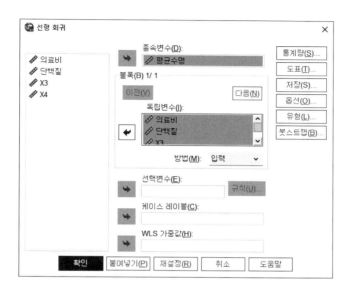

> **분석결과 및 결과의 해석방법**

계수^a

모형		비표준화 계수 B	비표준화 계수 표준화 오류	표준화 계수 베타	t	유의확률
1	(상수)	38.147	5.560		6.861	.001
	의료비	2.332	.578	.591	4.035	.010
	X4	-.105	.035	-.439	-2.995	.030

a. 종속변수: 평균수명

제외된 변수^a

모형		베타 입력	t	유의확률	편상관계수	공선성 통계량 공차
1	단백질	b	.	.	.	.000
	X3	b	.	.	.	.000

a. 종속변수: 평균수명
b. 모형내의 예측자: (상수), X4, 의료비

SPSS의 출력은 위와 같이 되어 있다. 중회귀식

$$Y = b_1 \times 의료비의 \ 비율 + b_2 \times 단백질 \ 섭취량 + b_3 \times X4 + b_0$$

를 구하고자 했던 것인데, 중회귀식은 다음과 같다.

$$Y = 2.332 \times 의료비의\ 비율 - 0.105 \times X4 + 38.147$$

왜 단백질 섭취량이 제외된 것일까?

실은 세 개의 변량 의료비의 비율, 단백질 섭취량, $X4$의 사이에는

$$X4 = 2 \times 의료비의\ 비율 - 3 \times 단백질\ 섭취량$$

이라고 하는 관계식이 성립하고 있다. 이와 같은 선형결합 관계식이 성립할 때, 독립변수 사이에 공선성(共線性, collinearity)이 있다고 한다.

그래서 독립변수 사이에 이와 같은 공선성이 있을 때, 이들 독립변수에 의한 중회귀식을 구할 수 없는 것이다.

그 때문에 SPSS는 공선성이 있는 독립변수 중, 단백질 섭취량을 제거한 것이다. 공선성이 몇 개 존재할 때는 다중공선성(多重共線性, multicollinearity)이라고 한다.

2) 독립변수 사이의 관계

중회귀분석에서는 독립변수끼리는 서로 독립일 것이 요구되고 있다. 서로 독립이란 서로 무관하다고 하는 것이다. 그러나 계획적으로 수집한 데이터라면 모를까 과거의 기록 등을 데이터로서 활용할 경우에는 독립변수끼리 무관하다고 하는 상태로는 되지 않는 쪽이 압도적으로 많다.

그래서 독립변수끼리의 상관관계를 잘 검토해 놓는 것이 중요하다. 이를 위해서는 다음과 같은 것을 실시하면 된다.

① 독립변수끼리의 산점도 작성과 관찰
② 독립변수끼리의 상관행렬 산출과 관찰
③ 독립변수끼리의 상관행렬에 대한 행렬식의 산출

> **상관행렬의 행렬식**

중회귀분석의 계산은 상관행렬의 역행렬을 구한다고 하는 행렬연산이 된다. 독립변수끼리의 상관계수가 ±1이 되면, 상관행렬의 역행렬이 구해지지 않아 회귀계수가 구해지지 않는다고 하는 사태가 생기고 만다. 또 상관계수가 ±1은 아니더라도 극히 ±1에 가까우면, 신용할 수 없는

불가해한 회귀계수가 산출된다. 이와 같은 사실로부터 독립변수끼리는 독립이 바람직하다고 되어 있는 것이다.

그런데 상관행렬의 역행렬이 구해지지 않거나 혹은 해가 불안정하다고 하는 것은, 상관행렬의 행렬식 값이 0 또는 극히 0에 가까워진다는 것을 의미한다. 그래서 상관행렬이 산출되었다고 하면 상관행렬의 행렬식을 계산해 놓으면 좋다.

> **상관행렬의 관찰**

상관행렬의 관찰에 관한 테크닉을 소개하기로 한다. 다음 상관행렬을 보기 바란다.

| 표 1.3 | **상관행렬**

	x_1	x_2	x_3	x_4	x_5	x_6
x_1	1.0000	- 0.0496	- 0.0054	0.9785	0.0549	0.7322
x_2	- 0.0496	1.0000	0.9433	- 0.0883	0.9333	0.0151
x_3	- 0.0054	0.9433	1.0000	- 0.0287	0.9800	0.0976
x_4	0.9785	- 0.0883	- 0.0287	1.0000	0.0408	0.7585
x_5	0.0549	0.9333	0.9800	0.0408	1.0000	0.1415
x_6	0.7322	0.0151	0.0976	0.7585	0.1415	1.0000

이 상관행렬을 막연히 바라보고 있어서는 정보의 이해가 어렵다. 그래서 상관계수가 높은 것끼리 가까이 늘어서도록 행과 열을 바꾸어 넣어 본다. 그것이 다음의 상관행렬이다.

| 표 1.4 | **행과 열을 바꾸어 넣은 상관행렬**

	x_1	x_4	x_6	x_3	x_5	x_2
x_1	1.0000	0.9785	0.7322	- 0.0054	0.0549	- 0.0496
x_4	0.9785	1.0000	0.7585	- 0.0287	0.0408	- 0.0883
x_6	0.7322	0.7585	1.0000	0.0976	0.1415	0.0151
x_3	- 0.0054	- 0.0287	0.0976	1.0000	0.9800	0.9433
x_5	0.0549	0.0408	0.1415	0.9800	1.0000	0.9333
x_2	- 0.0496	- 0.0883	0.0151	0.9433	0.9333	1.0000

이 행렬을 보면 6개의 변수가 $(x_1,\ x_4,\ x_6)$과 $(x_3,\ x_5,\ x_2)$의 두 그룹으로 나누어지는 것을 알 수 있다. 이와 같은 것을 수학적으로 실행하기 위한 수법으로서, 주성분분석이나 수량화이론 IV류 등이 있다.

3) 다중공선성의 문제

독립변수끼리 다음과 같은 관계가 존재하는 상태를 다중공선성(multicollinearity)이 존재한다고 한다.

① 어떤 두 개의 독립변수끼리의 상관계수가 1 또는 −1이다.
② 어떤 두 개의 독립변수끼리의 상관계수가 1 또는 −1에 가깝다.
③ 어떤 세 개 이상의 독립변수끼리의 관계를 1차식으로 나타낼 수 있다.

$$c_1 x_1 + c_2 x_2 + \cdots c_p x_p\ =\ 상수\ (일정)$$

④ 어떤 세 개 이상의 설명변수끼리의 관계를 1차식의 근사식으로 나타낼 수 있다.

$$c_1 x_1 + c_2 x_2 + \cdots c_p x_p\ ≒\ 상수\ (일정)$$

상기 ① 또는 ③의 상태에 있는 데이터에 중회귀분석을 적용하면,

「편회귀계수가 구해지지 않는다.」

고 하는 현상을 일으킨다.
상기 ② 또는 ④의 상태에 있는 데이터에 중회귀분석을 적용하면,

「편회귀계수의 부호가 단회귀계수의 부호와 맞지 않는다.」
「편회귀계수의 값이 크게 변동한다.」
「기여율은 높은데 개개의 편회귀계수는 통계적으로 유의하지 않다.」

라고 하는 불가해(不可解)한 현상을 일으킨다.
중회귀분석에 있어서는 ①에서 ④까지의 상태가 일어나지 않도록 독립변수의 편성을 생각해서 적용하지 않으면 안 된다.
다중공선성이 일어나고 있는지 어떤지의 기준으로서 전술한 상관행렬의 행렬식 값이 이용된다. 이 값이 0에 가까울 때는 다중공선성의 상태에 있다.

다중공선성의 문제에 대처하려면,

> (A) 서로 관계를 가진 독립변수의 일부를 제거한다.
> (B) 다중공선성을 약하게 하는 데이터를 추가한다.

라고 하는 조치를 취하는 것을 생각할 수 있다.

그리고 중회귀분석용의 통계 패키지를 평가할 때에는 이 다중공선성에 대한 배려가 어떻게 되어 있는지를 평가 요점의 하나로서 받아들일 필요가 있다. 단지 에러 메시지를 출력하는 것이 아니라(조작 미스인지, 다중공선성에 의한 것인지 초심자로서는 이해할 수 없다), 다중공선성을 의심해 보는 주의(主意) 메시지가 나오는 소프트웨어가 바람직하다.

다중공선성 해결법
상관관계가 높은 독립변수 중 하나 혹은 일부를 제거한다.
1. 변수를 변형시키거나 새로운 관측치를 이용한다.
2. 자료를 수집하는 현장의 상황을 보아 상관관계의 이유를 파악하여 해결한다.
3. 주성분분석(principle component analysis)를 이용한 대각행렬의 형태로 공선성을 없애준다.

Chapter 02

판별분석

Chapter 02

판별분석

1. 판별분석의 기초지식

1) 판별분석의 개요

> **판별분석이란**

판별분석(discriminant analysis)은 어떤 관측대상이 소속하는 그룹을 예측하기 위한 수법이다. 그룹의 예측이란, 예를 들면 양품 그룹과 불량품 그룹, 구입자 그룹과 비구입자 그룹 어느쪽에 속하는가를 예측하는 것이다.

이와 같은 예측을 판별이라 하고, 그룹의 수가 둘인 경우를 2군의 판별, 그룹의 수가 셋 이상의 경우를 다군(多群)의 판별이라고 한다.

k개($k \geq 2$)의 그룹이 존재하고 있고, 어느 그룹에 속하는지 알고 있는 관측대상에 대해 몇 개의 데이터가 수집되어 있다고 한다. 이때에 어느 그룹에 속하는지 불분명한 대상이 얻어졌을 경우, 이미 수집되어 있는 데이터에 의거해서 그 대상이 소속하는 그룹을 예측하는 것이 판별분석이다.

판별과 분류는 비슷한 개념이지만 별개의 문제이다. 관측되어 있는 데이터에 의거해서 대상을 몇 개의 그룹으로 나누는 것이 분류이다. 분류의 경우에 대상이 몇 개의 그룹으로 나누어지는가는 데이터를 보기 전까지는 불분명하다. 이에 비해서 존재하는 그룹의 수를 알고 있고 새로운 대상이 그 중의 어느 그룹에 속하는지를 결정하는 것이 판별이다. 분류의 문제에 이용되는 수법에 군집분석(cluster analysis)이 있다.

판별분석은 2군의 판별과 다군의 판별로 크게 나누어진다.

2군의 판별분석을 실시하는 방법에는,

　① 마하라노비스(Mahalanobis)의 거리에 의한 방법

　② 선형판별함수에 의한 방법

　③ 중회귀분석에 의한 방법

　④ 로지스틱 모델(logistic model)에 의한 방법

등이 있다. 위의 ①에서 ③까지는 같은 결과가 얻어진다.

> **마하라노비스의 거리에 의한 판별**

다음의 데이터는 관측대상의 수가 20개인 2변량 데이터이다.

| 표 2-1 | **데이터표**

No.	x_1	x_2	소속그룹
1	31	213	A
2	43	244	A
3	42	238	A
4	53	254	A
5	55	256	A
6	40	237	A
7	48	252	A
8	55	254	A
9	59	270	A
10	56	257	A
11	40	99	B
12	50	120	B
13	56	113	B
14	26	67	B
15	41	95	B
16	62	137	B
17	49	108	B
18	50	112	B
19	67	152	B
20	42	92	B

20개의 대상은 A와 B의 두 그룹으로 나누어져 있다.

여기에서 그룹이 불분명한 새로운 관측대상 No. 21과 22의 데이터가 얻어졌다고 하자.

No.	x_1	x_2	소속그룹
21	55	150	?
22	40	200	?

No. 21과 22는 x_1과 x_2의 산점도 상에서 다음과 같은 위치에 존재하고 있다.

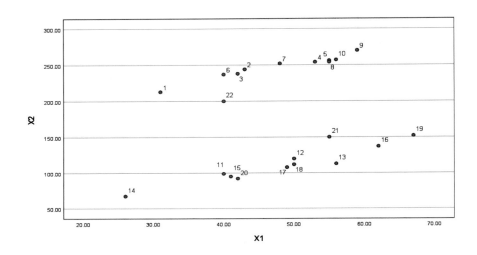

No. 21과 22는 각각 어느 쪽의 그룹에 속한다고 판정하는 것이 타당할까? 시각적으로 판단하면 No. 21은 B그룹에, No. 22는 A그룹에 속한다고 판정하는 것이 자연스러울 것이다.

이와 같은 시각적 판단을 수치적 판단으로 대치해서 실행하려면 거리의 개념을 도입하면 된다.

먼저 각 그룹의 중심(重心)의 위치를 구한다. 중심은 x_1과 x_2의 평균을 좌표로 하는 점이 된다. 여기에서 No. 21의 위치에서 각 그룹의 중심까지의 거리를 구하여, 거리가 짧은 쪽의 그룹에 속한다고 판정하고자 하는 것이 거리를 이용한 판별분석의 사고방식이다.

개개의 대상으로부터 중심까지의 거리는 자를 사용해서 측정하는 거리가 아니라 마하라노비스(Mahalanobis)의 거리라고 하는 수학적으로 정의된 거리를 이용한다.

마하라노비스의 거리는 변수마다의 산포도(散布度)의 크기(표준편차)와 변수간의 상관관계(상관계수)를 고려해서 계산되는 거리이다. No. 21의 위치에서 A그룹 중심까지의 마하라노비스 거리와 B그룹 중심까지의 마하라노비스 거리를 계산에 의해서 구하여, 거리가 짧은 쪽의 그룹에 No. 21의 표본은 속한다고 판별하는 방법이 마하라노비스의 거리에 의한 판별이다.

일반적으로는 개개의 대상으로부터 A그룹 중심까지의 마하라노비스 거리를 $D_A{}^2$, B그룹 중심까지의 마하라노비스 거리를 $D_B{}^2$이라 하고 다음과 같은 규칙에 따라서 판별한다.

$$D_A{}^2 < D_B{}^2 \text{이면 관측대상은 그룹 A에 속한다고 판정한다.}$$

$$D_A{}^2 > D_B{}^2 \text{이면 관측대상은 그룹 B에 속한다고 판정한다.}$$

$$(D_A{}^2 = D_B{}^2 \text{이면 판정은 보류한다)}$$

➡ 선형판별함수에 의한 판별

마하라노비스의 거리에 의한 2군의 판별규칙은 다음과 같이 쓸 수 있다.

$$D_A{}^2 - D_B{}^2 < 0 \text{이면 관측대상은 그룹 A에 속한다고 판정한다}$$

$$D_A{}^2 - D_B{}^2 > 0 \text{이면 관측대상은 그룹 B에 속한다고 판정한다}$$

여기에서,

$$z = D_A{}^2 - D_B{}^2$$

라고 놓으면 이 판별 규칙은 z의 값이 플러스인가 마이너스인가에 의해서 판별하는 것과 같다. 이 식을 판별함수라 한다. 판별에 사용하는 변수를 $x_1, x_2, \cdots, x_p$ 라고 하면, 각 변수의 분산과 변수간의 상관계수가 두 그룹 사이에 같을 때에 z는 다음과 같은 1차식으로 나타내진다.

$$z = b_0 + b_1 x_1 + b_2 x_2 + b_3 x_3 + \cdots + b_p x_p$$

변수의 1차식으로 나타내지는 이와 같은 판별함수를 선형판별함수라 하고, z의 값이 플러스인가 마이너스인가에 의해서 판별하는 것을 선형판별함수에 의한 2군의 판별이라고 한다.

2) 판별분석과 회귀분석

> **판별분석의 데이터**

판별분석이 적용되는 다변량 데이터는 중회귀분석과 마찬가지로 설명변수와 목적변수로 나누어진다. 그룹을 나타내는 변수가 목적변수이고 그룹의 판별에 사용하는 변수가 설명변수이다.

중회귀분석이 적용되는 데이터와 판별분석이 적용되는 데이터의 차이는 목적변수가 양적이냐 질적이냐 하는 점이다. 목적변수의 데이터가 양적 변수일 때에는 중회귀분석을 적용하고, 질적 변수일 때에는 판별분석을 적용하게 된다.

판별분석에 있어서의 설명변수는 양적 변수인 것이 기본이다. 설명변수가 질적 변수일 때의 수법에는 수량화이론 II류라고 불리는 것이 있다.

> **판별분석과 중회귀분석**

판별분석은 목적변수가 질적변수로 되어 있는 점이 중회귀분석과의 차이이기 때문에, 목적변수의 데이터를 수치화하면 판별의 문제를 중회귀분석으로도 처리하는 것이 가능케 된다.

판별분석에 있어서의 목적변수 y는 개개의 관측대상이 소속하는 그룹을 표시하는 변수이기 때문에, 그룹명을 다음과 같이 수치로 대치한다.

$$A그룹 \rightarrow 목적변수\ y = 1$$
$$B그룹 \rightarrow 목적변수\ y = 0$$

이렇게 해서 중회귀분석을 적용하면

$$y = b_0 + b_1 x_1 + b_2 x_2 + b_3 x_3 + \cdots + b_p x_p$$

라고 하는 회귀식이 구해지므로 이 회귀식에 의해서 계산되는 y의 값을 사용해서 2군의 판별을 실시할 수 있다.

판별의 규칙은 다음과 같이 된다.

y > c이면 관측대상은 그룹 A에 속한다고 판정한다.
y < c이면 관측대상은 그룹 B에 속한다고 판정한다.

c는,

$$c = \frac{n_1}{n_1 + n_2}$$

여기에서 A그룹의 관측대상 수를 n_1, B그룹의 관측대상 수를 n_2라 한다.

➤ 목적변수의 수치화

앞의 규칙은, 각 그룹의 관측대상 수 n_1, n_2가 바뀌면 판정기준 c의 값도 바뀐다. 그래서 c가 0이 되도록 한다. 다음에 보이는 네 가지 방법으로 목적변수 y를 수치화하면, 어느 방법을 이용하더라도 c가 0이 된다.

A그룹의 관측대상 수를 n_1, B그룹의 관측대상 수를 n_2라 한다.

① A 그룹 → $y = \dfrac{n_2}{n_1 + n_2}$ B 그룹 → $y = -\dfrac{n_1}{n_1 + n_2}$

② A 그룹 → $y = n_2$ B 그룹 → $y = -n_1$

③ A 그룹 → $y = \dfrac{1}{n_1}$ B 그룹 → $y = -\dfrac{1}{n_2}$

④ A 그룹 → $y = 1$ B 그룹 → $y = -\dfrac{n_1}{n_2}$

상기 ①에서 ④까지의 어느 방법에 의해서도 y의 평균이 0이 되므로 y의 값이 플러스인가 마이너스인가로 그룹을 판별할 수 있다.

➤ 3군의 판별분석

3군의 판별문제일 때에 2군일 때의 방법을 단순히 확장해서,

A 그룹 → 목적변수 y = 2
B 그룹 → 목적변수 y = 1
C 그룹 → 목적변수 y = 0

로 수치화해서 중회귀분석으로 처리하면 안 된다.

3군의 판별문제에 대한 전략으로서는 다음의 세 가지 방법을 생각할 수 있다.

(가) 목적변수를 다음과 같이 수치화해서 2군의 판별분석을 세 가지 실시한다.

    ① A와 (B, C)의 판별

      A 그룹   → 목적변수 y = 1

      B와 C 그룹 → 목적변수 y = 0

    ② B와 (A, C)의 판별

      B 그룹   → 목적변수 y = 1

      A와 C 그룹 → 목적변수 y = 0

    ③ C와 (A, B)의 판별

      C 그룹   → 목적변수 y = 1

      A와 B 그룹 → 목적변수 y = 0

(나) 3개의 그룹 중 2개씩의 편성에 대해서 2군의 판별분석을 실시한다.

    ① A와 B의 판별

    ② A와 C의 판별

    ③ B와 C의 판별

(다) 다군(多群)의 판별문제에 적용되는 정준판별분석(중판별분석)을 적용한다.

2. 판별분석의 시각적 표현

 2-1

다음의 데이터를 사용해서 판별분석을 실시해 보자. 이 데이터는 두 개 그룹 고양이의 뇌와 간장(肝臟)의 수은량(ppm)을 조사한 것이다.

| 표 2.2 | **수은중독의 판별**

표본 No.	수은중독 고양이		표본 No.	건강한 고양이	
	뇌 x_1	간장 x_2		뇌 x_1	간장 x_2
1	9.1	54.5	1	2.3	31.8
2	10.4	68.0	2	0.7	14.5
3	8.2	53.5	3	2.5	33.3
4	7.5	47.6	4	1.1	33.4
5	9.7	52.5	5	3.9	61.2
6	4.9	45.3	6	1.0	12.3

이 데이터로부터 알고 싶은 것은 다음과 같은 내용이다.

① 수은중독 고양이와 건강한 고양이를 판별할 수 있을까?

② 뇌와 간장의 수은량에 있어서 어느 쪽이 수은중독에 영향을 미치는가?

③ 오늘 아침에 죽은 고양이는 수은중독에 걸려 있는가?

그래서 데이터를 두 개의 그룹으로 나누어 준다고 하는 판별분석을 실시해 보기로 한다. 먼저 그룹과 그룹 사이의 관계를 살펴보도록 하자.

그 가장 좋은 방법은 산점도를 그려 보는 것이다.

> **두 개 그룹의 산점도 그리는 방법**

순서 1 ▸ ▸ ▸ 데이터의 입력(2 – 1.sav)

산점도를 그리기 위해서 데이터는 다음과 같이 입력해 놓는다.

| 주의 | 판별분석을 할 때의 데이터 입력 방법은 다르다!!

	뇌1	간장1	뇌2	간장2	변수	변수	변수	변수	변수	변수	변수	변수	변수	변수	변수	변수	변수	변수	변수
1	9.1	54.5	2.3	31.8															
2	10.4	68.0	7	14.5															
3	8.2	53.5	2.5	33.3															
4	7.5	47.6	1.1	33.4															
5	9.7	52.5	3.9	61.2															
6	4.9	45.3	1.0	12.3															
7																			
8																			

순서 2 ▸ ▸ ▸ 산점도 메뉴의 선택

산점도를 그릴 때는 [그래프(G)]의 메뉴에서 [산점도/점도표(S)]를 선택한다.

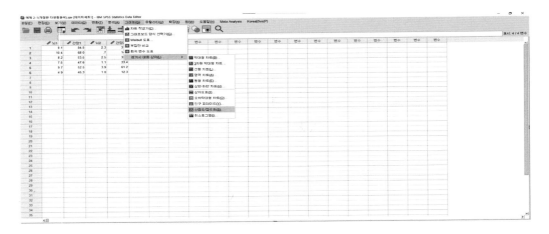

순서 3 ▸ ▸ ▸ 산점도 유형의 선택

다음의 화면이 나타나면 [겹쳐 그리기 산점도]를 선택하고 [정의]를 클릭한다.

순서 4 ▸ ▸ ▸ 변수의 선택(1)

[겹쳐 그리기 산점도]의 화면이 나타나면 [Y - X 대응] 난에 '뇌1'과 '간장1'을 이동한다. '뇌1−간장1'이 입력되면, 대응바꿈 표시 ⬌ 을 클릭해서 '간장1−뇌1'로 한다.

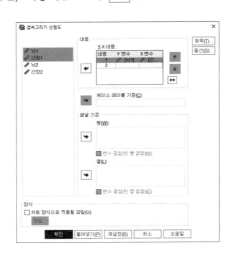

순서 5 ▸ ▸ ▸ 변수의 선택(2)

'뇌2'와 '간장2'도 [Y - X 대응] 난에 이동하고, ↔ 을 클릭한다. 다음은 [확인] 버튼을 클릭한다.

> 분석결과

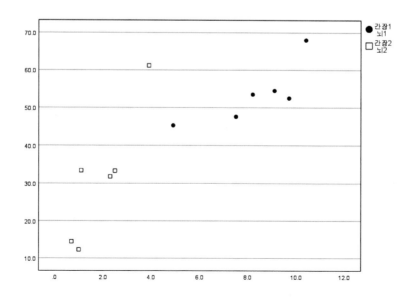

이 그림을 보고 있으면 다음과 같은 직선을 그릴 수 있다는 생각이 든다.

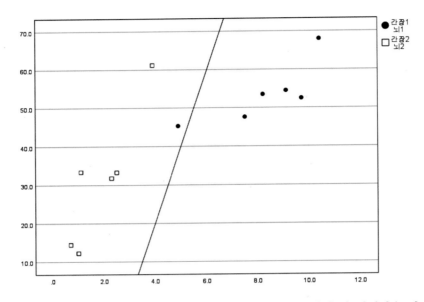

실은 이 직선이 두 개의 그룹을 판별하기 위한 '경계선'이다. 그러면 이 경계선은 어떻게 해서 구하면 좋을까?

3. 선형판별함수

두 개의 그룹을 판별하기 위한 경계선을 구해 보자.

> **선형판별함수를 구하는 방법**

순서 1 ▸ ▸ ▸ 데이터의 입력(2 – 2.sav)

　판별분석을 위한 데이터는 다음과 같이 입력한다. 먼저 그룹1과 그룹2를 구별하기 위한 변수를 준비한다. 그 변수명을 그룹으로 한다.

순서 2 ▸ ▸ ▸ 판별분석 메뉴의 선택

메뉴에서 [분석(A)] - [분류분석(F)] - [판별분석(D)]을 선택한다.

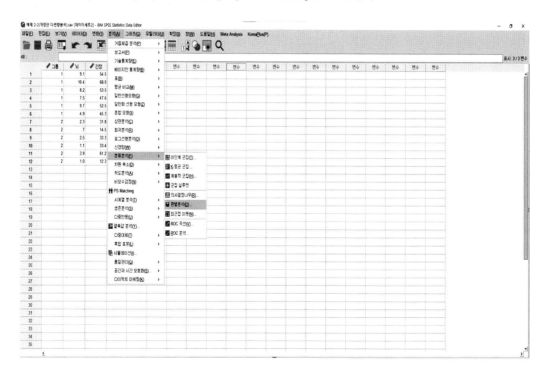

순서 3 ▶ ▶ ▶ 집단변수의 선택

다음의 화면에서 '그룹'을 [집단변수(G)] 난에 이동하고, [범위지정(D)]을 클릭한다.

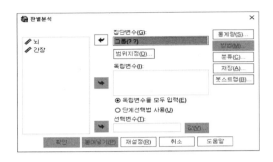

순서 4 ▶ ▶ ▶ 집단변수의 범위지정

다음의 화면에서 [최소값(N)]의 난에 1을, [최대값(X)]의 난에 2를 입력하고 [계속]을 클릭한다.

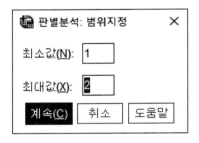

순서 5 ▶ ▶ ▶ 독립변수의 선택

원래의 화면으로 되돌아오면 [집단변수(G)] 난의 내용이 '그룹(1 2)'로 되어 있는 것을 확인하고, [독립변수(I)] 난에 '뇌'와 '간장'을 이동한다. 그리고 화면 아래쪽의 [통계량(S)] 버튼을 클릭한다.

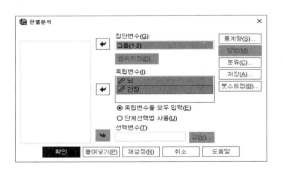

순서 6 ▸ ▸ ▸ 통계량의 선택

다음의 화면에서 [함수의 계수] 중의 [비표준화(U)]를 체크하고 [계속] 버튼을 클릭한다.

순서 7 ▸ ▸ ▸ 판별분석의 실행

다음의 화면으로 되돌아오면 [확인] 버튼을 클릭한다. 그러면 두 그룹의 판별분석이 실행된다.

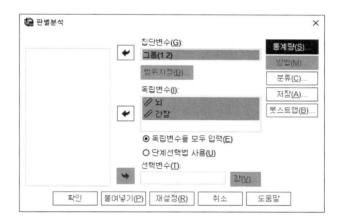

▶ 분석결과

정준 판별함수 계수

	함수
	1
뇌	.808
간장	-.041
(상수)	-2.405

비표준화 계수

SPSS의 출력 중에 정준판별함수계수(正準判別函數係數)라고 하는 것이 있다. 이것이 바로 선형 판별함수(線型判別函數)다.

즉, 선형판별함수 z는

$$z = 0.808 \times \text{뇌} - 0.041 \times \text{간장} - 2.405$$

가 된다.

그런데 두 개의 그룹을 나누는 경계선은 어디에 있는 것일까?

실은

$$0 = 0.808 \times \text{뇌} - 0.041 \times \text{간장} - 2.405$$

가 구하는 경계선인 것이다.

이 식을 변형하면

$$0.041 \times \text{간장} = 0.808 \times \text{뇌} - 2.405$$

$$\text{간장} = \frac{0.808}{0.041} \times \text{뇌} - \frac{2.405}{0.041}$$

따라서

$$\text{간장} = 19.71 \times \text{뇌} - 58.66$$

이 된다.

따라서 산점도상에 이 직선을 그리면 다음과 작성한다.

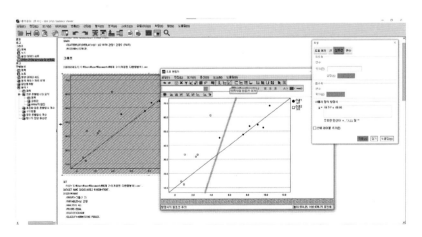

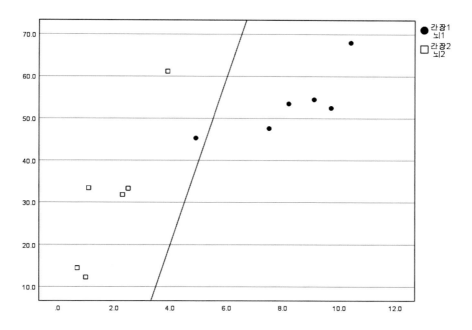

이 경계선은 선형판별함수 z

$$z = 0.808 \times 뇌 - 0.041 \times 간장 - 2.405$$

에 있어서 z의 값이 정확히 0이 되는 곳, 즉

$$0 = 0.808 \times 뇌 - 0.041 \times 간장 - 2.405$$

이므로, 평면이

$$z > 0 \ 인 \ 부분$$
$$z = 0 \ 인 \ 부분$$
$$z < 0 \ 인 \ 부분$$

의 세 개 부분으로 나누어지고 있는 것이다.

따라서

$$z > 0 \ 인 \ 부분 \cdots\cdots \ 그룹 \ 1$$
$$z < 0 \ 인 \ 부분 \cdots\cdots \ 그룹 \ 2$$

가 된다.

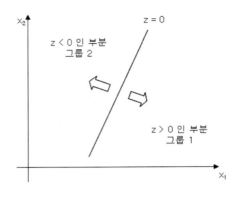

이 그림은 평면을 직선으로 자른 셈이다.

4. 판별점수

선형판별함수 z가 구해지면, 판별점수를 구해 보도록 하자.
판별점수는 선형판별함수

$$z = 0.808 \times 뇌 - 0.041 \times 간장 - 2.405$$

에 데이터를 대입한 것이다.
　　예를 들면, 데이터 (9.1, 54.5)인 경우, 판별점수는

$$z = 0.808 \times 9.1 - 0.041 \times 54.5 - 2.405$$
$$= 2.7133$$

이 된다.

1) 판별점수를 구하는 방법(1)

순서 1 ▸ ▸ ▸ 변수 계산 메뉴의 선택
　　메뉴에서 [변환(T)] - [변수 계산(C)]을 선택한다.

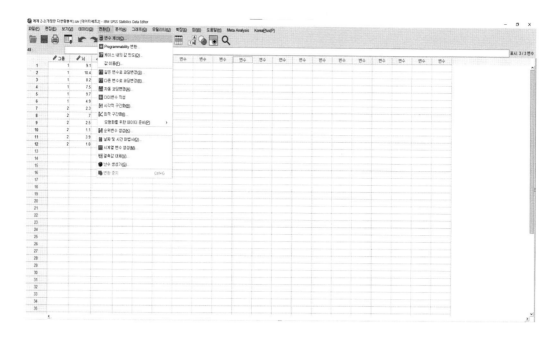

순서 2 ▶ ▶ ▶ 변수 계산

　[변수 계산] 대화상자에서 [목표변수(T)] 난에 'z'라고 입력하고, [숫자표현식(E)] 난에 '0.808*뇌 - 0.041*간장 - 2.405'라고 입력한다. 다음은 [확인] 버튼을 클릭한다.

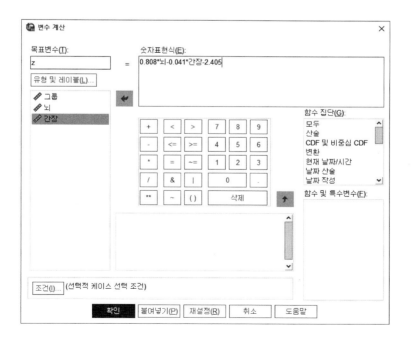

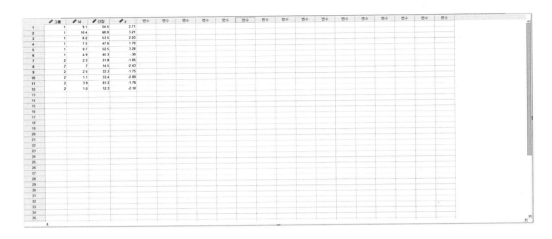

이 z의 값이 판별점수다.

실은 판별점수는 좀더 간단히 구할 수도 있다.

2) 판별점수를 구하는 방법(2)

순서 1 ▸ ▸ ▸ 판별분석 메뉴의 선택

　메뉴에서 [분석(A)] - [분류분석(F)] - [판별분석(D)]을 선택한다.

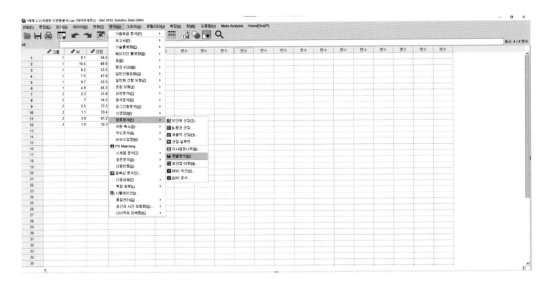

순서 2 ▸ ▸ ▸ 집단변수의 선택

다음의 화면에서 '그룹'을 [집단변수(G)] 난에 이동하고, [범위지정(D)]을 클릭한다.

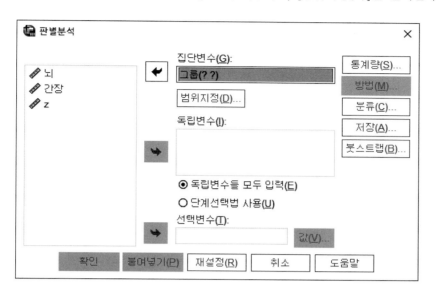

순서 3 ▸ ▸ ▸ 집단변수의 범위지정

다음의 화면에서 [최소값(N)]의 난에 1을, [최대값(X)]의 난에 2를 입력하고 [계속]을 클릭한다.

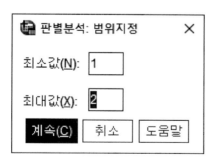

순서 4 ▸ ▸ ▸ 독립변수의 선택

원래의 화면으로 되돌아오면 [집단변수(G)] 난의 내용이 '그룹(1 2)'로 되어 있는 것을 확인하고, [독립변수(I)] 난에 '뇌'와 '간장'을 이동한다. 그리고 화면 아래쪽의 [저장(A)] 버튼을 클릭한다.

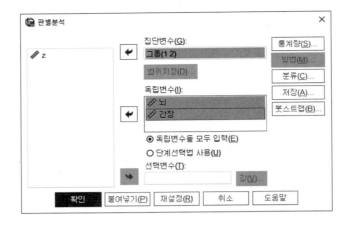

순서 5 ▸ ▸ ▸ 판별점수의 저장

다음의 화면에서 [판별점수(D)]를 체크하고 [계속] 버튼을 클릭한다.

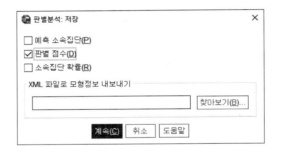

순서 6 ▸ ▸ ▸ 판별분석의 실행

원래의 화면으로 되돌아오면 [확인] 버튼을 클릭한다.

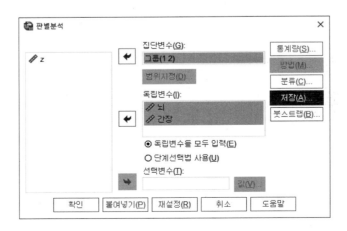

	그룹	뇌	간장	z	Dis1_1	변수	변수	변수	변수	변수	변수	변수	변수	변수	변수	변수
1	1	9.1	54.5	2.71	2.73096											
2	1	10.4	68.0	3.21	3.23192											
3	1	8.2	53.5	2.03	2.04412											
4	1	7.5	47.6	1.70	1.71858											
5	1	9.7	52.5	3.28	3.29750											
6	1	4.9	45.3	.30	.28962											
7	2	2.3	31.8	-1.85	-1.84154											
8	2	7	14.5	-2.43	-2.43022											
9	2	2.5	33.3	-1.75	-1.74097											
10	2	1.1	33.4	-2.89	-2.87684											
11	2	3.9	61.2	-1.76	-1.74582											
12	2	1.0	12.3	-2.10	-2.09806											
13																
14																
15																
16																
17																
18																
19																
20																
21																
22																
23																
24																
25																

이 방법이 보다 간단하지만, 앞에서 구한 판별점수의 값과 약간 다른 것을 알 수 있다.

SPSS의 판별분석에서는 일단 판별분석을 실행한 후, 베이즈의 정리(Bayes' theorem)를 이용해서 사후확률이 최대가 되도록 다시 한 번 경계선을 긋게 된다.

즉, 보통은 판별점수의 플러스·마이너스로 경계선을 긋지만, "데이터는 사후확률이 큰 그룹에 속한다."라고 하는 사고방식으로 다시 한 번 판별하는 것이 베이즈의 규칙이다. 요컨대 정답률이 가장 높게 되도록 경계선을 다시 긋는다고 하는 것이다. 자세한 내용은 전문서적을 참고하기 바란다.

5. 정답률과 오판별률에 의한 판별결과의 확인

선형판별함수에 의해서 두 개의 그룹 사이에 경계선을 그었는데, 이 경계선은 어느 정도 바르게 두 개의 그룹을 판별하고 있는 것일까?

다시 한 번 판별점수를 살펴보도록 하자.

이 판별점수의 플러스·마이너스를 조사해 보면 다음과 같다.

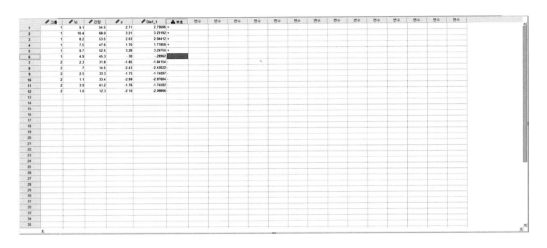

따라서 그룹 1에서는 6개의 데이터 중 5개가 바르게 판별되고, 1개가 틀리게 판별되고 있다.
그룹 2에서는 6개의 데이터가 모두 바르게 판별되고 있다.
이러한 사실로부터 정답률과 오판별률을 정의할 수 있다. 다음과 같이 정의하기로 한다.

$$\text{그룹 1의 정답률} \quad = \frac{5}{6} \quad \cdots\cdots 83.3\%$$

$$\text{그룹 1의 오판별률} = \frac{1}{6} \quad \cdots\cdots 16.7\%$$

$$\text{그룹 2의 정답률} \quad = \frac{6}{6} \quad \cdots\cdots 100\%$$

$$\text{그룹 2의 오판별률} = \frac{0}{6} \quad \cdots\cdots \quad 0\%$$

SPSS의 경우는 다음과 같이 된다.

순서 1 ▸ ▸ ▸ 판별분석 메뉴의 선택

메뉴에서 [분석(A)] - [분류분석(F)] - [판별분석(D)]을 선택한다.

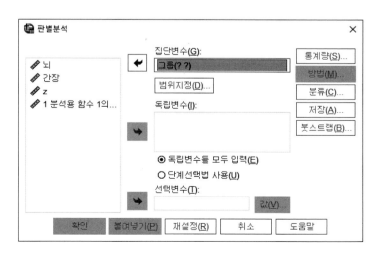

순서 2 ▸ ▸ ▸ 집단변수의 선택

다음의 화면에서 '그룹'을 [집단변수(G)] 난에 이동하고, [범위지정(D)]을 클릭한다.

순서 3 ▸ ▸ ▸ 집단변수의 범위지정

다음의 화면에서 [최소값(N)]의 난에 1을, [최대값(X)]의 난에 2를 입력하고 [계속]을 클릭한다.

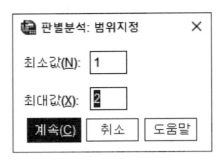

순서 4 ▸ ▸ ▸ 독립변수의 선택

원래의 화면으로 되돌아오면 [집단변수(G)] 난의 내용이 '그룹(1 2)'로 되어 있는 것을 확인하고, [독립변수(I)] 난에 '뇌'와 '간장'을 이동한다. 그리고 화면 오른쪽의 [분류(C)] 버튼을 클릭한다.

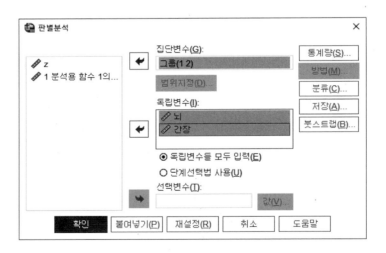

순서 5 ▸ ▸ ▸ 분류의 실행

다음의 화면에서 [출력] 중에서 [요약표(U)]를 체크하고, [계속] 버튼을 클릭한다. 앞의 화면으로 되돌아오면 그 다음에는 [확인] 버튼을 클릭한다.

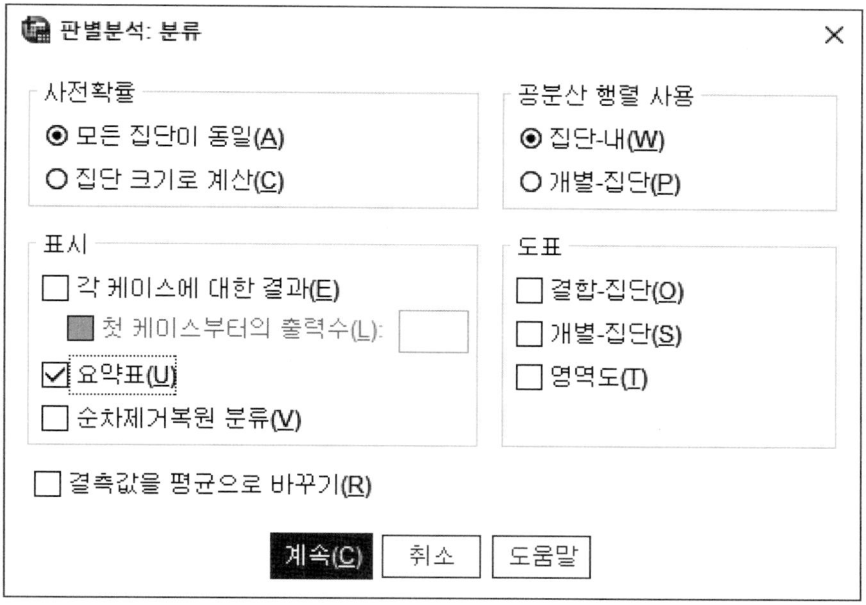

판별분석: 분류 ✕

사전확률
◉ 모든 집단이 동일(A)
○ 집단 크기로 계산(C)

공분산 행렬 사용
◉ 집단-내(W)
○ 개별-집단(P)

표시
☐ 각 케이스에 대한 결과(E)
   ■ 첫 케이스부터의 출력수(L): ☐
☑ 요약표(U)
☐ 순차제거복원 분류(V)

도표
☐ 결합-집단(O)
☐ 개별-집단(S)
☐ 영역도(T)

☐ 결측값을 평균으로 바꾸기(R)

[계속(C)] [취소] [도움말]

> **분석결과 및 결과의 해석방법**

분류 결과[a]

		그룹	예측 소속집단 1	예측 소속집단 2	전체
원래값	빈도	1	5	1	6
		2	0	6	6
	%	1	83.3	16.7	100.0
		2	.0	100.0	100.0

a. 원래의 집단 케이스 중 91.7%이(가) 올바로 분류되었습니다.

SPSS의 출력을 보면 그룹 1의 오판별률이 16.7%이다. 이 사실은 판별분석을 사용하더라도 완전히 그룹을 나눌 수는 없다는 것을 말한다.

판별분석과 같은 목적의 분석방법에 로지스틱 회귀분석이 있다.

두 개의 변량을 사용해서 판별분석을 실행했는데, 두 개의 변량 중 어느 쪽이 판별에 있어서 중요한 변량일까?

선형판별함수 z는

$$z = 0.808 \times 뇌 - 0.041 \times 간장 - 2.405$$

이다.

두 변량의 계수를 비교하면, 간장보다 뇌의 계수 쪽이 크므로, 판별할 때에는 간장보다 뇌의 쪽이 중요하다고 할 수 있을까?

주의하지 않으면 안 될 것은 변량이 가지고 있는 단위의 영향이다. 단위를 바꾸면 선형판별함수의 계수도 바뀐다.

이와 같은 때는 표준화된 선형판별함수를 구하도록 한다.

> ### 표준화된 선형판별함수를 구하는 방법

데이터를 표준화하고 나서 판별분석을 실행하는 것일까? 실은 표준화된 선형판별함수는 이미 구해져 있다.

2절의 선형판별함수를 구하는 방법에서 그 분석결과 중, 다음과 같은 부분이 있었을 것이다.

표준화 정준 판별함수 계수

	함수 1
뇌	1.319
간장	-.556

이것이 표준화된 선형판별함수이다.

이 두 개의 표준화된 계수를 비교하면, 간장의 계수보다 뇌의 계수 쪽이 크므로 판별할 때에 중요한 설명변량은 '뇌에 축적된 수은의 양'이라고 하는 것을 알 수 있다.

군집분석(clustering analysis) vs 판별분석(classification analysis)

데이터마이닝이나 통계학을 배우는 데 중요하다고 생각하는 두 가지 분석이다. 비슷한 면을 가지고 있어서 많이 헷갈리는데 공통점과 차이점을 알아보자. 판별분석은 소속집단을 알고 있는 데이터를 이용하여 모형을 만들어 소속집단을 모르는 한 데이터의 집단을 결정하는 기법이다.

반면에 군집분석은 여러 집단의 데이터들이 섞여 있고 각 데이터의 소속집단을 모르는 경우 유사한 속성을 갖는 데이터의 군집을 찾는 기법이다.

판별분석과 군집분석은 관측값을 분류한다는 것에 공통점을 가지고 있다. 판별분석은 관측된 자료로 모형을 만들고 새로운 자료가 들어왔을 때 분류를 하는 분석이고, 군집분석은 사전에 집단을 모르는 자료를 유사한 것들끼리 분류하여 군집을 만드는 분석이다.

데이터마이닝 측면에서는 목표변수(target variable)가 있는지 없는지에 따라 판별분석은 관리된 학습, 지도학습 군집분석은 비관리된 학습, 자율학습이라고 한다.

Chapter 03

주성분분석

Chapter 03
주성분분석

1. 주성분분석의 기초지식

1) 주성분분석의 개요

주성분분석(principal component analysis)이란 해석하고자 하는 다차원의 데이터를 거기에 포함된 정보의 손실을 가능한 한 적게 해서 2 혹은 3차원의 데이터로 축약하는 수법이다. 주성분분석을 활용하면 관측대상이 어떠한 위치에 있는지 시각적으로 파악할 수 있게 된다.

주성분분석은 다음과 같은 목적으로 이용된다.

① 다수의 지표를 통합한 종합적인 지표를 작성한다.

② 관측대상을 몇 개의 그룹으로 나눈다.

③ 중회귀분석이나 판별분석을 위한 데이터를 다른 관점에서 음미한다.

> **주성분분석의 계산**

주성분분석은 수집한 다변량 데이터로부터 새로운 변수를 만들어내는 것을 목적으로 한 수법으로, 중회귀분석이나 판별분석의 경우와 같은 목적변수와 설명변수라고 하는 구별은 없다. 이제 변수의 수가 p개(x_1, x_2, $\cdots$, x_p), 관측대상의 수가 n개인 다변량 데이터가 있다고 한다.

관측대상	x_1	x_2	x_3	...	x_p
1					
2					
.					
.		데 이 터			
.					
.					
n					

이 데이터를 기초로 p개보다 적은 m개의 새로운 변수 z_1, z_2, $\cdots$, z_m을 만들어내는 것을 생각한다. 새로운 변수 z_1, z_2, $\cdots$, z_m은 원래의 변수 x_1, x_2, $\cdots$, x_p를 결합한 변수로, 다음과 같은 식으로 나타낼 수 있도록 하고 싶다.

$$z_1 = a_{11}x_1 + a_{12}x_2 + \cdots + a_{1p}x_p$$
$$z_2 = a_{21}x_1 + a_{22}x_2 + \cdots + a_{2p}x_p$$
$$\cdots\cdots\cdots\cdots$$
$$z_m = a_{m1}x_1 + a_{m2}x_2 + \cdots + a_{mp}x_p$$

계산에 의해서 구하고 싶은 것은 x_1, x_2, $\cdots$, x_p의 각 계수 a_{11}, a_{12}, $\cdots$, a_{mp}이다.

여기에서 새로운 변수는 다음과 같은 성질을 갖는 것으로 하고 싶다.

① z_1은 x_1에서 x_p까지의 정보가 최대한 집약되도록 한다(p개의 변수가 갖고 있는 정보를 하나의 변수 z_1에 집약하고자 하는 것이므로, 정보의 손실이 생긴다. 이 손실을 최소한으로 억제하고자 한다).

② z_2는 x_1, x_2, $\cdots$, x_p의 정보가 z_1의 다음에 가능한 한 많이 집약되도록 한다. 게다가 z_1과는 독립이 되도록 한다.

③ z_3는 x_1, x_2, $\cdots$, x_p의 정보가 z_1과 z_2의 다음에 가능한 한 많이 집약되도록 한다. 게다가 z_1 및 z_2와는 독립이 되도록 한다.

④ 이하 z_4에서 z_m까지 마찬가지로 생각한다.

이와 같은 성질을 충족시키도록 a_{11}, a_{12}, $\cdots$, a_{mp}를 산출하고자 하는 것이 주성분분석의 계산이다.

그런데 ①은 z_1의 분산이 최대가 되도록 하는 것과 같은 의미를 갖는다. 그러나 그러기 위해서는 a_{11}, a_{12}, $\cdots$, a_{1p}를 한없이 크게 하면 되는데, 그렇게 해서는 z_1이 정해지지 않는다. 그래서,

$$a_{11}^2 + a_{12}^2 + \cdots + a_{1p}^2 = 1$$

이라고 하는 조건을 붙인다.

②는 z_1과는 독립이고 또한 분산이 최대가 되도록 하는 것과 같은 의미를 갖는다. 이 경우도,

$$a_{21}^2 + a_{22}^2 + \cdots + a_{2p}^2 = 1$$

이라고 하는 조건을 붙인다.

③과 ④도 마찬가지로 생각한다.

이와 같은 조건 하에서 a_{11}, a_{12}, $\cdots$, a_{mp}를 구하는 것은, x_1, x_2, $\cdots$, x_p의 분산공분산행렬(각 변수의 분산과 공분산을 요소로 하는 행렬)의 고유치(eigenvalue)와 고유벡터(eigenvector)를 계산하는 것에 귀착하고, a_{11}, a_{12}, $\cdots$, a_{mp}는 바로 고유벡터가 되는 것이다.

이상의 사실로부터 주성분분석을 실시하는 데는 행렬의 고유치와 고유벡터를 계산하기 위한 도구가 필요하게 된다.

그런데 새로운 변수 z_1, z_2, $\cdots$, z_m의 식이 구해지면 그 식에 x_1, x_2, $\cdots$, x_p의 구체적인 수치를 대입함으로써 관측대상마다 새로운 변수의 값을 구할 수 있다.

이 수치를 주성분 점수(스코어)라고 부르고 있다.

관측대상	z_1	z_2	z_3	$\cdots$	z_q
1					
2					
.					
.		주성분 스코어			
.					
.					
.					
.					
n					

새로운 변수 z_1, z_2, $\cdots$, z_m이 구해지면 p개의 변수를 m개로 집약할 수 있게 된다. 이러한 사실은 어떠한 장점을 가져오는 것일까?

이제 6개의 변수로 이루어지는 다변량 데이터가 있다고 하자. 이들 변수의 관계를 파악하기 위해서 산점도를 이용하기로 하면, 두 변수마다 15매의 산점도를 관찰하지 않으면 안 되게 된다. 주성분분석에 의해서, 예를 들면 이 데이터를 2개의 새로운 변수로 집약할 수 있다고 하면 6변수의 정보를 1매의 산점도에 표현할 수 있어 정보의 이해가 훨씬 용이해진다. 또 이 산점도 상에서 관측대상을 몇 개의 그룹으로 나눌 수 있다고 하는 효용가치가 있다.

→ 데이터의 표준화

다변량 데이터는 각 변수가 같은 단위로 측정되어 있는 경우와 변수의 단위가 다른 경우가 있다. 변수의 단위가 다르다고 하는 것은, 신장이라고 하는 변수는 cm의 단위로 측정되고 체중이라고 하는 변수는 kg의 단위로 측정되어 있는 경우 등을 말한다.

이와 같은 경우에는 변수마다 데이터를 표준화하고 나서 주성분분석을 적용하는 것이 좋다. 왜냐하면 주성분분석은 측정단위를 어떻게 취하느냐에 따라서 영향을 받기 때문이다. 물건의 길이를 나타내는 변수이더라도 cm의 단위로 기술된 데이터와 m의 단위로 기술된 데이터에 서는 주성분분석의 결과가 달라지므로, 데이터는 표준화해 놓은 편이 무난하다. 데이터의 표준화란,

"각 데이터로부터 평균을 빼고 표준편차로 나눈다."

는 것으로 표준화된 데이터는 평균 0, 표준편차 1이 된다. 변수마다 데이터를 표준화함으로써 변수간 단위의 상위를 소거할 수 있다.

→ 분산공분산행렬

이제 세 개의 설명변수 x_1, x_2, x_3로 이루어지는 다변량 데이터가 있다고 한다. 이것들을 기초로 변수마다의 분산(variance)과 두 변수마다의 공분산(covariance)을 계산하여 다음과 같은 형태로 정리한 행렬을 분산공분산행렬이라고 한다.

	x_1	x_2	x_3
x_1	x_1의 분산	x_1과 x_2의 공분산	x_1과 x_3의 공분산
x_2	x_1과 x_2의 공분산	x_2의 분산	x_2와 x_3의 공분산
x_3	x_1과 x_3의 공분산	x_2와 x_3의 공분산	x_3의 분산

> ◆ 주성분분석의 종류

데이터를 표준화하지 않고 직접 원 데이터에 대해서 주성분분석을 적용하는 방법을 「분산공분산행렬로부터 출발하는 주성분분석」이라 하고, 표준화한 데이터에 대해서 주성분분석을 적용하는 방법을 「상관행렬로부터 출발하는 주성분분석」이라고 한다.

어느 쪽의 행렬로부터 출발하느냐의 판단기준은 다음과 같이 생각할 수 있다.

① 각 변수의 측정단위가 다르다. → 상관행렬
② 각 변수의 산포도(散布度) 차이를 반영시키고 싶다. → 분산공분산행렬
③ 각 변수의 산포도 차이를 반영시키고 싶지 않다. → 상관행렬
④ 그 밖에 → 양쪽 적용

2) 고유치와 고유벡터

> ◆ 고유치 문제

n행 n열로 이루어진 행렬 A가 있다고 한다.

이제,

$$Ax = \lambda x$$

가 성립하는 미지의 벡터 x와 상수 λ를 구하는 것을 고유치 문제라고 한다.

x를 고유벡터라 하고, λ를 고유치라고 한다.

이 문제는,

$$(A - \lambda I)x = 0 \quad (\mathbf{0}는 제로벡터)$$

로 되는 방정식을 푸는 문제로 귀착한다.

이 방정식에 대해 $x = 0$의 자명한 해가 아닌 의미 있는 해를 구하고 싶다. 이를 위해서는,

$$|A - \lambda I| = 0$$

가 성립할 필요가 있고, 이것을 전개하면 λ에 관한 n차 방정식이 된다. 따라서 n개의 해가 구해진다(λ가 n개 구해진다).

고유치와 고유벡터를 구체적으로 구하는 방법으로서는 야코비법(Jacobi method), 멱승법(冪乘法), 하우스홀더법(Householder method) 등의 계산방법이 있다.

다변량분석의 이론은 고유치 문제로 귀착하는 경우가 많기 때문에, 다변량분석을 실시하려면 고유치 문제가 풀려야 한다. 즉 행렬의 고유치와 고유벡터를 산출할 수 있는 프로그램이 필요하다.

<TIPS!

야코비법(Jacobi method)은 강한 대각지배행렬로 이루어진 연립일차방정식에서 반복법의 수렴성을 보증하는 연립일차방정식 풀이법이다. 행렬을 대각행렬과 나머지 성분으로 행렬 분리한다. 카를 구스타프 야코프 야코비(Carl Gustav Jacob Jacobi, 1804년 12월 10일 ~ 1851년 2월 18일)는 독일의 수학자이다.

> **상관행렬의 고유치와 고유벡터**

주성분분석은 상관행렬 또는 분산공분산행렬의 고유치와 고유벡터를 구하는 문제이므로, 여기에서 상관행렬의 고유치에 대해서 몇 개의 수치 예를 보기로 한다.

[수치 예 1]

상관행렬		x_1	x_2
x_1		1	0.9
x_2		0.9	1

		1	2
고유치		1.9	0.1

고유벡터	1	0.7071	0.7071
	2	0.7071	- 0.7071

제1주성분 $z_1 = 0.7071x_1 + 0.7071x_2$　　　　z_1의 분산 = 1.9

제2주성분 $z_2 = 0.7071x_1 - 0.7071x_2$　　　　z_2의 분산 = 0.1

[수치 예 2]

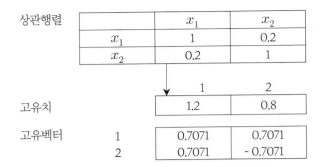

상관행렬		x_1	x_2
x_1		1	0.2
x_2		0.2	1

	1	2
고유치	1.2	0.8

고유벡터	1	0.7071	0.7071
	2	0.7071	- 0.7071

제1주성분 $z_1 = 0.7071x_1 + 0.7071x_2$ z_1의 분산 $= 1.2$

제2주성분 $z_2 = 0.7071x_1 - 0.7071x_2$ z_2의 분산 $= 0.8$

수치 예 1과 수치 예 2로부터 알 수 있듯이 두 변량의 경우에는 상관행렬의 고유벡터는 상관계수에 관계없이 특정한 값이 된다. 구체적으로는 다음과 같은 공식으로서 나타낼 수 있다.

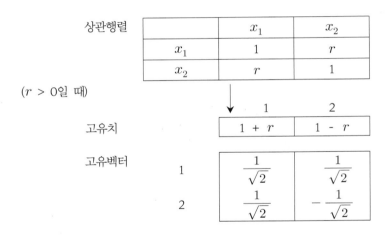

상관행렬		x_1	x_2
x_1		1	r
x_2		r	1

$(r > 0$일 때$)$

	1	2
고유치	$1 + r$	$1 - r$

고유벡터	1	$\dfrac{1}{\sqrt{2}}$	$\dfrac{1}{\sqrt{2}}$
	2	$\dfrac{1}{\sqrt{2}}$	$-\dfrac{1}{\sqrt{2}}$

제1주성분 $z_1 = \dfrac{1}{\sqrt{2}}x_1 + \dfrac{1}{\sqrt{2}}x_2$ z_1의 분산 $= 1 + r$

제2주성분 $z_2 = \dfrac{1}{\sqrt{2}}x_1 - \dfrac{1}{\sqrt{2}}x_2$ z_2의 분산 $= 1 - r$

$(r<0$일 때$)$

	1	2
고유치	$1-r$	$1+r$

고유벡터		1	2
	1	$\dfrac{1}{\sqrt{2}}$	$\dfrac{1}{\sqrt{2}}$
	2	$-\dfrac{1}{\sqrt{2}}$	$\dfrac{1}{\sqrt{2}}$

제1주성분 $z_1 = \dfrac{1}{\sqrt{2}}x_1 - \dfrac{1}{\sqrt{2}}x_2$ z_1의 분산 $= 1-r$

제2주성분 $z_2 = \dfrac{1}{\sqrt{2}}x_1 + \dfrac{1}{\sqrt{2}}x_2$ z_2의 분산 $= 1+r$

[수치 예 3]

상관행렬	x_1	x_2
x_1	1	-0.3
x_2	-0.3	1

	1	2
고유치	1.3	0.7

고유벡터		1	2
	1	0.7071	0.7071
	2	-0.7071	0.7071

제1주성분 $z_1 = 0.7071x_1 - 0.7071x_2$ z_1의 분산 $= 1.3$
제2주성분 $z_2 = 0.7071x_1 + 0.7071x_2$ z_2의 분산 $= 0.7$

[수치 예 4]

상관행렬	x_1	x_2	x_3
x_1	1	0.9	0.2
x_2	0.9	1	0.5
x_3	0.2	0.5	1

	1	2	3
고유치	2.1226	0.8321	0.0453

고유벡터		1	2	3
	1	0.6139	-0.4674	0.6362
	2	0.6747	-0.1078	-0.7302
	3	0.4098	0.8775	0.2492

제1주성분 z_1 = $0.6139x_1$ + $0.6747x_2$ + $0.4098x_3$ z_1의 분산 = 2.1226

제2주성분 z_2 = $-0.4674x_1$ - $0.1078x_2$ + $0.8775x_3$ z_2의 분산 = 0.8321

제3주성분 z_3 = $0.6362x_1$ - $0.7302x_2$ + $0.2492x_3$ z_3의 분산 = 0.0453

[수치 예 5]

상관행렬

		x_1	x_2	x_3
x_1		1	0.02019	- 0.42126
x_2		0.02019	1	- 0.91526
x_3		- 0.42126	- 0.91526	1

		1	2	3
고유치		2.0153	0.9847	0
고유벡터	1	0.3050	0.9084	0.2860
	2	0.6410	- 0.4179	0.6438
	3	- 0.7044	0.0130	0.7097

이 행렬은 중회귀분석에 있어서 다중공선성을 일으키는 설명변수간의 상관행렬이다. 이와 같은 경우에는 고유치의 하나가 0이 되는 데에 주목할 필요가 있다. 따라서 고유치에 0에 가까운 것이 있는지 어떤지는 다중공선성의 존재에 관한 기준이 된다.

[수치 예 6]

상관행렬

		x_1	x_2	x_3	x_4
x_1		1	0	0.9	0
x_2		0	1	0	0.2
x_3		0.9	0	1	0
x_4		0	0.2	0	1

		1	2	3	4
고유치		1.9	1.2	0.8	0.1
고유벡터	1	0.7071	0	0	0.7071
	2	0	0.7071	0.7071	0
	3	0.7071	0	0	- 0.7071
	4	0	0.7071	- 0.7071	0

제1주성분 z_1 = $0.7071x_1$ + $0.7071x_3$ z_1의 분산 = 1.9

제2주성분 z_2 = $0.7071x_2$ + $0.7071x_4$ z_2의 분산 = 1.2

제3주성분 z_3 = $0.7071x_2$ - $0.7071x_4$ z_3의 분산 = 0.8

제4주성분 z_4 = $0.7071x_1$ - $0.7071x_3$ z_3의 분산 = 0.1

상관이 있는 x_1, x_3가 제 1주성분과 제 4주성분에, x_2, x_4가 제 2주성분과 제 3주성분에 결합되어 있다.

2. 주성분분석의 시각적 표현

 3-1

다음의 데이터를 사용해서 주성분분석을 실시해 보자. 이 데이터는 1988년의 주요 선진국 6개국에 대한 국민 1인당 국민총생산(GNP)과 국민 1인당 무역수지에 대한 수출입초과액에 대해서 조사한 것이다.

| 표 3.1 | 국가의 풍요도 비교

	국민 1인당 총생산(천 달러) x_1	국민 1인당 무역수지(백 달러) x_2
일본	23.3	5.24
미국	19.8	-5.23
영국	14.7	-7.95
독일	19.7	11.70
프랑스	16.9	-2.44
이태리	14.4	-2.14

자료 : 「國民比較統計」 日本銀行調査統計局

주성분분석은 몇 개의 변량을 종합적으로 취급하는 기법이다. 먼저 변량과 변량의 관계를 살펴보기로 하자.

그러기 위한 가장 좋은 방법은 산점도를 그려 보는 것이다. SPSS를 사용해서 산점도를 그려보자.

순서 1 ▸ ▸ ▸ 데이터의 입력(3-1.sav)

산점도를 그리기 위해서 데이터는 다음과 같이 입력해 놓는다.

	🔺국가	🖉총생산	🖉무역수지	변수	변수	변수	변수	변수	변수	변수	변수	변수	변수	변수	변수	변수	변수	변수
1	일본	23.30	5.24															
2	미국	19.80	-5.23															
3	영국	14.70	-7.95															
4	독일	19.70	11.70															
5	프랑스	16.90	-2.44															
6	이태리	14.40	-2.14															
7																		
8																		
9																		
10																		
11																		
12																		
13																		
14																		
15																		
16																		
17																		
18																		
19																		
20																		

순서 2 ▸ ▸ ▸ 산점도 메뉴의 선택

산점도를 그릴 때는 [그래프(G)]의 메뉴에서 [산점도/점도표(S)]를 선택한다.

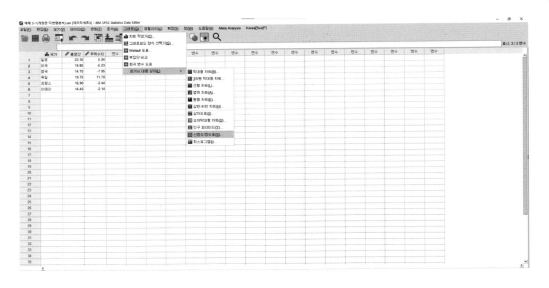

순서 3 ▸ ▸ ▸ 산점도 유형의 선택

다음의 화면이 나타나면 [단순 산점도]를 선택하고 [정의]를 클릭한다.

[단순 산점도]의 화면이 나타나면 [Y 축] 난에 '무역수지'를, [X 축] 난에 '총생산'을 이동한다. 다음은 [확인] 버튼을 클릭한다.

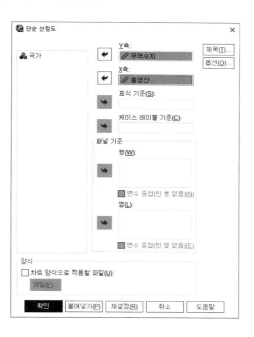

> **분석결과**

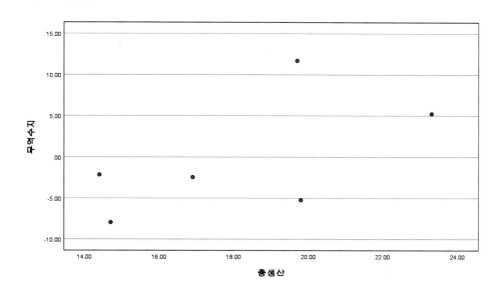

이 그림을 보고 있으면, 6개의 데이터는 다음과 같은 하나의 새로운 좌표축 z상에 표현할 수 있다는 생각이 든다. 이 새로운 좌표축을 '주성분'이라고 한다. 정확히 말하면 제1주성분이다.

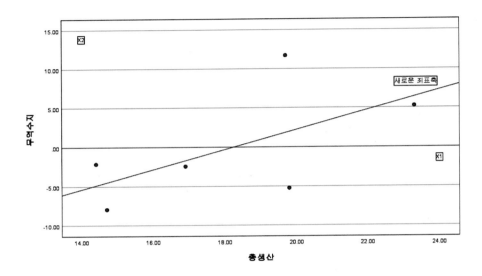

3. 분산공분산행렬에 의한 주성분분석

주성분을 구하는 방법에는 분산공분산행렬에 의한 방법과 상관행렬에 의한 방법 두 가지가 있다.

여기에서는 분산공분산행렬에 의한 방법에 대해서 생각해 보기로 한다.

➤ 분산공분산행렬에 의한 주성분분석의 절차

순서 1 ▸ ▸ ▸ 요인분석 메뉴의 선택

    메뉴에서 [분석(A)] - [차원 축소(D)] - [요인분석(F)]을 선택한다.

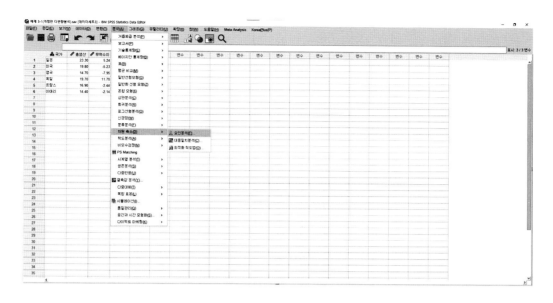

순서 2 ▸ ▸ ▸ 변수의 선택

[요인분석] 대화상자에서 [변수(V)] 난에 '총생산', '무역수지'를 이동한다. 그리고 [요인추출(E)] 버튼을 클릭한다.

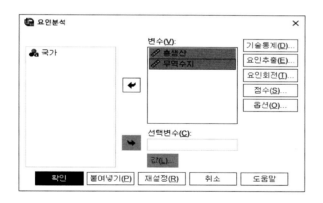

순서 3 ▸ ▸ ▸ 요인추출 방법 선택

[요인분석 : 요인추출] 대화상자에서 [방법(M)] 난에 '주성분'으로 되어 있는 것을 확인한다.

순서 4 ▸ ▸ ▸ 분석 방법 선택

[요인분석 : 요인추출] 대화상자에서 [분석]의 [공분산행렬(V)]을 체크하고 [계속] 버튼을 클릭한다.

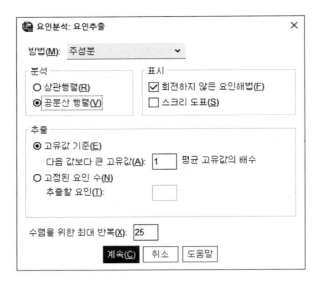

순서 5 ▸ ▸ ▸ 주성분분석의 실행

다음의 화면으로 되돌아오면 [확인] 버튼을 클릭한다.

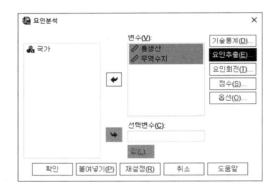

> 분석결과

성분행렬[a]

	원래 값 성분 1	재척도화 성분 1
총생산	2.354	.684
무역수지	7.239	.994

추출 방법: 주성분 분석.

a. 추출된 1 성분

여기에서 원래 값의 성분은 고유 벡터를 가리키고, 조정된 값의 성분은 요인부하량을 가리킨다.

→ 결과의 해석방법

SPSS의 출력을 보면

	고유 벡터	요인부하량
총 생 산	2.354	0.684
무역수지	7.239	0.994

로 되어 있는데, 이것이 구하는 주성분의 계수이다. 즉,

$$주성분 \ z = 2.354 \times 총생산 + 7.239 \times 무역수지$$

가 된다.

고유 벡터의 크기는

$$\sqrt{(2.345)^2 + (7.239)^2} = \sqrt{57.942}$$

이므로, 고유 벡터의 크기를 1로 하면 다음과 같이 된다.

$$주성분 = \frac{2.354}{\sqrt{57.942}} \times 총생산 + \frac{7.239}{\sqrt{57.942}} \times 무역수지$$

$$= 0.3093 \times 총생산 + 0.9510 \times 무역수지$$

이 고유 벡터를 각 변량의 $\sqrt{분산}$ 으로 나눈 것이 요인부하량이다.

$$0.684 = \frac{2.345}{\sqrt{11.835}}$$

$$0.994 = \frac{7.239}{\sqrt{53.065}}$$

참고로 각 변량에 대한 기술통계량을 구하면 다음과 같다.

기술통계량

	N	최소값	최대값	평균	표준편차	분산
총생산	6	14.40	23.30	18.1333	3.44016	11.835
무역수지	6	-7.95	11.70	-.1367	7.28456	53.065
유효 N(목록별)	6					

그런데 다음 주성분은 무엇을 나타내고 있는 것일까?

$$주성분 \; z \; = \; 2.354 \times 총생산 + 7.239 \times 무역수지$$

예를 들면, 총생산을 늘려 보자. 그러면 그것에 2.354를 곱한 것이 주성분 z이므로, 주성분 z도 증가한다. 역으로, 무역수지가 마이너스라고 한다면 어떻게 될까?

그것에 7.239를 곱한 것이 주성분 z이므로, 주성분 z는 감소한다.

이러한 사실로부터

"주성분은 '국가의 풍요도'를 나타내고 있다."

고 생각할 수 있다.

주성분분석에서 가장 중요한 것은 주성분의 의미를 간파하는 것이다.

고유 벡터

$$2.345 = \sqrt{57.9422} \times 0.3093$$
$$7.239 = \sqrt{57.9422} \times 0.9510$$

요인부하량

$$0.684 = \frac{\sqrt{57.9422} \times 0.3093}{\sqrt{11.835}}$$
$$0.994 = \frac{\sqrt{57.9422} \times 0.9510}{\sqrt{53.065}}$$

TIPS!

주성분분석(PCA)은 데이터 하나하나에 대한 성분을 분석하는 것이 아니라, 여러 데이터들이 모여 하나의 분포를 이룰 때 이 분포의 주성분을 분석해 주는 방법이다. 여기서 주성분이라 함은 그 방향으로 데이터들의 분산이 가장 큰 방향 벡터를 의미한다.

4. 주성분점수

주성분

$$주성분\ z = 2.354 \times 총생산 + 7.239 \times 무역수지$$

는 '국가의 풍요도'를 나타내고 있다는 것을 알 수 있었다.

그렇다면 가장 풍요로운 나라는 어디일까? 그를 위해서 '주성분점수'를 계산해 보자. 그러면 가장 풍요로운 나라를 찾아낼 수 있다.

1) 주성분점수를 구하는 방법

순서 1 ▸ ▸ ▸ 요인분석 메뉴의 선택

메뉴에서 [분석(A)] - [차원 축소(D)] - [요인분석(F)]을 선택한다.

순서 2 ▸ ▸ ▸ 변수의 선택

[요인분석] 대화상자에서 [변수(V)] 난에 '총생산', '무역수지'를 이동한다. 그리고 [요인추출(E)] 버튼을 클릭한다.

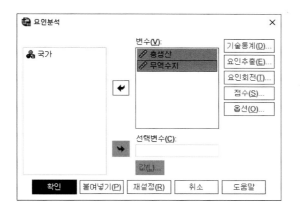

순서 3 ▸ ▸ ▸ 요인추출 및 분석 방법 선택

[요인분석 : 요인추출] 대화상자에서 [방법(M)] 난에 '주성분'으로 되어 있는 것을 확인한다. [분석]의 [공분산행렬(V)]을 체크하고 [계속] 버튼을 클릭한다.

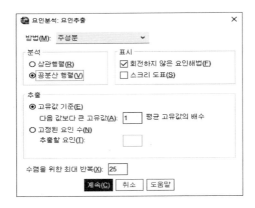

순서 4 ▸ ▸ ▸ 주성분점수 저장

순서 2의 화면으로 되돌아오면 [점수(S)]를 클릭하고, 다음의 화면에서 [변수로 저장(S)],
[요인점수 계수행렬 표시(D)]을 체크한다. 그리고 [계속] 버튼을 클릭한다.

다시 한 번 순서 2의 화면으로 되돌아오면 다음은 [확인] 버튼을 클릭한다.

	🝆 국가	✐ 총생산	✐ 무역수지	✐ FAC1_1	변수
1	일본	23.30	5.24	.88164	
2	미국	19.80	-5.23	-.56859	
3	영국	14.70	-7.95	-1.11563	
4	독일	19.70	11.70	1.54242	
5	프랑스	16.90	-2.44	-.33787	
6	이태리	14.40	-2.14	-.40197	
7					

⇧
주성분점수

데이터 보기 화면은 위와 같이 되어 있다.

주성분점수의 정의는 다음과 같이 여러 가지 있다.

(1) 주성분점수 = 2.354 × 국민총생산 + 7.239 × 무역수지

(2) 주성분점수 = 2.354 × 국민총생산 + 7.239 × 무역수지 - 41.741

(3) 주성분점수 = 0.3093 × 국민총생산 + 0.9510 × 무역수지

(4) 주성분점수 = 0.3093 × 국민총생산 + 0.9510 × 무역수지 - 5.477

(1)~(4)의 각각의 식에 데이터를 대입해 본다.

	주성분점수			
	(1)의 경우	(2)의 경우	(3)의 경우	(4)의 경우
일본	93.27	51.53	12.19	6.71
미국	9.17	- 32.58	1.15	- 4.33
영국	- 22.64	- 64.38	- 3.01	- 8.49
독일	131.48	89.74	17.22	11.74
프랑스	22.47	- 19.27	2.91	- 2.57
이태리	18.71	- 23.03	2.42	- 3.06

위에서 (2)와 (4)는 평균치가 0이 되도록, (1)과 (3)을 각각 수정한 것이다.

그런데 이들 주성분점수를 표준화하면, 어떤 방법으로 주성분점수를 정의하더라도 다음의 표와 같이 일치한다.

	주성분점수
일본	0.88
미국	- 0.57
영국	- 1.12
독일	1.54
프랑스	- 0.34
이태리	- 0.40

즉, SPSS에 의한 출력은 이 표준화된 주성분점수를 계산하고 있는 것이다.

그런데 이 주성분은 '국가의 풍요도'를 나타내고 있는 것인데, 그렇다면 어떤 나라가 가장 풍요로운 나라일까?

SPSS를 사용해서 주성분점수를 크기순으로 늘어놓아 보자.

2) 주성분점수에 의한 순위 매김

순서 1 ▸ ▸ ▸ 케이스 정렬 메뉴의 선택

메뉴에서 [데이터(D)] - [케이스 정렬(O)]을 선택한다.

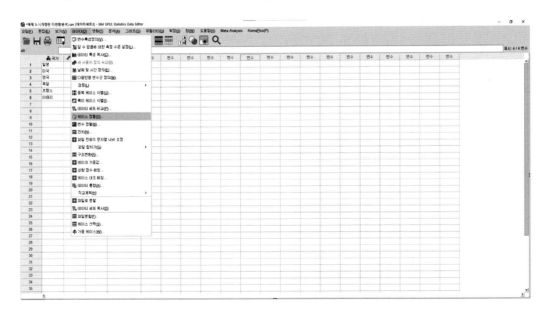

순서 2 ▸ ▸ ▸ 케이스 정렬

[케이스 정렬] 대화상자에서 [정렬기준(S)] 난에 'FAC1_1'을 이동한다. 다음은 [확인] 버튼
을 클릭한다.

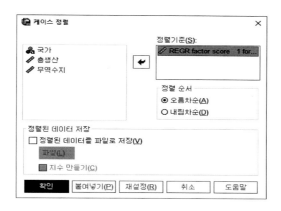

➤ 분석결과

	🦪 국가	📏 총생산	📏 무역수지	📏 FAC1_1	변수
1	영국	14.70	-7.95	-1.11563	
2	미국	19.80	-5.23	-.56859	
3	이태리	14.40	-2.14	-.40197	
4	프랑스	16.90	-2.44	-.33787	
5	일본	23.30	5.24	.88164	
6	독일	19.70	11.70	1.54242	
7					

작은 값으로부터 큰 값의 순으로 늘어서 있으므로, 가장 풍요로운 나라는 독일로 나타났다.

5. 상관행렬에 의한 주성분분석

다음은 상관행렬을 이용해서 주성분분석을 실시해 보자.

1) 상관행렬에 의한 주성분분석의 절차

순서 1 ▸ ▸ ▸ 요인분석 메뉴의 선택

메뉴에서 [분석(A)] - [차원 축소(D)] - [요인분석(F)]을 선택한다.

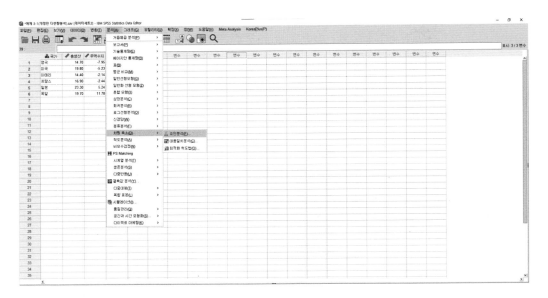

순서 2 ▸ ▸ ▸ 변수의 선택

[요인분석] 대화상자에서 [변수(V)] 난에 '총생산', '무역수지'를 이동한다. 그리고 [요인추출(E)] 버튼을 클릭한다.

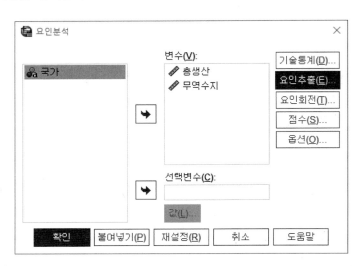

순서 3 ▸ ▸ ▸ 요인추출 방법 선택

[요인분석 : 요인추출] 대화상자에서 [방법(M)] 난에 '주성분'으로 되어 있는 것을 확인한다. [분석] 중 [상관행렬(R)]을 체크하고 [계속] 버튼을 클릭한다.

순서 4 ▸ ▸ ▸ 주성분점수 저장

순서 2의 화면으로 되돌아오면 [점수(S)]를 클릭하고, 다음의 화면에서 [변수로 저장(S)], [요인점수 계수행렬 표시(D)]를 체크한다. [계속] 버튼을 클릭한다.

다시 한 번 순서 2의 화면으로 되돌아오면 다음은 [확인] 버튼을 클릭한다.

설명된 총분산

성분	초기 고유값			추출 제곱한 적재량		
	전체	% 분산	누적 %	전체	% 분산	누적 %
1	1.598	79.920	79.920	1.598	79.920	79.920
2	.402	20.080	100.000			

추출 방법: 주성분 분석.

성분행렬[a]

	성분
	1
총생산	.894
무역수지	.894

추출 방법: 주성분 분석.
a. 추출된 1 성분

성분점수 계수행렬

	성분
	1
총생산	.559
무역수지	.559

추출 방법: 주성분 분석.
요인 점수.

결과의 해석방법 다음과 같이 되어 있다.

성분행렬을 보면

$$총생산 \cdots\cdots 0.894$$
$$무역수지 \cdots\cdots 0.894$$

따라서 주성분은 다음과 같이 되어 있다는 것을 알 수 있다.

$$주성분\ z = 0.894 \times 총생산 + 0.894 \times 무역수지$$

2) 상관행렬에 의한 주성분점수를 구하는 방법

순서 1 ▸ ▸ ▸ 요인분석 메뉴의 선택

메뉴에서 [분석(A)] - [차원 축소(D)] - [요인분석(F)]을 선택한다.

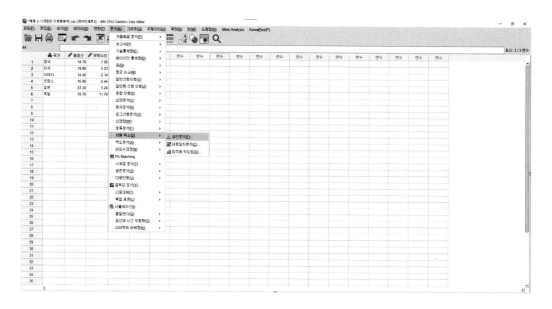

순서 2 ▸ ▸ ▸ 변수의 선택

[요인분석] 대화상자에서 [변수(V)] 난에 '총생산', '무역수지'를 이동한다. 그리고 [요인추출(E)] 버튼을 클릭한다.

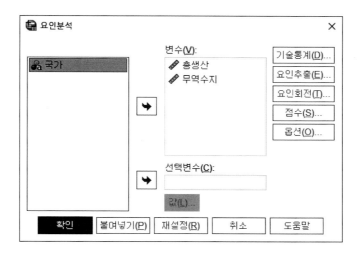

순서 3 ▸ ▸ ▸ 요인추출 방법 선택

[요인분석 : 요인추출] 대화상자에서 [방법(M)] 난에 '주성분'으로 되어 있는 것을 확인한다. [분석] 중 [상관행렬(R)]을 체크하고 [계속] 버튼을 클릭한다.

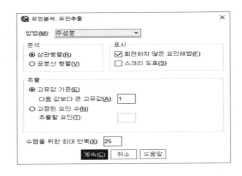

순서 4 ▸ ▸ ▸ 주성분점수 저장

순서 2의 화면으로 되돌아오면 [점수(S)]를 클릭하고, 다음의 화면에서 [변수로 저장(S)]을 체크한다. 그리고 [계속] 버튼을 클릭한다.

다시 순서 2의 화면으로 되돌아오면 다음은 [확인] 버튼을 클릭한다.

> 분석결과

	🎱 국가	📏 총생산	📏 무역수지	📏 FAC1_1	변수
1	일본	23.30	5.24	1.25280	
2	미국	19.80	-5.23	-.12009	
3	영국	14.70	-7.95	-1.15808	
4	독일	19.70	11.70	1.16350	
5	프랑스	16.90	-2.44	-.37736	
6	미태리	14.40	-2.14	-.76077	
7					

데이터 보기 화면은 위와 같이 되어 있다.

이 주성분점수는 주성분의 변수가 있는 곳에 표준화된 데이터를 대입하고, 다시 표준화한 것이다.

6. 중회귀분석과 주성분분석의 차이

예제 3-1의 데이터에 대해서 중회귀분석을 실행해 보자. 실제로는 독립변수가 총생산 1개뿐이므로, 이것은 단(순)회귀분석이 된다.

	국민 1인당 총생산(천 달러) x_1	국민 1인당 무역수지(백 달러) x_2
일본	23.3	5.24
미국	19.8	-5.23
영국	14.7	-7.95
독일	19.7	11.70
프랑스	16.9	-2.44
이태리	14.4	-2.14

순서 1 ▶ ▶ ▶ 회귀분석 메뉴의 선택

메뉴에서 [분석(A)] - [회귀분석(R)] - [선형(L)]을 선택한다.

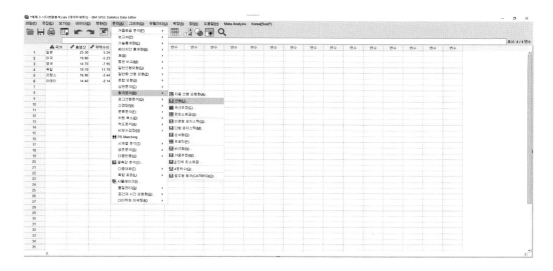

순서 2 ▸ ▸ ▸ 변수의 선택

다음의 화면에서 [종속변수(D)] 난에 '무역수지'를, [독립변수(I)] 난에 '총생산'을 이동한
다. 다음은 [확인] 버튼을 클릭한다.

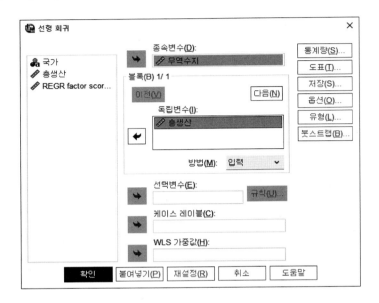

> 분석결과

ANOVA[a]

모형		제곱합	자유도	평균제곱	F	유의확률
1	회귀	95.010	1	95.010	2.231	.210[b]
	잔차	170.314	4	42.579		
	전체	265.324	5			

a. 종속변수: 무역수지

b. 예측자: (상수), 총생산

계수[a]

모형		비표준화 계수		표준화 계수	t	유의확률
		B	표준화 오류	베타		
1	(상수)	-23.114	15.611		-1.481	.213
	총생산	1.267	.848	.598	1.494	.210

a. 종속변수: 무역수지

SPSS의 출력으로부터 총생산과 무역수지의 회귀식은

$$무역수지 = 1.267 \times 총생산 - 23.114$$

가 된다.

위의 회귀식을 산점도상에 그리면 다음과 같다.

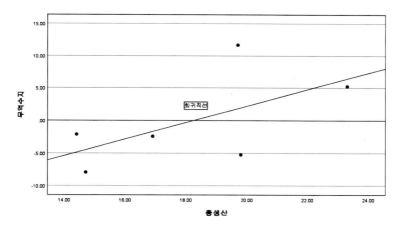

이 그림과 주성분석의 그림을 비교해 보면 상당히 비슷하다.

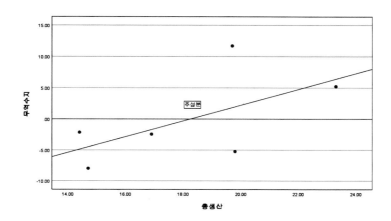

주성분분석은 중회귀분석과 같은 것인가? 그렇지 않다.

중회귀분석에서는 관측치와 예측치의 차이가 최소가 되도록 계수를 구하는 데 비해서, 주성분분석에서는 주성분에 내린 수선(垂線)의 길이를 최소가 되도록 구하는 것이다.

이것을 그림으로 표현하면 다음과 같이 된다.

[중회귀분석의 경우]

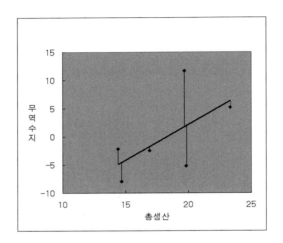

[주성분분석의 경우]

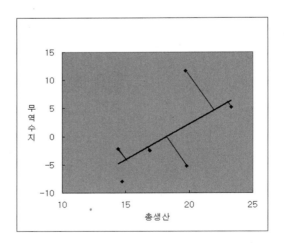

중회귀분석과 주성분분석은 전혀 다른 것이다. 변수의 수를 늘리면 좀더 분명히 알 수 있다.

7. 주성분의 회전

주성분분석의 경우에 주성분의 회전을 실시하지 않는 것이 일반적이지만, 주성분의 의미를
잘 간파할 수 없을 때는 주성분의 회전을 실시하는 경우가 있다.

순서 1 ▸ ▸ ▸ 요인분석 메뉴의 선택

메뉴에서 [분석(A)] - [차원 축소(D)] - [요인분석(F)]을 선택한다.

순서 2 ▸ ▸ ▸ 변수의 선택

[요인분석] 대화상자에서 [변수(V)] 난에 '총생산', '무역수지'를 이동한다. 그리고 [요인추
출(E)] 버튼을 클릭한다.

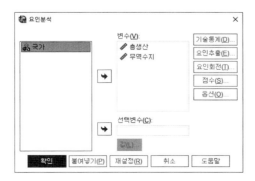

[요인분석 : 요인추출] 대화상자에서 [방법(M)] 난에 '주성분'으로 되어 있는 것을 확인한다. [분석] 중 [공분산행렬(V)]을 선택하고, [추출] 중 [요인 수(N)]를 선택하여 2를 입력한다. 그리고 [계속] 버튼을 클릭한다.

순서 2의 화면으로 되돌아오면 [요인회전(T)]을 클릭한다. 다음의 화면에서 [베리멕스(V)]를 선택하고 [계속] 버튼을 클릭한다.

순서 2의 화면으로 다시 되돌아오면 [확인] 버튼을 클릭한다.

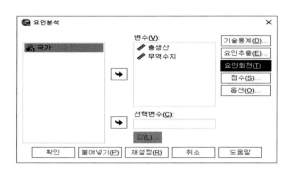

회전된 성분행렬[a]

	원래 값 성분		재척도화 성분	
	1	2	1	2
총생산	1.085	3.265	.315	.949
무역수지	6.913	2.297	.949	.315

추출 방법: 주성분 분석.
회전 방법: 카이저 정규화가 있는 베리멕스.
a. 3 반복계산에서 요인회전이 수렴되었습니다.

이것이 주성분분석의 회전이다. 변수가 많을 때에는 회전을 함으로써 주성분의 간파가 용이해지는 경우가 있다.

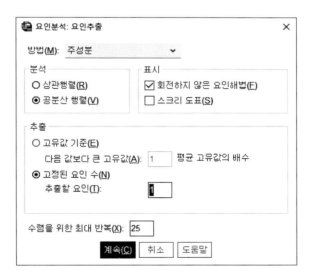

그런데 주성분이 1개만 추출되었을 때는 다음과 같이 출력된다.

회전된 성분행렬[a]

a. 하나의 성분만 추출되었으므로 해당 해법은 회전할 수 없습니다.

8. 주성분분석의 실제

1) 종합지표의 작성

 3-2

어떤 서점에서 6항목의 관점으로부터 가게의 평가를 받는 앙케트 조사를 고객을 상대로 실시했다. 6항목 모두 1점에서 7점까지의 7단계 평가로 점수를 매기도록 했다. 평가해 받은 항목은 다음과 같다.

① 점원의 인사성은 밝았는가
② 점원의 태도는 좋았는가
③ 점원의 설명은 친절했는가
④ 책의 품목은 충분히 갖추어져 있었는가
⑤ 책은 찾기 쉽게 배치되어 있었는가
⑥ 책은 깨끗이 보존되어 있었는가

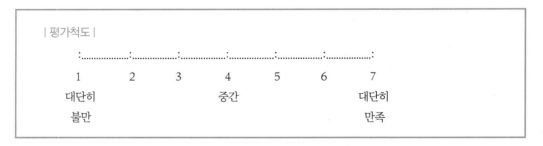

| 평가척도 |

```
:...............:...............:...............:...............:...............:...............:
1        2        3        4        5        6        7
대단히                     중간                    대단히
불만                                             만족
```

> **TIPS!**
>
> 리커트 척도(Likert scale)는 설문조사 등에 사용되는 심리 검사 응답 척도의 하나로, 각종 조사에서 널리 사용되고 있다. 리커트 척도에서는 응답자가 제시된 문장에 대해 얼마나 동의하는지를 답변하도록 한다. 리커트 척도라는 명칭은 이 척도 사용에 대한 보고서를 발간한 렌시스 리커트(Rensis Likert)의 이름에서 따온 것이다.

20명의 앙케트 조사결과를 일람표로 한 것이 다음의 데이터표와 같다. 주성분분석을 사용해서 종합지표를 작성하라.

| 표 3.2 | 앙케트 조사결과 데이터표

No.	인사	태도	설명	품목	배치	보존
1	6	4	6	3	3	4
2	3	5	6	3	3	2
3	3	5	3	2	3	4
4	4	4	2	3	4	3
5	1	4	1	5	5	4
6	3	1	4	4	5	4
7	3	4	3	2	3	2
8	3	2	5	1	1	1
9	5	5	4	5	3	4
10	5	3	4	1	1	1
11	5	5	5	4	4	4
12	2	3	2	3	4	6
13	5	5	6	2	3	3
14	3	4	5	3	2	1
15	4	5	5	3	2	3
16	7	6	6	4	4	4
17	6	6	5	6	6	5
18	5	4	2	2	2	4
19	3	3	3	3	4	4
20	5	7	7	7	7	7

순서 1 ▸ ▸ ▸ 데이터의 입력

다음과 같이 데이터를 입력한다. 본 예제의 데이터는 순서척도의 데이터이지만, 여기에서
는 간격척도의 데이터로서 취급한다.

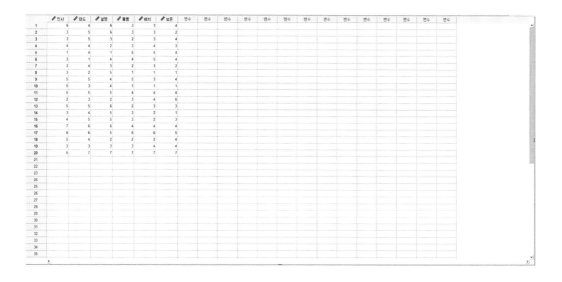

순서 2 ▸ ▸ ▸ 요인분석 메뉴의 선택

메뉴에서 [분석(A)] - [차원 축소(D)] - [요인분석(F)]을 선택한다.

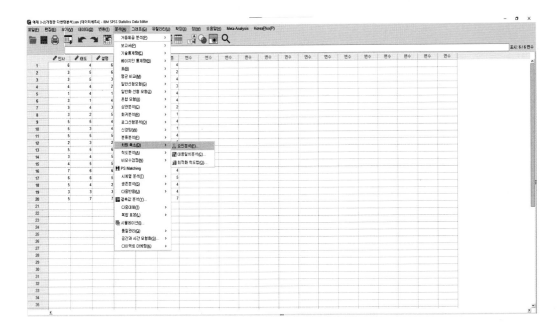

순서 3 ▸ ▸ ▸ 변수의 선택

[요인분석] 대화상자에서 [변수(V)] 난에 '인사', '태도', …, '보존'을 이동한다. [요인추출
(E)]을 클릭한다.

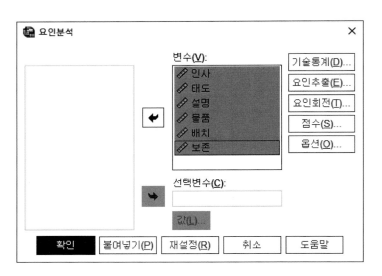

[요인추출] 대화상자에서 초기지정 상태대로 유지하고 [계속] 버튼을 클릭한다.

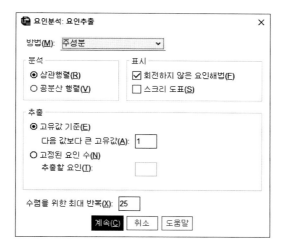

순서 3의 대화상자로 되돌아오면 [요인회전(T)]을 클릭한다. 다음의 화면에서 [적재량 도표(L)]를 체크하고 [계속] 버튼을 클릭한다.

순서 3의 대화상자로 되돌아오면 [점수(S)]를 클릭한다. 다음의 화면에서 [변수로 저장(S)], [요인점수 계수행렬 출력(D)]을 체크하고 [계속] 버튼을 클릭한다.

순서 7 ▸ ▸ ▸ 주성분분석의 실행

순서 3의 대화상자로 되돌아오면 [확인] 버튼을 클릭한다.

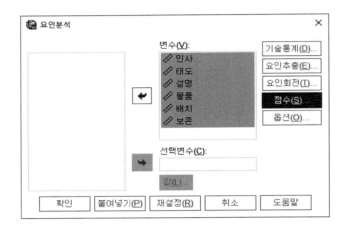

> **분석결과 및 결과의 해석방법**

설명된 총분산

성분	초기 고유값			추출 제곱합 적재량		
	전체	% 분산	누적 %	전체	% 분산	누적 %
1	3.080	51.327	51.327	3.080	51.327	51.327
2	1.676	27.940	79.267	1.676	27.940	79.267
3	.492	8.203	87.470			
4	.431	7.181	94.651			
5	.219	3.646	98.297			
6	.102	1.703	100.000			

추출 방법: 주성분 분석.

제1주성분에는 원래 6개의 변수가 가지고 있는 정보의 51.327%가 집약되어 있다. 또 제

2주성분까지 약 79.267%가 집약되어 있다는 것을 알 수 있다.

성분행렬[a]

	성분	
	1	2
인사	.468	.728
태도	.740	.372
설명	.402	.762
물품	.898	-.246
배치	.840	-.447
보존	.800	-.409

추출 방법: 주성분 분석.

a. 추출된 2 성분

제1주성분은 모든 변수와 플러스의 상관이 있으므로, 종합적인 만족도를 나타내는 것이라고 생각할 수 있다.

제2주성분은 인사, 태도, 설명과 플러스의 상관이 있고, 품목, 배치, 보존과는 마이너스의 상관이 있으므로, 이것은 점원의 서비스에 만족하는 타입인가 가게의 기능에 만족하는 타입인가를 나타내는 것이라고 생각할 수 있다.

다음의 성분도표를 보면, 6개의 변수는 크게 두 개 그룹으로 나누어지는 것을 간파할 수 있다. (설명, 인사, 태도), (품목, 배치, 보존)은 가까이 위치하고 있어 서로 관계가 강하다는 것을 알 수 있다.

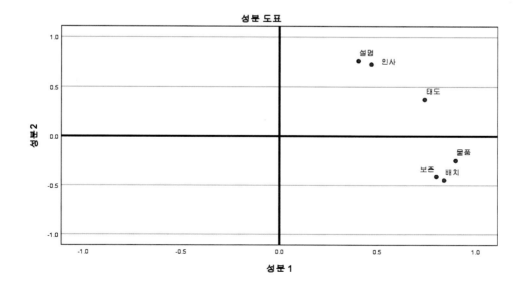

주성분점수 FAC1_1을 가로축으로 하고, FAC2_1을 세로축으로 하여 산점도를 작성하면 다음과 같이 된다.

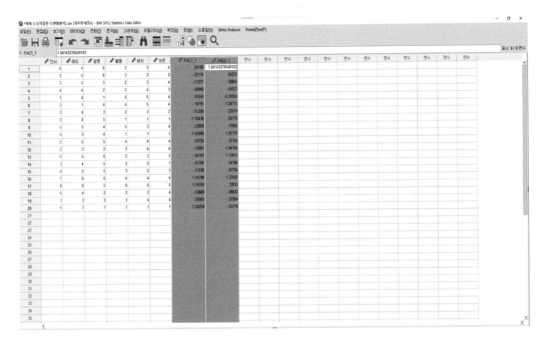

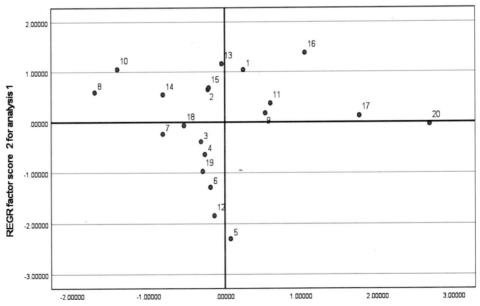

가로축이 제1주성분점수, 세로축이 제2주성분점수이다. 제1주성분은 종합적인 만족도를 의미한다고 생각되므로, 가로축의 오른쪽 끝에 위치하고 있는 No. 20의 회답자가 종합적으로 가장 높은 평가점을 매기고 있다는 것을 알 수 있다. 또 세로축의 아래쪽에 위치하고 있는 No. 5의 회답자는 품목 등 가게의 기능적인 항목에 대한 만족도가 높고, 점원의 서비스에는 만족하고 있지 않다는 것을 알 수 있다. 참고로 이 두 명의 원시 데이터는 다음과 같이 되어 있다.

No.	인사	태도	설명	품목	배치	보존
5	1	4	1	5	5	4
20	5	7	7	7	7	7

　주성분점수의 산점도로부터 고객은 대략 세 개의 그룹으로 나누어지는 것을 알 수 있다.

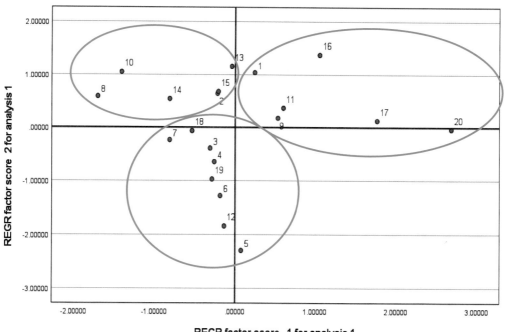

TIPS!

주성분분석은 역학의 주축정리에서 착안하여 1901년에 칼 피어슨이 처음 개발했으며, 1930년대에는 이 사실을 전혀 모르던 해롤드 호텔링에 의해 별도로 개발 및 명명되었다. 주성분분석은 대부분 탐구 데이터 분석의 도구나 예측 모델을 만드는 데 사용되었다. 공분산(또는 연관성) 데이터 행렬을 각각의 속성에 대해 평균중심화를 한 후에 행렬에 대해 고유값 분해나 특이값 분해를 하여 주성분분석이 가능하다. 주성분분석의 결과는 보통 요인점수라고도 불리는 주성분점수(특정 데이터 지점에 따른 변환된 변수 값)와 부하량(요인점수를 구하기 위해 각각의 표준화된 원래 변수가 곱해져야 한다는 것을 이용한 부하)을 가지고 논의된다.

SPSS에 의한
다변량분석 기초에서
응용까지

Chapter 04

요인분석

Chapter 04
요인분석

1. 요인분석의 기초지식

1) 요인분석의 개요

두 개의 변수간에 상관이 있는 경우, 그들 변수는 무엇인가 공통적인 것을 측정하고 있다고 생각할 수 있다. 예를 들면 대학생에 대해서 컴퓨터를 다루는 것을 좋아하는 정도와 수학을 좋아하는 정도 사이에는 어느 정도 양의 상관관계가 있을 것인데, 그것은 컴퓨터를 좋아하게 되는 것과 수학을 좋아하게 되는 것에 무엇인가 공통점이 있기 때문일 것이다. 그 공통점은 가령 논리적인 문제해결을 좋아하는 것 등을 들 수 있다. 물론 완전한 상관이 아닌 한, 그러한 공통적인 것 이외에 각각의 변수에 고유한 부분도 있을 것이다. 위의 예에서 컴퓨터를 좋아하는 것에 대해서는 일반적으로 기계조작이나 장난감 놀이를 좋아하는지 어떤지 하는 것 등이 수학을 좋아하는 것과는 관계가 없는 독자적인 요인이라고 할 수 있다.

많은 변수가 서로 복잡하게 상관하고 있는 경우에도 그들의 상관관계를 설명할 수 있는 몇 가지의 공통적인 성분을 생각하여, 개개의 변수를 그러한 공통적인 성분을 반영하는 부분과 각각의 변수에 독자적인 부분으로 나누어서 생각할 수 있다. 요인분석(factor analysis)에서는 공통적인 성분을 공통요인(common factor) 또는 단지 요인(factor)이라 부르고, 독자적인 성분을 독자요인(unique factor)이라고 부른다.

요인분석의 목적은 변수간의 상관행렬로부터 공통요인을 끄집어내어 그 공통요인을 이용해서 변수간의 상관관계를 설명하고, 공통요인과의 관계에 의해서 각 변수의 성질을 간결한 형태로 기술하는 것이다. 또 요인분석의 결과를 변수나 관측대상의 분류를 위해서 이용하는 경우도 많다.

> **공통요인에 의한 상관의 설명**

요인분석의 기본적인 개념을 설명하기 위해서 변수가 다섯 개만 있는 인공적인 데이터를 예로서 들기로 한다.

| 표 4.1 | **상관행렬**

	X1	X2	X3	X4	X5
X_1 : 문장이해	1.00	0.60	0.50	0.44	0.24
X_2 : 대화	0.60	1.00	0.44	0.40	0.23
X_3 : 작문	0.50	0.44	1.00	0.30	0.14
X_4 : 수학의 응용문제	0.44	0.40	0.30	1.00	0.52
X_5 : 수학의 계산문제	0.24	0.23	0.14	0.52	1.00

위의 표에는 다섯 가지 테스트 득점간의 상관계수가 표시되어 있다. 이 표를 보면 문장이해의 득점 X_1과 대화의 득점 X_2 사이의 상관계수가 0.60으로 가장 높고, 작문의 득점 X_3도 이들 두 가지 테스트의 득점과 0.50, 0.44라고 하는 비교적 높은 상관계수를 갖고 있다. 한편 수학의 응용문제 득점 X_4는 이들 세 가지 테스트의 득점과도 어느 정도의 상관이 있지만 그보다도 수학의 계산문제 득점 X_5와의 상관쪽이 0.52로 더 높게 되어 있다.

이들의 상관관계에 의거해서 다섯 가지의 변수를 대략적으로 분류한다면 <그림 4. 1>과 같이 중복이 있는 두 개의 군(群)이 만들어진다.

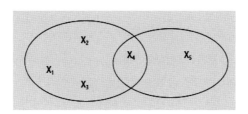

| 그림 4.1 | **다섯 가지 변수의 분류**

또 앞에서 말한 바와 같이 상관의 설명으로서 공통요인이라고 하는 것을 생각하면, 이와 같은 관계는 <그림 4.2>와 같이 나타낼 수도 있다. 다시 말하면 X_1, X_2, X_3가 공통적으로 갖고 있고

또한 X_4에도 약간 반영되어 있는 요인 1과, X_4와 X_5의 상관을 만들어내고 있는 요인 2라고 하는 두 가지의 공통요인을 생각하면 <표 4.1>의 상관관계에 대한 설명이 가능하다.

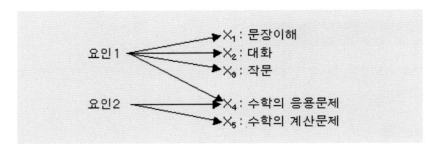

| 그림 4.2 | **공통요인에 의한 상관관계의 설명**

그렇다면 <그림 4.2>에 나타내 보인 두 가지의 요인은 어떠한 변수인가를 생각해 보기로 한다. 요인 1은 문장이해, 대화, 작문이라고 하는 테스트에 공통적으로 포함되고 수학의 응용문제 득점과도 어느 정도 관계가 있는 변수이기 때문에 언어적인 능력을 나타내는 것이라고 일단 생각할 수 있다. 한편 요인 2는 두 가지의 수학 테스트에 공통적으로 포함되어 있으므로 수학적인 능력을 나타내는 요인이라고 간주해도 좋을 것이다.

이와 같이 요인이 구체적으로 어떤 변수인가 하는 것은 그 요인을 반영하고 있는 변수에 공통적으로 존재하는 특징으로부터 추측되게 된다. 이러한 것을 요인의 해석이라고 한다.

> **요인분석의 용도**

요인분석이 회귀분석이나 판별분석 등의 다른 다변량분석법과 다른 점은 설명변수와 목적변수가 지정되지 않고 변수들간의 상호작용을 분석하는 데 있다. 요인분석은 주로 다음과 같은 경우에 사용된다.

(1) 데이터의 양을 줄여 정보를 요약하는 경우
(2) 변수들 내부에 존재하는 구조를 발견하고자 하는 경우
(3) 요인으로 묶이지 않는 중요도가 낮은 변수를 제거하고자 하는 경우
(4) 같은 개념을 측정하는 변수들이 동일한 요인으로 묶이는지를 확인(측정도구의 타당성 검정)하고자 하는 경우
(5) 요인분석을 통하여 얻어진 요인들을 회귀분석이나 판별분석에서 설명변수로 활용하고자 하는 경우

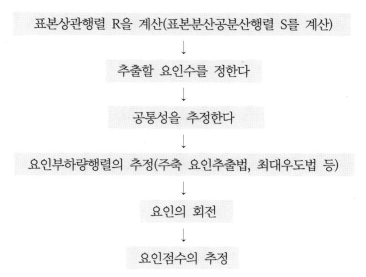

표본상관행렬 R을 계산(표본분산공분산행렬 S를 계산)

↓

추출할 요인수를 정한다

↓

공통성을 추정한다

↓

요인부하량행렬의 추정(주축 요인추출법, 최대우도법 등)

↓

요인의 회전

↓

요인점수의 추정

> 요인수의 결정

실제의 분석에 있어서는 특정의 요인수 m이 문제가 되는 경우는 적고, 데이터에 적합하다고 간주할 수 있는 최소의 요인수를 정하는 것이 필요하다. 적합도검정을 축차적(逐次的)으로 행함으로써 이 목적을 달성할 수 있다. 즉, 먼저 m = 0 혹은 m = 1 등의 작은 요인수로 적합도의 검정을 실시하는 것으로부터 출발하여 만일 그것이 기각되었다면 m = m + 1에서 적합도의 검정을 실시한다. 이 절차를 자유도가 플러스인 범위의 m에 대해서 귀무가설이 기각되지 않을 때까지 반복한다. 만일 자유도가 플러스인 범위의 m에 있어서 귀무가설이 받아들여지지 않은 경우에는 주어진 데이터에 적합한 요인분석 모형은 존재하지 않는다고 판단한다.

> 요인의 회전

요인분석의 목적은 특정변수간의 상호관련을 통해서 잠재적인 구조를 탐색하는 데 있다. 이 목적을 위해서 요인부하량행렬이나 요인구조행렬의 추정치 등으로부터 요인의 해석이 실시된다. 그런데 직교해(orthogonal solution)에 한해서 보더라도 요인부하량행렬은 일의적으로는 정해지지 않는다.

변수들이 여러 요인에 대하여 비슷한 요인부하량을 나타낼 경우에 변수들이 어느 요인에 속하는지를 분류하기가 어렵다. 따라서 변수들의 요인부하량이 어느 한 요인에 높게 나타나도록 하기 위해서 요인축을 회전시킨다. 회전방식은 몇 가지가 있는데 크게 직각회전(orthogonal rotation)과 사각회전(oblique rotation)으로 나누어진다.

(1) 직각회전방식

회전축이 직각을 유지하며 회전하므로 요인들간의 상관계수가 0이 된다. 따라서 요인들간의 관계가 상호 독립적이어야 한다거나 상호 독립적이라고 간주할 수 있는 경우에 사용된다. 또는 요인점수를 이용하여 회귀분석이나 판별분석을 추가적으로 실시하고자 할 때 다중공선성(多重共線性)을 피하기 위한 경우 등에 유용하게 사용된다. 그러나 사회과학 분야에 있어서는 서로 다른 두 개의 요인(개념)이 완전히 독립적인 경우는 극히 드물기 때문에 사각회전방식(斜角回轉方式)이 이용된다. 직각회전방식에는 Varimax, Quartimax, Equimax 등이 있는데 이 중에서 Varimax방식이 가장 널리 이용된다. Varimax방식은 요인분석의 목적이 각 변수들의 분산 구조보다 각 요인의 특성을 알고자 하는 데 더 유용하다.

(2) 사각회전방식

대부분의 사회과학 분야에서는 요인들간에 독립적인 경우는 매우 드물고 어느 정도의 상관관계는 항상 존재하기 마련이다. 사각회전방식은 요인을 회전시킬 때 요인들이 서로 직각을 유지하지 않으므로 직각회전방식에 비해서 높은 요인부하량은 더 높아지고, 낮은 요인부하량은 더 낮아지도록 요인을 회전시키는 방법이다. 비직각회전방식에는 Oblimin(=Oblique), Covarimin, Quartimin, Biquartimin, Promax 등이 있는데 이 중에서 주로 Oblimin, Promax 방식이 많이 이용되고 있다.

> **요인분석과 주성분분석의 차이**

요인분석은 모든 변수가 '동일한 보조'로 나타나는 경우에 적합한 변수지향형 기법이라고 하는 점에서 주성분분석과 다소 비슷한 목적을 가지고 있다. 이러한 사고방식은 잘 하면 데이터의 보다 좋은 이해를 돕는 '요인'이라고 불리는 새로운 변수를 이끌어내고자 하는 것이다. 그러나 주성분분석이 기초가 되는 모형에 의존하지 않는 변수의 직교변환을 찾아내기 위한 기법인 데 반해서, 요인분석은 완전한 통계적 모형에 의거해서 변수의 분산에 대한 설명보다도 그것들의 공분산구조의 설명을 주제로 하고 있다. 공통요인으로는 설명되지 않는 분산은 잔차항으로 설명할 수 있다.

요인분석 모형을 구성하려면 다수의 가정을 두지 않으면 안 된다. 이들 가정은 응용상 반드시 현실적인 것은 아니다. 요인분석 모형에서는 요인의 존재라고 하는 중요한 가정을 두고 있다. 한 조(組)의 배후에 있는 '관측불능'의 변수라고 하는 개념은 특히 심리학적 연구와 같은 몇 가지 연구분야에서는 타당하지만 그 이외의 많은 연구영역에서는 현실감이 부족하다. 또한 요인분석 모형에서는 요인의 수 m을 알고 있는 것으로 가정하고 있다. 실제로는 m이 미지인 경우가 많지만 m = 1을 출발점으로 해서 축차적으로 다른 값이 검토된다. 그러나 m의 정확한 값을 고르는 것은 용이하지 않다. 검정의 수단이 없는 것은 아니지만 그 검정은 상당히 복잡하고 모형의 가정에 구속되므로, 외적 조건을 생각해서 m의 값을 고르는 경우가 많다. 요인의 형태가 m의 변화에 의해서 완전히 변해 버린다고 하는 점은 상당히 불안하다. 대조적으로 주성분분석에 의해서 이끌어내지는 성분은 일의적(一意的)이어서 고려할 가치가 있다고 생각되는 성분수가 바뀌어도 그것들의 성분은 불변이다.

일반적으로 주성분분석에 비해서 요인분석에 의한 사후검토분석(follow-up analysis)은 보다 어려운 것으로 되어 있다. 따라서 많은 학자들은 주성분분석이 요인분석보다 더 선호되고 있다고 결론짓고 있다.

> **TIPS!**
>
> 요인분석은 관측변수가 잠재변수라는 원인이 현실화된 결과라 가정되고, 주성분분석은 관측변수라는 원인에서 주성분이라는 결과를 추출한다고 가정된다. 즉 관측변수와 요인의 인과관계와 관측변수와 주성분의 인과관계는 정반대 방향으로 움직인다. 비록 적재량(loadings)의 값이 유사하더라도 완전히 모형이 다르다.

2. 요인분석의 시각적 표현

 4-1

다음의 데이터를 사용해서 요인분석을 실행해 보자. 이 데이터는 생활습관에 관한 앙케트 조사의 일부이다.

| 표 4.2 | **앙케트 조사의 질문표**

> 문 1. **스포츠를 하고 있습니까?**
>
> (1) 전혀 하고 있지 않다   (2) 별로 하고 있지 않다   (3) 어느 쪽도 아니다
> (4) 가끔 하고 있다   (5) 자주 하고 있다
>
> 문 2. **다이어트를 하고 있습니까?**
>
> (1) 전혀 하고 있지 않다   (2) 별로 하고 있지 않다   (3) 어느 쪽도 아니다
> (4) 가끔 하고 있다   (5) 자주 하고 있다
>
> 문 3. **스트레스를 느끼고 있습니까?**
>
> (1) 전혀 느끼지 않는다   (2) 별로 느끼지 않는다   (3) 어느 쪽도 아니다
> (4) 가끔 느낀다   (5) 스트레스가 쌓여 있다

| 표 4.3 | **앙케트 조사의 결과 데이터**

회답자	문1	문2	문3
A	4	3	2
B	3	3	4
C	1	2	4
D	3	4	2
E	2	1	5
F	5	4	2

요인분석은 몇 개의 변량 배후에 숨어 있는 공통요인을 찾아내는 수법이다. 먼저 변량간의 관계를 살펴보도록 하자. 그 가장 좋은 방법은 '산점도'를 그려 보는 것이다. 통계처리의 첫걸음은 그래프 표현이다.

→ 요인분석의 경로도형

이 데이터의 경우에 세 개의 변수 '스포츠', '다이어트', '스트레스'의 배후에 숨어 있는 공통요인을 발견하는 것이 목적이다.

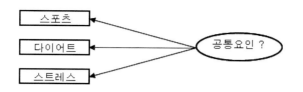

우선

    스포츠와 다이어트의 산점도
    스포츠와 스트레스의 산점도
    다이어트와 스트레스의 산점도

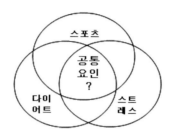

공통요인으로 무엇이 숨겨져 있을까?

> **산점도 그리는 방법**

순서 1 ▸ ▸ ▸ 데이터의 입력(4 – 1.sav)

    데이터는 다음과 같이 입력해 놓는다.

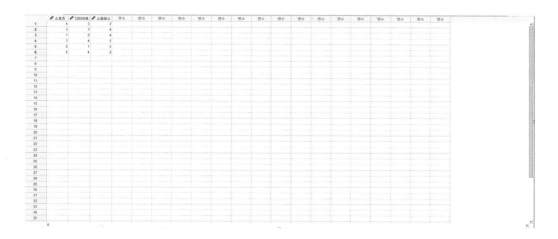

순서 2 ▸ ▸ ▸ 산점도 메뉴의 선택

산점도를 그릴 때는 [그래프(G)]의 메뉴에서 [산점도/점도표(S)]를 선택한다.

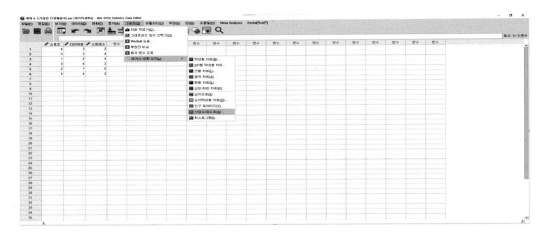

순서 3 ▸ ▸ ▸ 산점도 유형의 선택

다음의 화면이 나타나면 [단순 산점도]를 선택하고 [정의]를 클릭한다.

순서 4 ▸ ▸ ▸ 변수의 선택

[단순 산점도]의 화면이 나타나면 [Y 축]에 '스포츠', [X 축]에 '다이어트'를 이동한다. 다음에 [확인] 버튼을 클릭한다.

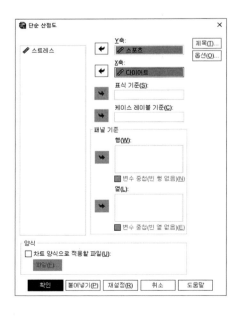

다음과 같은 그래프가 그려진다.

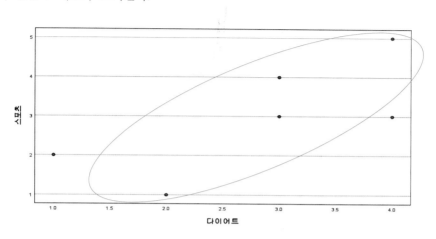

스포츠와 다이어트의 사이에 플러스의 상관이 있어 보인다. 과연 스포츠와 다이어트의 배후에 있는 것은 무엇인가?

이어서 스포츠와 스트레스의 산점도를 그려 보자. 순서 1에서 순서 3까지는 앞에서와 똑같다.

순서 4 ▸ ▸ ▸ 변수의 선택

[단순 산점도]의 화면이 나타나면 [Y 축]에 '스포츠', [X 축]에 '스트레스'를 이동한다. 다음에 [확인] 버튼을 클릭한다.

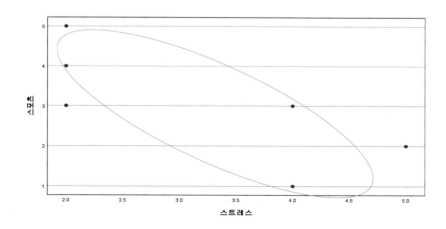

스포츠와 스트레스의 사이에 마이너스의 상관이 있어 보인다. 과연 스포츠와 스트레스의 사이에는 무엇이 숨겨져 있는 것인가?

마지막으로 다이어트와 스트레스의 산점도를 그려 보자. 순서 1에서 순서 3까지는 앞에서와 똑같다.

순서 4 ▸ ▸ ▸ 변수의 선택

[단순 산점도]의 화면이 나타나면 [Y 축]에 '다이어트', [X 축]에 '스트레스'를 이동한다. 다음에 [확인] 버튼을 클릭한다.

> **분석결과**

다음과 같은 그래프가 그려진다.

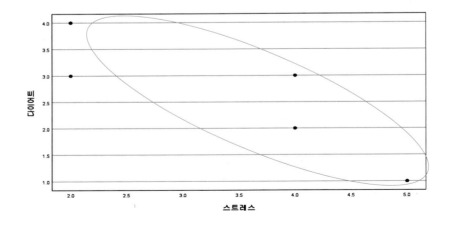

다이어트와 스트레스의 사이에도 마이너스의 상관이 있어 보인다. 과연 다이어트와 스트레스의 사이에는 무엇이 숨겨져 있는 것인가?

3. 상관계수

산점도를 사용해서 변량간의 관계를 탐색해 보았는데, 이번에는 그 관계를 수치로 알아보도록 하자. 그러기 위해서는 '상관계수'가 편리하다.

순서 1 ▸ ▸ ▸ 이변량 상관분석 메뉴의 선택

데이터를 입력한 다음, [분석(A)]의 메뉴 중에서 [상관분석(C)]을 선택하고, 서브메뉴 중에서 [이변량 상관(B)]을 선택한다.

순서 2 ▶ ▶ ▶ 변수의 선택

[이변량 상관계수] 대화상자가 나타나면 세 개의 변량을 [변수(V)] 난으로 이동한다. 다음에 [확인] 버튼을 클릭한다.

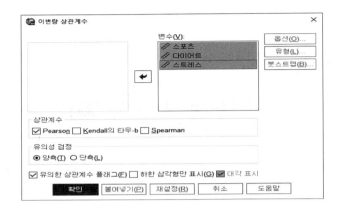

> **분석결과**

상관관계

		스포츠	다이어트	스트레스
스포츠	Pearson 상관	1	.726	-.745
	유의확률 (양측)		.102	.089
	N	6	6	6
다이어트	Pearson 상관	.726	1	-.880*
	유의확률 (양측)	.102		.021
	N	6	6	6
스트레스	Pearson 상관	-.745	-.880*	1
	유의확률 (양측)	.089	.021	
	N	6	6	6

*. 상관관계가 0.05 수준에서 유의합니다(양측).

> **결과의 해석방법**

SPSS의 출력을 보면 스포츠와 다이어트 사이에는 강한 플러스의 상관(0.726)이 있는 것을 알 수 있다. 이러한 사실은

"스포츠를 해서 건강한 신체가 되고 싶다고 하는 기분과,

다이어트를 유의해서 건강한 생활을 보내고 싶다고 하는 기분"

의 발로(發露)이다.

역으로 스포츠와 스트레스 사이에는 강한 마이너스의 상관이 있다. 즉,

"스포츠를 하고 있을 때는 스트레스가 감소하고,
스트레스가 쌓여 있을 때는 스포츠를 하고 있지 않다"

고 하는 것을 나타내고 있다고 볼 수 있다.

다이어트와 스트레스에 대해서는 어떠한가? 다이어트와 스트레스 사이에도 강한 마이너스의
상관이 있으므로

"스트레스가 쌓여 있을 때는 무의식 중에 과식을 해서,
다이어트를 잊어버리고 있다"

라고 추측할 수 있을 것이다. 따라서

"이 세 개의 변량간에 무엇인가 공통적인 요인이 숨겨져 있는 것은 아닌가?"

라고 생각할 수 있다. 그것이 바로 공통요인인 것이다.

다음에 그 공통요인을 찾아보도록 하자.

4. 공통요인을 구하는 방법 – 주축 요인추출법

공통요인을 구하는 방법은 매우 간단하다.

> **요인분석의 절차 – 주축 요인추출법**

순서 1 ▸ ▸ ▸ 요인분석 메뉴의 선택

메뉴에서 [분석(A)] - [차원 축소(D)] - [요인분석(F)]을 선택한다.

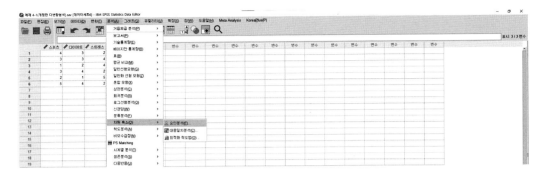

순서 2 ▸ ▸ ▸ 변수의 선택

[요인분석] 대화상자에서 [변수(V)] 난에 '스포츠', '다이어트', '스트레스'를 이동한다. 그리고 [요인추출(E)] 버튼을 클릭한다.

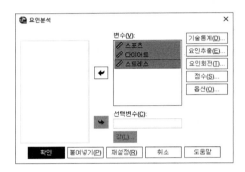

순서 3 ▸ ▸ ▸ 요인추출 방법 선택

[요인분석 : 요인추출] 대화상자에서 [방법(M)] 중에 '주축 요인추출'을 선택하고 [계속] 버튼을 클릭한다.

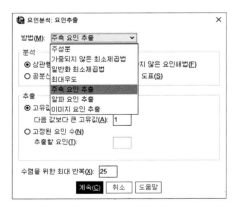

(참고) 요인분석에서는 주축 요인추출법과 최대우도법이 자주 이용되고 있다.

다음의 화면으로 되돌아오면 [확인] 버튼을 클릭한다.

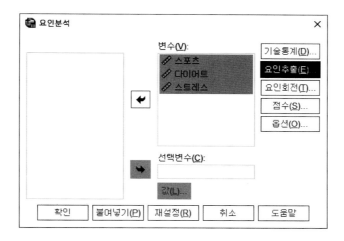

> **분석결과**

설명된 총분산

요인	초기 고유값			추출 제곱한 적재량		
	전체	% 분산	누적 %	전체	% 분산	누적 %
1	2.569	85.628	85.628	2.374	79.128	79.128
2	.311	10.379	96.007			
3	.120	3.993	100.000			

추출 방법: 주축요인추출.

요인행렬[a]

	요인
	1
스포츠	.784
다이어트	.926
스트레스	-.949

추출 방법: 주축 요인추출.

a. 추출된 1 요인 8의 반복계산이 요구됩니다.

이렇게 해서 출력된 세 개의 수치를 요인부하 또는 요인부하량이라고 한다.

따라서 경로도형으로 표현하면 다음과 같이 된다.

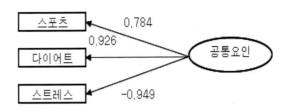

그러면 문제는

"이 공통요인의 정체는 무엇인가?"

라고 하는 것이 된다.

그래서 요인부하량

$$\begin{pmatrix} 0.784 \\ 0.926 \\ -0.949 \end{pmatrix}$$

의 크기나 플러스·마이너스를 보면서, 공통요인은

"건강에 대한 자각?"

이라고 간파할 수 있는 것이다. 이 주변의 내용은 주성분분석과 매우 비슷하다.

5. 요인의 회전

실은 요인분석을 실행할 때 변량이 세 개 있는 경우는 거의 없다. 다음의 예제와 같이 변량이 많이 있는 데이터의 경우가 일반적이다.

예제 4-2

다음의 <표 4.4>는 의료에 관한 데이터로서 K아파트 단지 주민 30명에 대한 의식조사의 결과이다. 스트레스, 건강행동, 건강습관, 사회지원, 사회역할, 건강도, 생활환경, 의료기관 등에 관한 조사결과이다. 이 데이터를 사용해서 요인분석을 실시해 보자.

| 표 4.4 | 사회의료의 질을 향상시키기 위한 변수

No.	스트레스	건강행동	건강습관	사회지원	사회역할	건강도	생활환경	의료기관
1	3	0	5	4	8	3	2	3
2	3	0	1	2	5	3	2	2
3	3	1	5	8	7	3	3	3
4	3	2	7	7	6	3	2	3
5	2	1	5	8	4	2	2	4
6	7	1	2	2	6	4	5	2
7	4	1	3	3	5	3	3	3
8	1	3	6	8	8	2	3	2
9	5	4	5	6	6	3	3	3
10	3	1	5	3	6	3	3	3
11	5	1	4	7	5	5	3	3
12	6	1	2	7	6	3	4	3
13	4	0	0	2	7	3	3	3
14	5	0	0	0	5	3	2	3
15	7	2	3	4	8	4	4	3
16	3	0	1	8	5	3	3	3
17	0	1	3	8	7	3	3	3
18	4	0	5	6	5	3	2	2
19	5	1	7	6	7	4	4	3
20	3	1	5	0	5	3	3	3
21	3	1	6	8	6	3	2	3
22	1	1	3	3	4	1	3	3
23	5	0	0	8	8	5	4	5
24	5	1	3	2	6	4	3	3
25	4	2	2	6	7	3	3	2
26	4	0	3	6	6	3	3	3
27	3	2	4	8	8	2	3	2
28	5	1	5	7	5	3	3	3
29	7	2	0	2	4	4	3	4
30	3	3	8	7	7	3	3	3

이 데이터를 앞에서와 같은 방법으로 요인분석해 보면 다음과 같은 성분행렬을 얻는다.

요인행렬[a]

	요인		
	1	2	3
스트레스	.842	.160	-.192
건강행동	-.245	.458	-.322
건강습관	-.543	.413	-.100
사회지원	-.398	.582	.301
사회역할	-.033	.484	-.095
건강도	.754	.335	.248
생활환경	.580	.289	-.246
의료기관	.195	.151	.522

추출 방법: 주축 요인추출.

a. 추출된 3 요인 17의 반복계산이 요구됩니다.

결과의 해석방법

이 출력을 보면 요인이 세 개 추출되고 있다. 이들 요인이 무엇을 의미하고 있는지를 간파하지 않으면 안 된다.

예를 들면, 제1요인의 요인부하량을 보면

$$\begin{bmatrix} 0.842 \\ -0.245 \\ -0.543 \\ -0.398 \\ -0.033 \\ 0.754 \\ 0.580 \\ 0.195 \end{bmatrix}$$

로 되어 있다. 절대치가 0.5 이상인 변량이 다수 섞여 있음을 알 수 있다. 성질이 서로 다른 변량이 제1요인을 구성하고 있어 의미부여에 어려움이 따른다.

이와 같은 때에는 요인의 회전을 실시하면 보다 나은 결과를 얻을 수 있다.

요인의 회전이란 요인의 축을 약간 회전시킴으로써 요인의 의미를 간파하기 쉽도록 하고자 하는 것이다. 예를 들면, 다음과 같은 이미지를 말한다.

초기 요인의 축

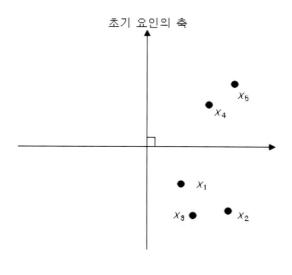

⇩

베리멕스 회전 후의 축

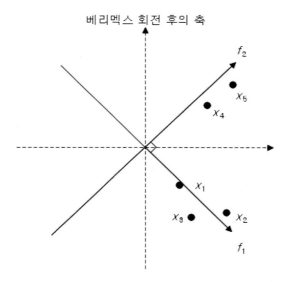

SPSS에서는 다음과 같이 된다.

순서 1 ▸ ▸ ▸ 요인분석 메뉴의 선택

메뉴에서 [분석(A)] - [차원 축소(D)] - [요인분석(F)]을 선택한다.

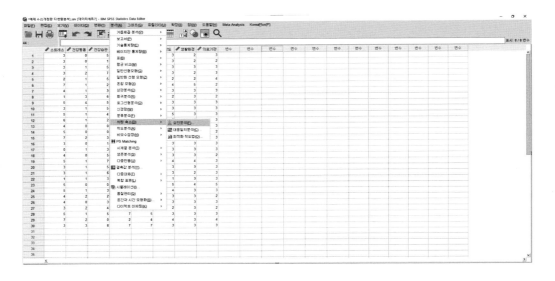

순서 2 ▸ ▸ ▸ 변수의 선택

[요인분석] 대화상자에서 [변수(V)] 난에 '스트레스', '건강행동', …, '의료기관'을 이동한다. 그리고 [요인추출(E)] 버튼을 클릭한다.

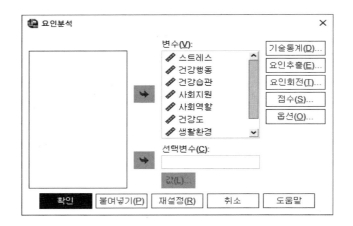

순서 3 ▸ ▸ ▸ 요인추출 방법 선택

[요인분석 : 요인추출] 대화상자에서 [방법(M)] 중에 '주축 요인추출'을 선택하고 [계속] 버튼을 클릭한다.

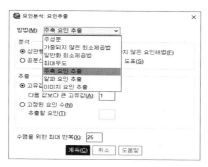

순서 4 ▸ ▸ ▸ 요인회전 방법 선택

[요인분석] 대화상자로 되돌아오면 [요인회전(T)] 버튼을 클릭한다. 다음 화면에서 [방법] 중에 '베리멕스(V)'를 선택하고, [표시] 중에 해당 항목을 모두 선택한 다음 [계속] 버튼을 클릭한다.

순서 5 ▸ ▸ ▸ 요인점수의 저장

[요인분석] 대화상자로 되돌아오면 [점수(S)] 버튼을 클릭한다. 아래 화면에서 다음과 같은 항목을 선택한 다음 [계속] 버튼을 클릭한다.

순서 6 ▸ ▸ ▸ 요인분석의 실행

[요인분석] 대화상자로 되돌아오면 [확인] 버튼을 클릭한다.

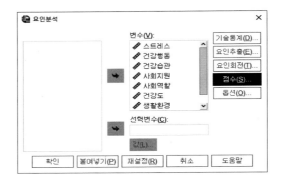

> 분석결과

요인행렬[a]

	요인		
	1	2	3
스트레스	.842	.160	-.192
건강행동	-.245	.458	-.322
건강습관	-.543	.413	-.100
사회지원	-.398	.582	.301
사회역할	-.033	.484	-.095
건강도	.754	.335	.248
생활환경	.580	.289	-.246
의료기관	.195	.151	.522

추출 방법: 주축 요인추출.
a. 추출된 3 요인 17의 반복계산이 요구됩니다.

회전된 요인행렬[a]

	요인		
	1	2	3
스트레스	.864	-.156	.035
건강행동	.029	.569	-.221
건강습관	-.318	.606	-.087
사회지원	-.250	.625	.366
사회역할	.160	.466	.042
건강도	.714	-.045	.480
생활환경	.689	.074	-.032
의료기관	.071	-.039	.572

추출 방법: 주축 요인추출.
회전 방법: 카이저 정규화가 있는 베리멕스.
a. 5 반복계산에서 요인회전이 수렴되었습니다.

| 주의 | 요인분석에서는 다음과 같은 방법을 자주 사용한다.
　　　주축 요인추출법　⇒　베리멕스 회전
　　　최대우도법　　　 ⇒　프로멕스 회전

> **결과의 해석방법**

회전된 요인행렬을 보면 요인부하량의 값이 조금 달라져 있음을 알 수 있다.

제1요인은 '스트레스', '건강도', '생활환경'이라고 하는 변량의 요인부하량이 특히 크게 되어 있다. 이러한 사실로부터

제1요인 = '건강에 대한 자각과 환경'

이라고 간파할 수 있다.

제2요인은 '건강행동', '건강습관', '사회지원'의 요인부하량이 크므로

제2요인 = '건강생활과 사회환경'

을 나타내고 있다고 볼 수 있다.

제3요인은 '의료기관'의 요인부하량이 특히 크므로

제3요인 = '의료기관(혹은 의료환경)'

을 나타내고 있는 것으로 간주할 수 있다.

이와 같이 요인회전이라고 하는 수법은 대단히 강력한 수단이라고 하는 것을 알 수 있다.

앞의 순서 6에서 [옵션(O)] 버튼을 클릭하여 [크기순 정렬(S)]을 체크하여 실행하면 요인부하량의 출력이 크기순으로 되어 편리하다.

회전된 요인행렬[a]

	요인		
	1	2	3
스트레스	.864	-.156	.035
건강도	.714	-.045	.480
생활환경	.689	.074	-.032
사회지원	-.250	.625	.366
건강습관	-.318	.606	-.087
건강행동	.029	.569	-.221
사회역할	.160	.466	.042
의료기관	.071	-.039	.572

추출 방법: 주축 요인추출.
회전 방법: 카이저 정규화가 있는 베리멕스.

a. 5 반복계산에서 요인회전이 수렴되었습니다.

6. 요인점수

예제 4-1의 요인분석의 결과, 공통요인으로서

'건강에 대한 자각'

이 부상했다.

그렇다면 6명의 '건강에 대한 자각'은 각각 어느 정도일까? 그것을 측정하는 것이 '요인점수'
이다.

> **요인점수를 구하는 방법**

순서 1 ▸ ▸ ▸ 요인분석 메뉴의 선택

　　메뉴에서 [분석(A)] - [차원 축소(D)] - [요인분석(F)]을 선택한다.

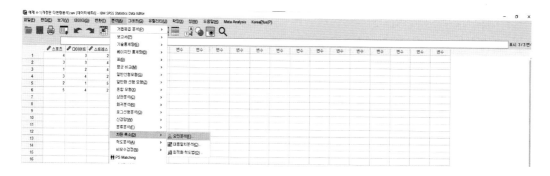

순서 2 ▸ ▸ ▸ 변수의 선택

[요인분석] 대화상자에서 [변수(V)] 난에 '스포츠', '다이어트', '스트레스'를 이동한다. 그리고 [요인추출(E)] 버튼을 클릭한다.

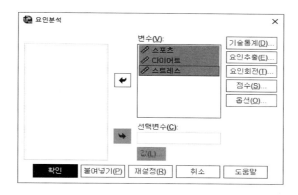

순서 3 ▸ ▸ ▸ 요인추출 방법 선택

[요인분석 : 요인추출] 대화상자에서 [방법(M)] 중에 '주축 요인추출'을 선택하고 [계속] 버튼을 클릭한다.

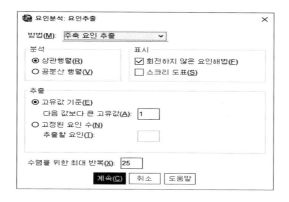

[요인분석] 대화상자로 되돌아오면 [점수(S)] 버튼을 클릭한다. 아래 화면에서 다음과 같은 항목을 선택한 다음 [계속] 버튼을 클릭한다.

다음의 화면으로 되돌아오면 [확인] 버튼을 클릭한다.

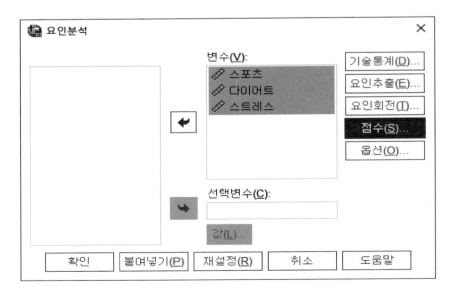

	스포츠	다이어트	스트레스	FAC1_1	변수	변수
1	4	3	2	.60630		
2	3	3	4	-.28413		
3	1	2	4	-.76440		
4	3	4	2	.84050		
5	2	1	5	-1.40281		
6	5	4	2	1.00455		
7						
8						

→ 결과의 해석방법

이 출력결과를 보면 요인점수가 가장 높은 사람은 No. 6이므로, 이 사람이 건강에 대한 자각을 가장 강하게 갖고 있다는 것을 알 수 있다.

역으로 No. 5의 사람은 요인점수가 -1.40281로 가장 낮다. No. 5의 사람은 그다지 자신의 건강에 마음을 쓰고 있는 것 같지 않다.

7. 최대우도법에 의한 요인분석

요인분석에는

주축 요인추출법에 의한 요인분석
최대우도법에 의한 요인분석

의 두 가지가 자주 이용되고 있다.

여기에서는 최대우도법(最大尤度法)을 사용해서 요인분석을 실행해 보자.

순서 1 ▸ ▸ ▸ 요인분석 메뉴의 선택

메뉴에서 [분석(A)] - [차원 축소(D)] - [요인분석(F)]을 선택한다.

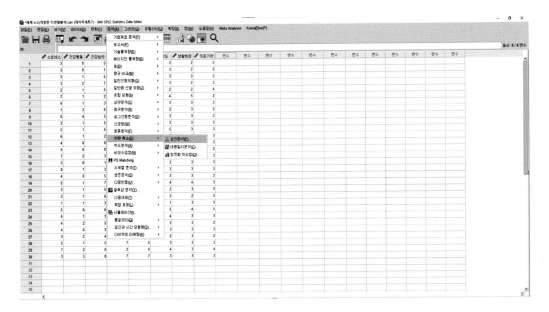

순서 2 ▸ ▸ ▸ 변수의 선택

[요인분석] 대화상자에서 [변수(V)] 난에 '스트레스', '건강행동', …, '의료기관'을 이동한다. 그리고 [요인추출(E)] 버튼을 클릭한다.

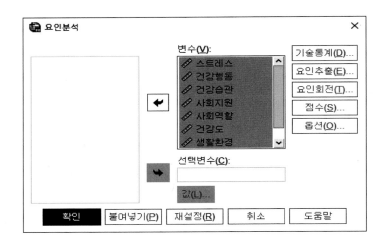

순서 3 ▸ ▸ ▸ 요인추출 방법 선택

[요인분석 : 요인추출] 대화상자에서 [방법(M)] 중에 '최대우도'를 선택하고 [계속] 버튼을 클릭한다.

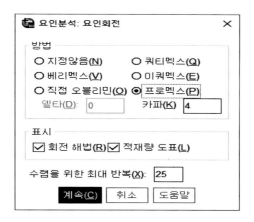

순서 4 ▸ ▸ ▸ 요인회전 방법 선택

[요인분석] 대화상자로 되돌아오면 [요인회전(T)] 버튼을 클릭한다. 다음 화면에서 [방법] 중에 '프로멕스(P)'를 선택하고, [표시] 중에 해당 항목을 모두 선택한 다음 [계속] 버튼을 클릭한다.

순서 5 ▸ ▸ ▸ 요인분석의 실행

다음의 화면으로 되돌아오면 [확인] 버튼을 클릭한다.

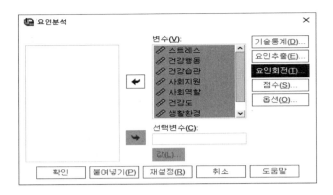

> 분석결과 및 결과의 해석방법

요인행렬[a]

	요인		
	1	2	3
스트레스	.976	.040	-.073
건강행동	-.028	.774	-.102
건강습관	-.369	.567	.135
사회지원	-.307	.379	.418
사회역할	-.020	.315	.362
건강도	.733	-.092	.512
생활환경	.588	.089	.049
의료기관	.145	-.099	.409

추출 방법: 최대우도.

a. 추출된 3 요인 20의 반복계산이 요구됩니다.

패턴 행렬[a]

	요인		
	1	2	3
스트레스	.962	-.112	-.038
건강행동	.287	.667	-.334
건강습관	-.162	.626	-.051
사회지원	-.227	.575	.293
사회역할	.034	.457	.270
건강도	.572	.062	.578
생활환경	.587	.035	.051
의료기관	.025	.078	.448

추출 방법: 최대우도.

회전 방법: 카이저 정규화가 있는 프로멕스.

a. 6 반복계산에서 요인회전이 수렴되었습니다.

패턴 행렬이 요인회전 후의 요인부하량이다.

회전된 요인행렬[a]

	요인		
	1	2	3
스트레스	.864	-.156	.035
건강행동	.029	.569	-.221
건강습관	-.318	.606	-.087
사회지원	-.250	.625	.366
사회역할	.160	.466	.042
건강도	.714	-.045	.480
생활환경	.689	.074	-.032
의료기관	.071	-.039	.572

추출 방법: 주축 요인추출.
회전 방법: 카이저 정규화가 있는 베리멕스.
a. 5 반복계산에서 요인회전이 수렴되었습니다.

주축 요인추출법에 의한 요인분석 결과와 비교해 보면, 최대우도법에 의한 분석결과는 다음과 같은 면에서는 상당히 유사하다.

제1요인은 '스트레스', '건강도', '생활환경'이라고 하는 변량의 요인부하량이 특히 크게 되어 있다. 이러한 사실로부터

제1요인 = '건강에 대한 자각과 환경'

이라고 간파할 수 있다.

제2요인은 '건강행동', '건강습관', '사회지원'의 요인부하량이 크므로

제2요인 = '건강생활과 사회환경'

을 나타내고 있다고 볼 수 있다.

그런데 제3요인의 요인부하량을 보면 최대우도법에 의한 분석결과에서는 변량 '건강도'가 제1요인과 제3요인에 거의 같은 부하량으로 작용하고 있음을 볼 수 있다. 즉, 최대우도법에서 변량 '건강도'는 명확히 요인분석이 이루어지지 않고 있다.

8. 요인분석과 주성분분석의 차이

요인분석과 주성분분석의 차이는 어디에 있는가? 다음의 경로도형이 그 차이를 보이고 있다.

요인분석

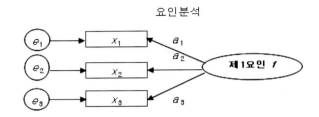

주성분분석

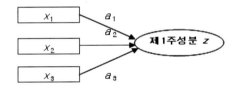

모델의 식으로 표현하면 각각 다음과 같다.

요인분석의 모델

$$x_1 = a_1 f + e_1$$
$$x_2 = a_2 f + e_2$$
$$x_3 = a_3 f + e_3$$

주성분분석의 모델

$$z = a_1 x_1 + a_2 x_2 + a_3 x_3$$

즉, 차이는 오차의 취급에 있다.

오차를 생각하는 것이 요인분석이고, 오차를 생각하지 않는 것이 주성분분석인 것이다.

요인분석의 종류

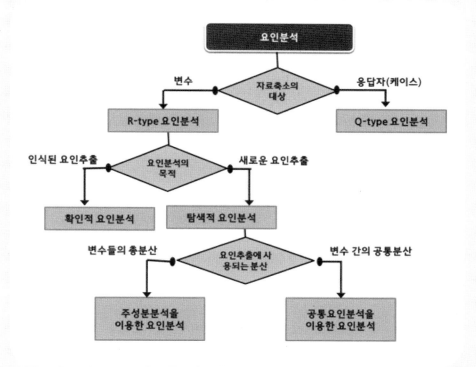

Chapter 05

군집분석

Chapter 05

군집분석

1. 군집분석의 기초지식

1) 군집분석의 개요

데이터의 구조를 아는 유효한 수단으로서, 그 데이터를 구성하고 있는 관측대상(혹은 속성)을 어떠한 기준에 의해서 분류하는 것을 생각할 수 있다. 군집분석(cluster analysis)은 이와 같은 목적을 위한 기법이다.

군집분석(群集分析)은 무엇을 기준으로 해서 데이터를 분류하느냐에 따라서 수없이 많은데, 다음의 두 가지가 대표적인 방법이다. 그 한 가지는 관측대상간(혹은 속성간)에 정해지는 유사성(similarity)(또는 거리)을 기초로 해서, 소위 비슷한 것끼리를 하나의 그룹으로 해서 전체를 몇 개의 그룹(크러스터)으로 분할하는 것이다. 또 한 가지는 데이터 및 그룹 내의 분산 개념을 기초로, 그룹간의 분리의 정도를 기준으로 해서 분류하는 것이다. 전자(前者)가 실용적이라고 생각되므로 여기에서는 주로 전자에 대해서 설명하기로 한다.

이 분석에서 유의해야 할 점은 데이터가 몇 개의 그룹으로 분류된 결과가 어느 정도 의미가 있는지 어떤지에 대한(가설검정을 실시하는) 논의는 포함되어 있지 않다는 것이다. 즉 분류가 타당한지 아닌지는 얻어진 결과의 해석에서 정해진다. 실제로 응용되고 있는 분야는 매우 넓다. 예를 들면 생명과학의 분야, 의학, 행동과학, 사회과학의 분야는 물론 공학이나 정보과학의 분야에서도 패턴인식, 인공지능, 시스템과학, 사이버네틱스, 전자공학, 정보검색, 경영과학 등에 응용되고 있다. 또한 시장조사나 정치·경제학 등에서도 자주 쓰이고 있다.

다음에 군집분석을 실시하려면 어떠한 데이터가 필요한지를 간단히 기술하기로 한다. 하나는 일반적인 다변량분석(multivariate analysis)과 마찬가지로 관측대상이 갖는 p개의 속성(변량)에 대한 값이, N개의 각 관측대상마다 어떤 척도로 측정되어 있는 것이다(<표 5.1> 참조). 이 경우에는 관측대상간 혹은 속성간에 유사성을 정하지 않으면 안 된다. 한편, 데이터로서 처음부터 관측대상간 혹은 속성간에 어떠한 유사성이 얻어지는 경우가 있다(<표 5.2> 참조). 이 경우에는 데이터를 기초로 직접 분류를 실시하는 연산법을 적용할 수 있다.

| 표 5.1 |

대상＼속성	x_1	x_2	⋯	x_p
1	x_{11}	x_{12}	⋯	x_{1p}
2	x_{21}	x_{22}	⋯	x_{2p}
⋮	⋮	⋮		⋮
N	x_{N1}	x_{N2}	⋯	x_{Np}

| 표 5.2 |

대상＼속성	1	2	⋯	N
1	s_{11}	s_{12}	⋯	s_{1N}
2	s_{21}	s_{22}	⋯	s_{2N}
⋮	⋮	⋮		⋮
N	s_{N1}	s_{N2}	⋯	s_{NN}

▶ 유사성과 거리

전술한 것처럼 데이터가 <표 5.1>과 같이 주어져 있을 때에는, 여기에 무언가의 유사성(혹은 거리)을 정의할 필요가 있다. 이때 각 측정치 $x_{ri}(i = 1, 2, \cdots, p ; r = 1, 2, \cdots, N)$의 척도를 취하는 방법에 따라서 유사성의 형태가 다르다. 여기에서는 다음의 세 가지 척도로 측정되어 있는 것에 대해서 생각한다.

① 간격척도·비율척도(연속적인 양으로 표현되는 데이터)

② 명목척도(카테고리 데이터, 0 또는 1의 값을 취한다)

③ 순서척도(어떤 기준에 의해서 주어지는 순서로 표현되는 데이터, 보통 자연수의 값을 취한다)

각각의 척도로 측정된 데이터에 대해서, 각 관측대상간 혹은 각 속성(변량)간에 유사성(혹은 거리)을 정의하지 않으면 안 된다. 어느 경우도 사고방식은 같으므로 여기에서 각 관측대상을 몇 개의 그룹으로 분류하기로 하고, 관측대상간의 유사성(혹은 거리)에 대해서 기술하기로 한다. 이제 N개의 관측대상이 있다고 하고, 임의의 두 관측대상 r과 s에 관해서 각각 p개의 변량값을 다음의 벡터로 표시하기로 한다.

$${}^t\boldsymbol{x}_r \equiv (x_{r1},\, x_{r2},\, \cdots,\, x_{rp}) \quad ({}^t\boldsymbol{x}\text{는 벡터 }\boldsymbol{x}\text{의 전치를 나타낸다.})$$

$${}^t\boldsymbol{x}_s \equiv (x_{s1},\, x_{s2},\, \cdots,\, x_{sp})$$

(1) 연속적인 양으로 표현되는 데이터

각 변량의 값이 연속적인 양으로 표현되어 있는 경우에는 각 관측대상을 p차원의 유크리드 공간 내의 점으로 표현할 수 있으므로, 유크리드 거리를 정의할 수 있다.

• 유크리드 거리

$$d_{rs}^{\,2} = \sum_{k=1}^{p} (x_{rk} - x_{sk})^2$$

이 거리는 관측대상 r, s의 대응하는 변량값 그 자체의 차(差)가 작으면, 두 관측대상은 비슷하다고 정의하게 된다. 그런데 유사성에 대해서 각 변량이 하는 역할의 크기가 다르다고 생각되는 경우에는, 다음과 같은 거리가 이용된다.

• 가중 유크리드 거리

$$d_{rs}^{\,2} = \sum_{k=1}^{p} w_k (x_{rk} - x_{sk})^2$$

$w_k(k=1,\,2,\,\cdots,\,p)$를 가중치(weight)라 하고, 보통의 유크리드 거리는 각 w_k의 값을 1이라고 했을 때에 상당한다.

한편 유사성(거리)을 정의할 때, 각 변량의 유사성에 대한 역할의 크기를 일정하게 하기 위해서 가중치를 부여하는 것도 생각할 수 있다. 즉, 각 변량의 측정단위가 다른 경우에는 대응하는 변량마다 표준화한 양에 관한 거리를 정의한다. 이것은 가중 유크리드 거리에 있어서의 w_k를

$$w_k^{-1} = s_k^{\,2} = \frac{1}{N-1} \sum_{r=1}^{N} (x_{rk} - \overline{x_k})^2$$

$$\overline{x_k} = = \frac{1}{N} \sum_{r=1}^{N} x_{rk}$$

라고 놓았을 때에 상당한다. 즉, 관측대상 r, s간의 거리로서

$$d^2_{rs} = \sum_{k=1}^{p} \frac{1}{s^2_k}(x_{rk} - x_{sk})^2$$

을 이용한다.

여기에서 유크리드 거리에 대하여 데이터의 분산을 고려한 마하라노비스 거리 (Mahalanobis' distance)를 생각할 수 있다. 이 거리는 데이터에 다변량정규분포가 가정될 때에 의미가 있다. 그 정의는 다음의 식으로 표현된다.

- 마하라노비스 거리

$$d^2_{rs} = {}^t(\boldsymbol{x}_r - \boldsymbol{x}_s) \sum (\boldsymbol{x}_r - \boldsymbol{x}_s)$$

여기에서 $\boldsymbol{x}_r$은 p 변량값으로 이루어지는 열벡터이며, '^{t}'는 전치를 나타낸다. 그리고 Σ는 p변량의 분산공분산행렬이다. 마하라노비스 거리의 직관적 의미는 유크리드 거리를 측정하는 기본이 되는 단위원(반경이 1인 원)이 타원이 된 경우에 상당하는 것이다.

관측대상간의 유사성을 측정하는 양으로서는 이들 두 개의 관측대상 r, s에 대응하는 두 점 간의 거리만이 아니라 r, s를 표현하는 x_r, x_s를 공간 내의 두 벡터로 보았을 때, 그것들이 어느 정도 접근하고 있는가를 나타내는 양으로서 벡터의 내적을 생각할 수 있다.

- 내적에 의한 유사성

$$s_{rs} = {}^t\boldsymbol{x}_r\boldsymbol{x}_s = \sum_{k=1}^{p} x_{rk}x_{sk}$$

더욱이 각 관측대상마다 표준화한 값, 즉 벡터 $\boldsymbol{x}_r$, $\boldsymbol{x}_s$의 길이를 1로 했을 때의 두 벡터가 이루는 각으로서

$$s_{rs} = \sum_{k=1}^{p} \frac{(x_{rk} - \overline{x_r})(x_{sk} - \overline{x_s})}{\sqrt{\sum_{j=1}^{p}(x_{rj} - \overline{x_r})^2}\sqrt{\sum_{j=1}^{p}(x_{sj} - \overline{x_s})^2}}, \quad \overline{x_r} = = \frac{1}{p}\sum_{k=1}^{p} x_{rk}$$

에 의해 유사성을 정의할 수 있다. 이것은 Pearson의 적률상관계수에 상당하는 것이다. 연속적인 양에 대해서는 그 밖에도 많은 거리 혹은 유사성이 생각되어지고 있는데, 유사성을 기준으로서 분류하는 경우에는 여기에서 기술한 것으로 충분하다.

(2) 카테고리 데이터

관측대상 r, s에 관한 각 변량의 값이 1 또는 0인 경우를 카테고리 데이터(categorical data)라고 한다. 즉, 각 관측대상의 관측치 벡터를 $\boldsymbol{x}_r$, $\boldsymbol{x}_s$라고 할 때, 각 성분의 값이 1 또는 0이다.

$$^t\boldsymbol{x}_r \equiv (x_{r1}, x_{r2}, \cdots, x_{rp})$$
$$^t\boldsymbol{x}_s \equiv (x_{s1}, x_{s2}, \cdots, x_{sp})$$

이들 각 관측대상간에 유사성을 정의하기 위해서는 다음과 같은 양을 구해 놓으면 좋다.

$$a = \sum_{k=1}^{p} x_{rk}x_{sk}$$

$$b = \sum_{k=1}^{p} x_{rk}(1-x_{sk})$$

$$c = \sum_{k=1}^{p} (1-x_{rk})x_{sk}$$

$$d = \sum_{k=1}^{p} (1-x_{rk})(1-x_{sk})$$

여기에서 a는 관측대상 r, s에 있어서 모두 1을 취하는 변량의 개수이며, b는 관측대상 r에서 1, 관측대상 s에서 0을 취하는 변량의 개수, c는 관측대상 r에서 0, 관측대상 s에서 1, d는 모두 0을 취하는 변량의 개수를 나타낸다. 따라서

$$a+b+c+d = p$$

가 된다. 이들 a, b, c, d 혹은 p를 이용해서 유사성을 정의하는 것인데, 데이터를 작성할 때에 각 변량의 값으로서 1 또는 0을 어떻게 할당하느냐에 따라서 다음에 기술할 유사성의 선택방법에 주의를 요한다. 즉, 대응하는 값이 같은 변량의 개수가 많으면 많을수록 비슷하다고 생각하든가, 함께 1인 변량의 수에 의미가 있든지, 혹은 함께 0인 것에 의미가 있든지 하는 것 등이다.

즉, a와 d를 대등하게 다루느냐 아니냐가 문제로서 데이터의 의미를 고려해서 구분하여 쓸 필요가 있다. 다음에 그 대표적인 것을 열기(列記)하기로 한다.

(i) 유사비(the coefficient of Jaccard)

$$s_{rs} = a/(a+b+c)$$

(ii) 일치계수(the simple matching coefficient)

$$s_{rs} = (a+d)/p$$

(iii) Russel-Rao의 계수

$$s_{rs} = a/p$$

(iv) Rogers-Tanimoto의 계수

$$s_{rs} = (a+d)/\{(a+d)+2(b+c)\} = (a+d)/(p+b+c)$$

(v) Hamann의 계수

$$s_{rs} = \{(a+d)-(b+c)\}/p$$

(vi) 파이계수

$$s_{rs} = (ad-bc)/\{(a+b)(c+d)(a+c)(b+d)\}^{1/2}$$

(3) 순위 데이터

두 개의 관측 데이터 $r,\ s$의 각 변량의 값

$$^t\boldsymbol{x}_r \equiv (x_{r1},\ x_{r2},\ \cdots,\ x_{rp})$$
$$^t\boldsymbol{x}_s \equiv (x_{s1},\ x_{s2},\ \cdots,\ x_{sp})$$

가 각각의 관측대상에 있어서의 각 변량에 대한 순위를 나타내는 수치, 즉 1, 2, $\cdots$, p의 어느 것인가로 되어 있는 경우에 대해서 생각한다. 예를 들면 p종류의 서로 다른 색을 N명의 사람에게 보이고 각 사람에게 좋아하는 순서를 매기게 하는 데이터가 이에 상당한다. 이 경우의 유사성은 다음과 같은 사고방식에 의해서 정의할 수 있다. 그 하나는 순위로 표현된 변량의 값을 연속적인 값으로 변환하고, 그 값에 대해서 (1)에서 기술한 유사성을 정의하는 방법이다. 한편 순위를 나타내는 수치 그 자체를 이용해서 어느 정도 대응하는 변량의 순위가 일치하고 있는지를 측정하는 양으로서 순위상관계수(rank correlation coefficient)가 생각되어지고 있다.

2) 군집 구성법

> **유사성을 기준으로 한 군집 구성법**

여기에서 기술할 기법은 편성적 방법(combinatorial method)으로서 알려져 있는 것이다. 그 특징은 그룹이 형성되어 가는 과정이 어떤 계층적인(hierarchical) 구조를 갖는다는 것과, 그 형성과정에 있어서의 그룹간 유사성(혹은 거리)이 다음에 기술하는 바와 같이 하나의 전단계(前段階)에서의 유사성(혹은 거리)에 의해서 계산된다는 것이다. 편성적 방법에는 몇 가지의 기법이 포함되어 있는데, 그것들은 그룹간의 유사성(혹은 거리)을 정의하는 방식에 따라서 구별된다.

이들 기법에 의한 군집 구성의 기본적인 연산법은 다음의 4단계로 이루어진다.

순서 1 ▸ ▸ ▸ 총관측대상수를 N이라 한다.
    입력된 데이터가 유사성이라면 각 관측대상간 상호의 유사성(혹은 거리)을 계산한다. 초기 상태로서 N개의 관측대상 각각이 하나의 그룹을 형성하고 있는 것으로 생각한다. 따라서 그룹의 개수 M을 $M = N$으로 한다.

순서 2 ▸ ▸ ▸ M개의 그룹 중에서 가장 유사성이 큰(거리가 짧은) 쌍을 구하여 그것을 하나의 그룹에 융합한다.
    M을 $M - 1$로 해서 $M > 1$이면 다음의 <순서 3>으로 진행하고 그렇지 않으면 <순서 4>로 건너뛴다.

순서 3 ▸ ▸ ▸ 새로 만들어진 그룹과 다른 그룹과의 유사성(혹은 거리)을 계산한다.
    그 정보를 가지고 <순서 2>로 되돌아간다.

순서 4 ▸ ▸ ▸ 필요한 정보를 출력하고 계산을 종료한다.
    이상의 연산법으로부터도 알 수 있듯이 축차적(逐次的)으로 그룹이 형성되어 가는 과정이 계층적으로 되어 있기 때문에, 다음과 같은 수상도(樹狀圖, dendrogram)에 의해서 표현할 수 있다(<그림 5.1> 참조).

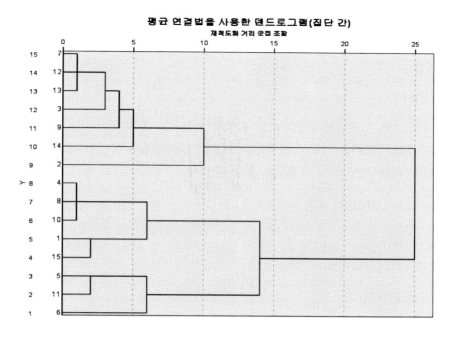

|그림 5.1| **수상도(덴드로그램)**

→ 군집 구성법의 종류

전술한 바와 같이 연산법의 <순서 3>에서 실시하는 그룹간의 유사성(혹은 거리)을 어떻게 계산하느냐에 따라서 여러 가지 기법이 있다. 여기에서는 간단히 그 종류만 열거하기로 한다.

(i) 가장 가까운 항목(nearest neighbor method)
(ii) 가장 먼 항목(furthest neighbor method)
(iii) 중위수 군집화(median method)
(iv) 중심점 군집화(centroid method)
(v) 집단간 연결법(group average method)
(vi) Ward의 방법(Ward method)

2. 군집분석의 시각적 표현

예제 5-1

다음의 데이터를 사용해서 군집분석을 실행해 보자. 이 데이터는 유럽 11개국의 에이즈 환자수(인구 10만 명당)와 신문의 발행부수(인구 100명당)에 대해서 조사한 것이다. 이 두 가지 변량을 사용해서 각국을 그룹으로 분류해 보자.

| 표 5.3 | 에이즈에 대한 올바른 지식

No.	국가명	에이즈	신문부수
1	오스트리아	6.6	35.8
2	벨기에	8.4	22.1
3	프랑스	24.2	19.1
4	독일	10.0	34.4
5	이탈리아	14.5	9.9
6	네덜란드	12.2	31.1
7	노르웨이	4.8	53.0
8	스페인	19.8	7.5
9	스웨덴	6.1	53.4
10	스위스	26.8	50.0
11	영국	7.4	42.1

군집분석은 데이터를 몇 개의 그룹으로 분류하기 위한 기법이다. 먼저 데이터를 그래프로 표현해 보자. 그 가장 좋은 방법은 '산점도'를 그려 보는 것이다.

순서 1 ▸ ▸ ▸ 데이터의 입력(5-1.sav)

산점도를 그리기 위해서 데이터는 다음과 같이 입력해 놓는다.

산점도를 그릴 때는 [그래프(G)]의 메뉴에서 [산점도/점도표(S)]를 선택한다.

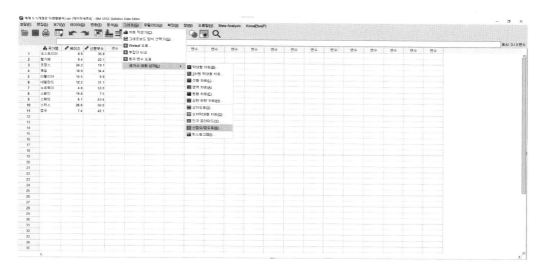

순서 3 ▸ ▸ ▸ 산점도 유형의 선택

다음의 화면이 나타나면 [단순 산점도]를 선택하고 [정의]를 클릭한다.

순서 4 ▸ ▸ ▸ 변수의 선택

[단순 산점도]의 화면이 나타나면 [Y 축]에 '신문부수', [X 축]에 '에이즈', [케이스 레이블 기준]에 '국가명'을 각각 이동한다. 다음에 [확인] 버튼을 클릭한다.

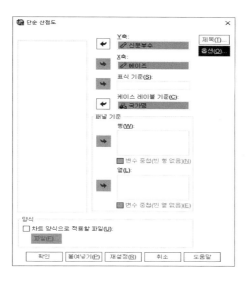

다음과 같은 그래프가 그려진다.

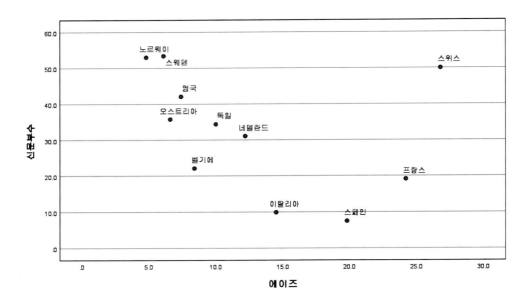

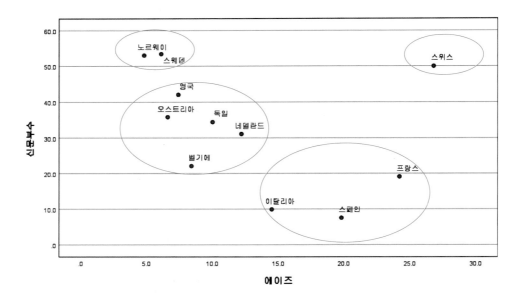

이 산점도를 보면 대략 위와 같이 분류되고 있음을 알 수 있다.

이것이 군집분석의 기본이다. 군집(群集)이란 집락(集落)을 말하기 때문에, 군집분석이란 데이터를 몇 개의 군집으로 분류하는 기법이라고 생각할 수 있다. 그렇다면 분류할 때의 기준은 무엇인가?

실은 이 부분이 곤란한 점이다. 어떠한 기준으로 분류하면 좋을까?

3. 덴드로그램의 작성

군집(집락 혹은 그룹)을 만들어 보자. 그렇지만 군집을 만들 때의 기준은 무엇인가? 그 기준은 '비슷한 것끼리'로 한다.

그래서 그 비슷한 것끼리를 측정하는 방법으로서

① 유크리드 거리
② 제곱 유크리드 거리
③ 마하라노비스 거리
④ Pearson의 상관계수
⑤ 유사도

등을 생각할 수 있다.

그런데 군집분석에서는 데이터를 '개체'라고 한다. 즉, 개체와 개체가 모여서 군집이 구성되는 것이다.

그렇지만 여기에 문제가 있다. 예를 들면, 측정방법을 '제곱 유크리드 거리'로 한다고 하자. 문제는

개체와 군집의 제곱 유크리드 거리
군집과 군집의 제곱 유크리드 거리

를 어떻게 측정하느냐 하는 것이다.

개체와 개체의 경우는 간단하다.

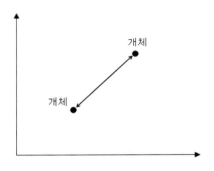

| 그림 5.2 | **개체와 개체의 거리**

그렇지만 개체와 군집의 경우는 어디를 측정하면 좋을까?

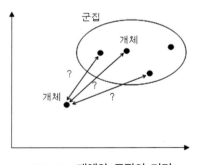

| 그림 5.3 | **개체와 군집의 거리**

군집과 군집의 경우에는 더 큰일이다.

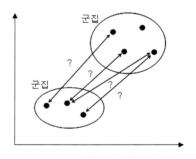

| 그림 5.4 | **군집과 군집의 거리**

그래서 SPSS에서는 군집과 군집의 사이를 측정하는 방법으로서

(ⅰ) 집단간 연결법
(ⅱ) 집단내 연결법
(ⅲ) 가장 가까운 항목
(ⅳ) 가장 먼 항목
(ⅴ) 중심점 군집화
(ⅵ) 중위수 군집화
(ⅶ) Ward의 방법

등이 갖추어져 있다. 그 각각의 이미지는 다음과 같다.

(ⅰ) 가장 가까운 항목(최근린법, nearest neighbor method)

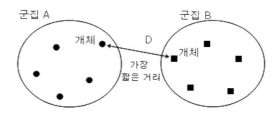

(ⅱ) 가장 먼 항목(furthest neighbor method)

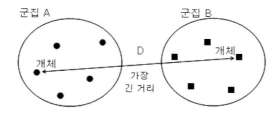

(ⅲ) 중위수 군집화(메디안법, median method)

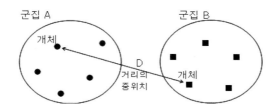

(ⅳ) 중심점 군집화(centroid method)

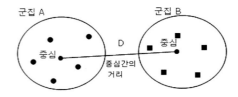

(ⅴ) 집단간 연결법(group average method)

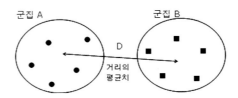

(ⅵ) Ward의 방법(Ward method)

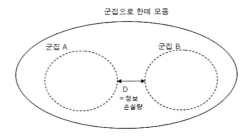

이와 같이 해서 군집분석이 진행되는데, 최종적으로는 다음의 수상도(덴드로그램)의 형태로 정리된다.

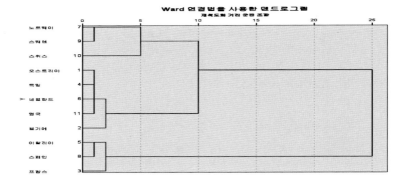

| 그림 5.5 | **덴드로그램**

이 덴드로그램을 보면 군집이 차례로 구성되고 있는 모습이 손바닥을 보듯이 환히 알 수 있다.

첫 번째 … 노르웨이와 스웨덴

두 번째 … 오스트리아와 독일

세 번째 … 이탈리아와 스페인

네 번째 … 오스트리아와 독일 그리고 네덜란드

        :

마지막의 군집은 어떻게 되는가?

군집이 구성될 때에 군집의 개수는 줄어들기 때문에 마지막은 1개의 군집이 되고 만다.

SPSS에 의한 군집분석은 다음과 같이 된다.

> **덴드로그램을 구하는 방법**

순서 1 ▸ ▸ ▸ 계층적 군집분석 메뉴의 선택

데이터를 입력한 다음, [분석(A)] - [분류분석(F)] - [계층적 군집(H)]을 선택한다.

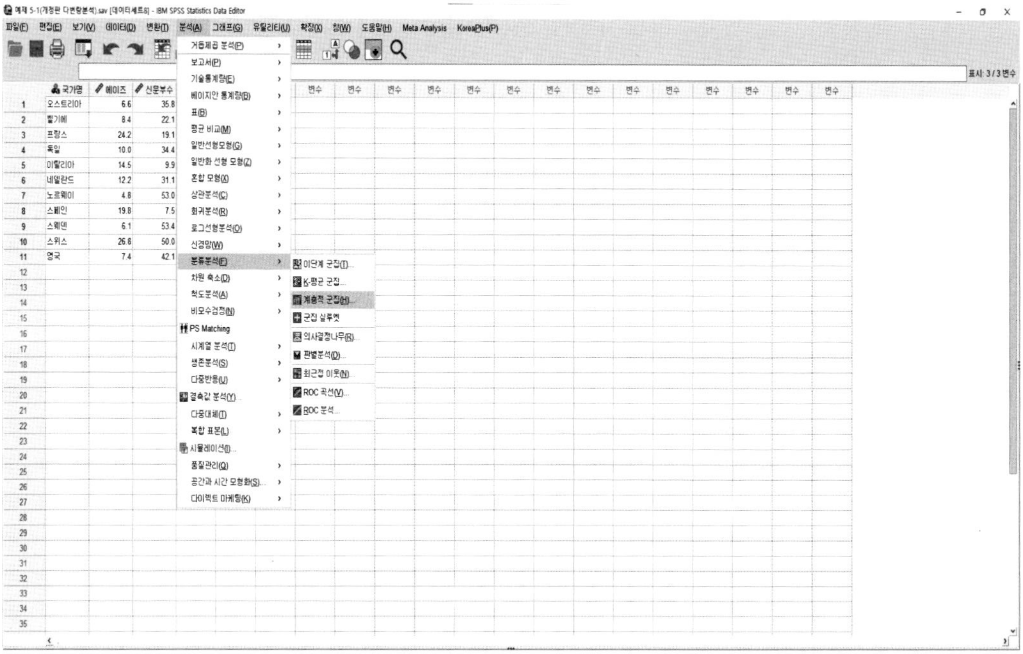

[계층적 군집분석] 대화상자에서 다음과 같이 변수를 선택하여 이동한다. 다음에 [도표 (T)] 버튼을 클릭한다.

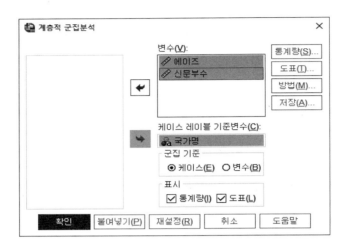

[도표] 대화상자에서 [덴드로그램(D)]을 체크하여 선택하고 [계속] 버튼을 클릭한다.

순서 2의 화면으로 되돌아오면 [방법(M)]을 클릭한다. 다음의 화면에서 [군집방법(M)] 중 'Ward의 방법'을 선택한다.

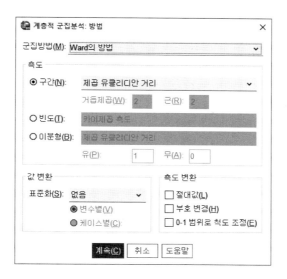

|주의| 어떤 방법을 선택할지 곤란할 때는 Ward의 방법을 선택한다!!

순서 5 ▶ ▶ ▶ 측도의 선택

이어서 [측도] 중 [구간(N)]을 선택하고 거기에서 '제곱 유클리디안 거리'를 선택한 다음 [계속] 버튼을 클릭한다.

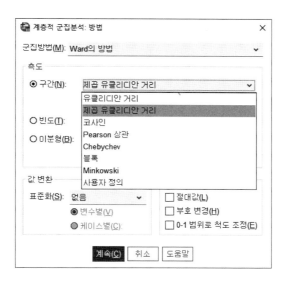

순서 6 ▶ ▶ ▶ 군집방법의 실행

순서 2의 화면으로 되돌아오면 [확인] 버튼을 클릭한다.

> 분석결과

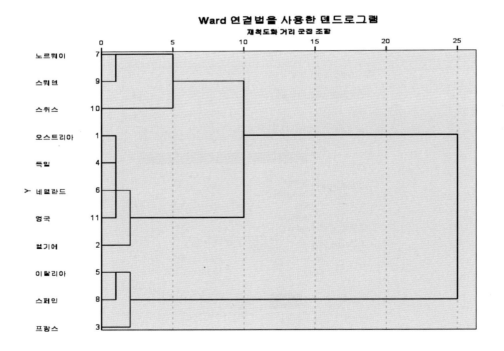

그런데 군집 구성의 순번을 산점도로 표현하면 다음과 같이 된다.

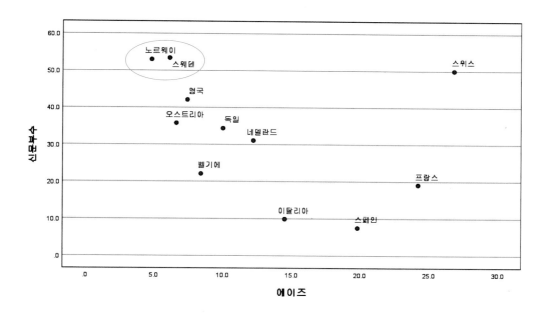

| 그림 5.6 |

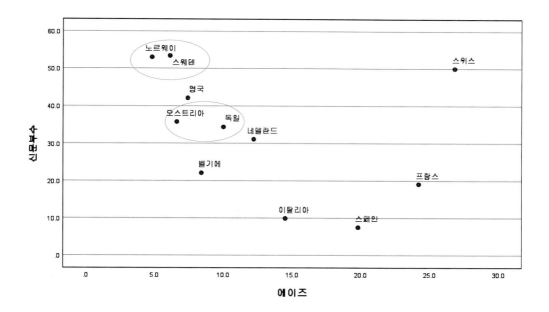

| 그림 5.7 |

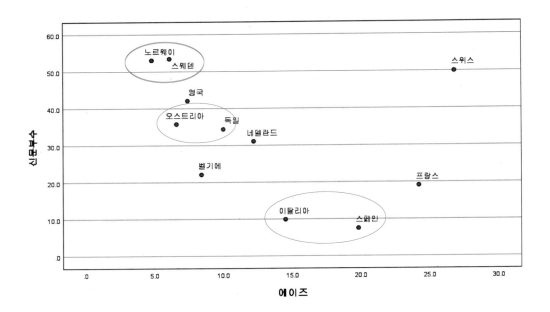

| 그림 5.8 |

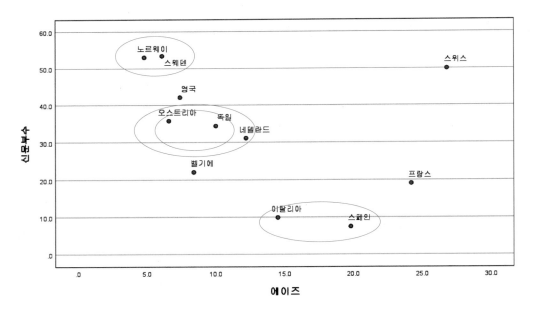

| 그림 5.9 |

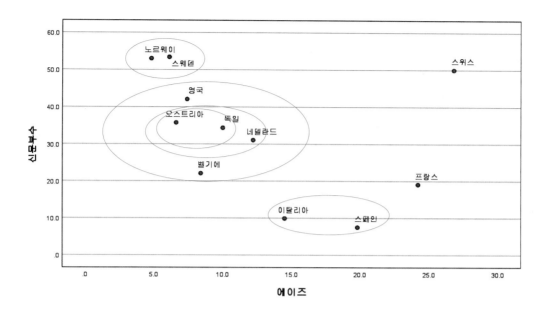

| 그림 5.10 |

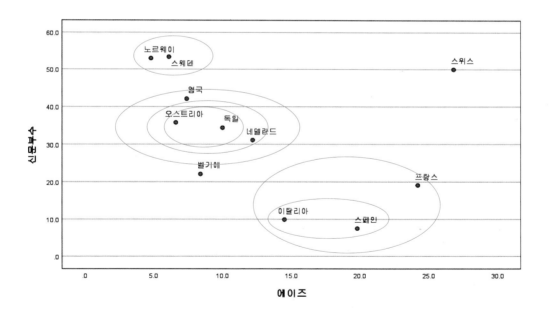

| 그림 5.11 |

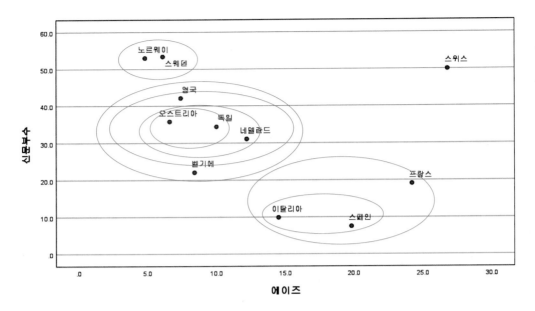

| 그림 5.12 |

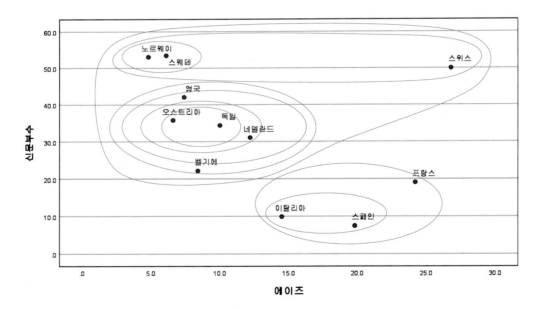

| 그림 5.13 |

4. 판별분석과 군집분석의 차이

판별분석이나 군집분석 모두 데이터를 분류하기 위한 통계기법이다. 그렇다면 두 기법의 차이는 어디에 있는 것일까?

그것은 데이터의 형식을 보면 곧 알 수 있다.

판별분석의 데이터 형식

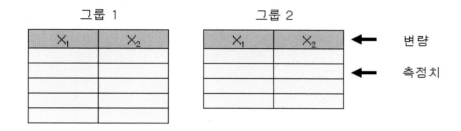

판별분석의 경우는 처음부터 그룹으로 나누어져 있다.

군집분석의 데이터 형식

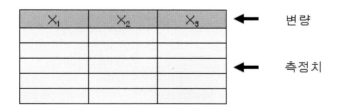

군집분석의 경우는 그룹으로 나누어져 있지 않다.

즉, 판별분석은 처음부터 그룹으로 나누어져 있고, 그 그룹 사이에 경계선을 넣는 것이 판별분석이다.

이에 비해서 군집분석의 방법은 처음에는 그룹으로 나누어져 있지 않다. 그래서 암중모색(暗中摸索)하여 그룹을 구성하고자 하는 것이다.

Chapter 06

다차원척도법

Chapter 06
다차원척도법

1. 다차원척도법의 기초지식

1) 다차원척도법의 개요

다차원척도법(multidimensional scaling ; MDS)이란 대상(object)에 대한 피험자(subject)의 선호도를 나타내는 데이터라든가 대상과 대상 사이의 유사성(혹은 친근성) 데이터가 주어졌을 때, 적당한 성질과 차원을 갖는 공간에 대상과 피험자의 공간배치를 각각 혹은 동시에 정하는 방법이다. 바꾸어 말하여 공간배치를 정한다고 하는 것은 다차원의 순서척도, 간격척도 혹은 비율척도를 정하는 것이다.

다차원척도법을 정의하면, 먼저 넓은 의미로서는 대상(자극, 변수, 항목, 피험자 등)을 하나의 수치가 아니라 여러 개의 수치의 조(組)에 의해서 표현하는 방법을 가리킨다. 이런 의미에서는 요인분석, 주성분분석, 대응분석(제9장 참조) 등도 일종의 다차원척도법이다. 이에 비해서 보다 좁은 의미로서의 다차원척도법이란 유사성 데이터(혹은 비유사성 데이터)에 거리 모형을 적용시키는 방법을 말한다. 이하에서는 후자의 좁은 의미로서의 다차원척도법에 한정해서 설명하기로 한다.

다차원척도법은 간단히 말하면, 대상간의 유사성 측도(測度)에 의거해서 대상을 다차원 공간 속에 배치시키는 방법이다. 다차원척도법은 유사성이 작은(비유사성이 큰) 대상끼리는 멀리, 유사성이 큰(비유사성이 작은) 대상끼리는 가깝게 위치를 정한다.

다차원척도법의 모형이나 기법은 그야말로 다종다양한데, 그것들은 다음과 같은 공통적인 두 가지의 목적을 갖는다.

(i) 데이터 속에 잠재해 있는 패턴(pattern), 구조를 찾아낸다.
(ii) 그 구조를 소수 차원의 공간에 기하학적으로 표현한다.

여기에서 (i)은 다변량분석이나 일반적인 데이터 분석에 있어서도 공통적인 목적이다. 다차원척도법의 특유한 목적은 (ii)에 있다. 그런데 기하학적 표현은 구조를 가능한 한 시각적으로 이해하기 쉬운 것이 실용상 매우 중요하다.

다차원척도법을 이해하는 입장은 크게 나누어 다음과 같은 두 가지를 들 수 있을 것이다.

(a) 데이터 축소(data reduction)의 목적으로 다차원척도법을 이용한다. 즉, 데이터에 포함되는 정보를 끄집어내기 위해서 다차원척도법을 탐색수단으로써 사용한다.
(b) 다차원척도법에 의해서 얻은 결과를, 데이터가 만들어진 현상이나 과정에 고유의 구조로서 의미를 부여한다.

이와 같은 두 가지의 입장은 상대적인 것이어서 엄밀히 구별할 수 없다. 분석대상인 현상, 사상(事像)에 대해서 연구(관찰, 경험)가 과거에 축적되어 있는 경우에는 (b)의 입장을 취하는 일이 많다. 그러나 현시점에서는 (b)의 입장에서 얻은 다차원척도법의 결과를, 장래에 연구가 진행된 시점에서 다시 보게 되면, 실은 (a)의 입장에서 이용한 경우가 많다. 입장 (b)를 진척시켜 가면 특정한 현상이나 과정을 설명하기 위한 다차원척도법의 모형이 구축된다. 이것은 모형의 정치성(精緻性)이라고 할 수 있는데, 그 반면 (a)의 입장보다도 범용성을 상실하게 된다. 다차원척도법의 큰 응용성은 (a)의 입장에 있다. 또 심리학에서 발생한 다차원척도법이 널리 데이터 축소의 방법으로서 행동과학 전반에 보급된 이유도 (a)의 입장에 있다. 그런데 (ii)의 공간적 표현이란 잠재구조를 연속적인 구조로서 포착하는 것을 의미한다. 실제로 데이터의 분석을 진척시켜 가면 (a), (b)의 어느 쪽 입장이든지 연속적인 구조에만 집착하는 것은 비현실적이다. 그래서 다음의 입장이 나오게 된다.

(iii) 그 구조를 비공간적 표현, 이산적 구조(離散的 構造, 예를 들면 clustering graph)에 의해서 포착한다. 군집분석의 결과를 다차원척도법에 의해서 도출된 공간적 표현의 위에

써넣는 것은 (ii)와 (iii)을 병용한 일례이다.

➤ 다차원척도법의 기초개념

다차원척도법에 있어서 거리가 정의된 공간(예를 들면 유클리디안 공간)에 대상의 공간배치, 즉 대상의 좌표를 정하는 것을 목적으로 하는 경우에는 관측해서 얻어진 데이터로부터 거리에 대응하는 측도를 만들어 놓지 않으면 안 된다. 이 거리에 대응하는 측도로서 관측해서 얻어진 데이터의 값 그대로를 부여하는 수도 있을 것이고, 관측해서 얻어진 데이터의 배경에 심리적 모형을 설정하여 그 모형 하에서 얻어지는 값을 부여할 수도 있을 것이다. 어느 쪽이든 좌표공간의 거리에 대응하는 측도의 값 그 자체 혹은 값의 차가 통상 우리들이 알고 있는 수치로서 의미를 갖든가, 값 그 자체나 값의 차도 우리가 알고 있는 수치로서 의미를 갖지 않을 수가 있다. 그런데 그 값의 대소관계만은 의미를 갖는다고 하는 것은, 그 측도를 정할 때에 미리 실험자가 명확하게 이해해 두어야 할 중요한 문제이다.

관측한 데이터로부터 어떤 방법에 의해서 거리에 대응하는 측도가 주어졌을 경우, 그 측도를 거리가 정의된 좌표공간에 있어서의 거리에 의해서 표현할 수 있기 위한 조건은 어떤 것이 있는가? 단, 얻어진 측도(예를 들면, (비)유사성, (비)선호성)를 거리에 의해서 표현할 수 있다고 하는 의미는 다음과 같은 두 종류 중 어느 하나라고 할 수 있다.

(i) 얻어진 측도의 값이 대응하는 거리의 값과 일치한다.
(ii) 얻어진 측도에 있어서의 순위관계가 대응하는 거리에 있어서의 순위관계와 일치한다.

그런데 다차원순위척도법을 제외하면 대상의 공간배치, 즉 대상의 좌표를 정하는 것을 주요한 목적으로 하는 다차원척도법은 얻어진 측도의 성질에 따라 통상 다음과 같이 분류된다.
(a) 계량적 다차원척도법(metric MDS)
(b) 준계량적 다차원척도법(semimetric MDS)
(c) 비계량적 다차원척도법(nonmetric MDS)

➤ 데이터와 거리의 관계

다차원척도법을 통하여 어떻게 유사성 데이터로부터 공간의 위치를 구할 것인가? 유감스럽게도 그 절차는 평균, 표준편차, 상관계수 등의 기술통계량을 계산한다거나 히스토그램·산포도를 그리는 방법에 비하면 훨씬 어렵다. 분산분석이나 회귀분석과 같이 복잡해 보이는 데이터 분석법에서조차 다차원척도법과는 비교가 되지 않는다.

다차원척도법에서는 가장 간단한 경우에도 컴퓨터의 도움이 없이는 실행할 수 없다. 게다가 언뜻 보아 별로 관련이 없어 보이는 계산기법이 실제로 여러 가지 이용되고 있다.

수학적으로는 2차원공간(평면)이나 3차원공간이 아니라 일반적으로 R차원 공간(R = 1, 2, 3, 4, …)에서 다차원척도법을 실행할 수 있다. 4차원 공간은 통상적인 의미에서는 시각화할 수 없다. 그러나 그것을 시각적으로 제시하는 방법은 불완전하지만 여러 가지 있으며 수학적 취급도 그다지 곤란한 것은 아니다. 이와 같은 사정은 5차원, 6차원, 일반적으로 R차원 공간의 경우에도 마찬가지로 적용된다. 단 R이 커짐에 따라서 결과를 그림으로 나타내는 방법이 점점 불완전해진다는 것을 알 필요가 있다.

유사성 데이터는 대상의 집합에 대해서 구해진다. 대상을 문자 i 혹은 j로 표현한다. i와 j는 대상이 I개 존재하는 경우에는 각각 1에서 I까지의 값을 취하는 것으로 한다. 대상 i와 j를 결부시키는 유사성 데이터의 값을 δ_{ij}로 나타낸다. δ_{ij}를 행렬의 형태로 늘어놓은 것을 Δ로 표현한다. 예를 들면 I = 4로 하면

$$\Delta = \begin{bmatrix} \delta_{11} \, \delta_{12} \, \delta_{13} \, \delta_{14} \\ \delta_{21} \, \delta_{22} \, \delta_{23} \, \delta_{24} \\ \delta_{31} \, \delta_{32} \, \delta_{33} \, \delta_{34} \\ \delta_{41} \, \delta_{42} \, \delta_{43} \, \delta_{44} \end{bmatrix}$$

라고 표현된다. δ_{ij}와 δ_{ji}간에는 의미적인 차이가 없는 경우가 없고, 또 δ_{ii}에는 전혀 의미가 없는 경우가 많기 때문에 Δ는 부분적으로밖에 관측되지 않는 경우가 많다. 즉 결측값을 포함하는 경우가 많다. 또 경우에 따라서는 같은 자극쌍에 대해서 반복관측이 이루어져 행렬의 요소가 몇 개 다른 값에 대응하는 경우도 있다. 단, 여기에서는 설명의 편의상 데이터가 결측치를 포함하지 않는 행렬에 의해서 표현되는 것으로 가정한다.

대상은 하나의 점으로 표현된다. <그림 6.1> (a)에서 표시되고 있는 바와 같이 i번째의 대상에 대응하는 점을 x_i로 나타낸다. 점 x_1, …, x_I의 전체를 X로 나타낸다. 좌표계를 도입함으로써 <그림 6.1> (b)에 보이고 있는 점을 좌표를 이용해서 나타낼 수 있다. 2차원공간의 경우, x_i의 좌표를 (x_{i1}, x_{i2})라고 쓴다. 일반적인 R차원 공간의 경우는

$$x_1 = (x_{11}, \cdots, x_{1r}, \cdots, x_{1R})$$

$$\cdots\cdots$$

$$x_i = (x_{i1}, \cdots, x_{ir}, \cdots, x_{iR})$$

$$\cdots\cdots$$

$$x_I = (x_{I1}, \cdots, x_{Ir}, \cdots, x_{IR})$$

라고 쓴다. 엄밀히 말하면 점은 기하학적인 실체이며, 점을 나타내는 좌표와는 다른 것이다. 관례에 따라 점 그 자체와 그 좌표를 같은 것으로 생각해서 이야기를 진척시킨다.

다차원척도법에서는 X에 포함되는 점간의 거리가 중요한 역할을 한다. x_i와 x_j 두 점간의 거리를,

$$d(x_i,\, x_j) = (x_i \text{에서 } x_j \text{까지의 거리})$$

로 나타낸다. 이것을 단순화해서

$$d_{ij} = d(x_i,\, x_j)$$

로 나타낼 수도 있다. 특별한 언급이 없는 한, 거리는 통상의 유클리디안 거리를 의미하는 것으로 한다. 주지하는 바와 같이 유클리디안 거리는 피타고라스의 정리

$$d_{ij} = \sqrt{(x_{i1} - x_{j1})^2 + \cdots + (x_{iR} - x_{jR})^2}$$

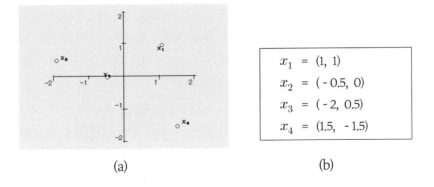

$$x_1 = (1,\ 1)$$
$$x_2 = (-0.5,\ 0)$$
$$x_3 = (-2,\ 0.5)$$
$$x_4 = (1.5,\ -1.5)$$

(a)   (b)

| 그림 6.1 | **기하학적 배치와 수치좌표의 관계**

을 이용해서 계산할 수 있다. 위의 식은 다수 항의 합을 취하는 기호를 이용해서 간단히

$$d_{ij} = \sqrt{\sum_{r=1}^{R} (x_{ir} - x_{jr})^2}$$

라고 표현할 수 있다. d_{ij}를 데이터와 같은 형태로 늘어놓으면 여러 가지로 편리하다. I = 4로 하면,

$$\begin{bmatrix} d_{11} \ d_{12} \ d_{13} \ d_{14} \\ d_{21} \ d_{22} \ d_{23} \ d_{24} \\ d_{31} \ d_{32} \ d_{33} \ d_{34} \\ d_{41} \ d_{42} \ d_{43} \ d_{44} \end{bmatrix}$$

라고 표현된다. 여기에서 다음과 같은 사항을 확인할 수 있다.

모든 i에 대해서　　$d_{ii} = 0$

모든 i, j에 대해서　　$d_{ij} = d_{ji}$ (대칭성)

즉, 거리행렬의 주대각요소(主對角要素 ; 左上에서 右下에 이르는 요소)는 0이 되며, 게다가 거리행렬은 대칭이 아니면 안 된다.

2) 다차원척도법의 실행절차

다차원척도법을 실행하려면 데이터를 적합한 형태로 수집하고, 다차원척도법의 절차를 잘 알고 있어야 한다. 특히 유의해야 할 점은 좌표평면에서 차원수를 몇 개로 할 것인지 정하는 문제이다. 그리고 차원의 이름을 결정하는 것도 중요한 문제의 하나이다. 끝으로 분석결과에 대한 신뢰성과 타당성 검정도 중요하다. 다차원척도법의 실행절차는 다음과 같다.

(1) 문제의 정의
문제의 정의를 위해서 다차원척도법의 결과가 어디에 사용될 것인지에 대하여 정확히 파악해야 한다. 본서에서는 몇 개의 예제를 통하여 다차원척도법에 대한 문제의 정의를 설명하고자한다.

(2) 입력 데이터의 수집

다차원척도법에서의 입력 데이터는 유사성 또는 선호도의 데이터가 이용된다. 유사성이나 선호도의 데이터는 정량적인 데이터와 정성적인 데이터로 대별되는데, 정량적인 데이터는 유사성이나 선호도가 간격척도나 비율척도로 측정된 데이터이며, 정성적인 데이터는 순서척도에 의해서 얻어진 데이터를 말한다.

(3) 다차원척도법의 선택

다차원척도법은 주로 사람들의 심리상에 위치한 관측대상들의 상대적인 위치를 도표화하여 나타내는 기법이다. 다차원척도법의 종류로는 전통적 다차원척도법, 반복 다차원척도법, 가중 다차원척도법 등이 있다.

전통적 다차원척도법(classical MDS)은 비유사성 데이터 행렬이 단 한 개인 경우로 가장 간단한 다차원척도법이다. 반복 다차원척도법(replicated MDS)은 두 개 이상의 데이터 행렬을 분석하는 경우에 사용되는 기법이다. 가중 다차원척도법(weighted MDS)은 개인별 또는 세부적인 집단별 평가가 가능한 다차원척도법으로 INDISCAL(individual difference scaling)이라고도 한다.

(4) 차원수 결정

다차원척도법은 입력 데이터를 이용하여 공간상에서 관측대상들간의 상대적인 거리를 가능한 한 정확히 자리매김함으로써 다차원 평가공간을 형성한다. 관측대상들의 상대적인 거리의 정확도를 높이기 위해서, 다차원 공간에의 적합(fitting)은 더 이상 개선이 안 될 때까지 반복적으로 계속된다. 이 적합의 정도를 스트레스 값(stress value)으로 나타낸다. 즉, 스트레스 값은 불일치의 정도(badness of fits)로 볼 수 있다. 스트레스 값의 크기에 따라 차원수 결정이 적절한지 어떤지를 판단하게 된다.

크러스컬(J. B. Kruskal)에 의한 스트레스는 비유사성의 최적변환된 값 $\hat{d}(O)$에 거리 $d(X)$를 최소자승으로 들어맞춘 것으로

$$S = \sqrt{\frac{\sum\left[\hat{d}(O) - d(X)\right]^2}{\text{단 위 조 정 항}}}$$

으로 정의된다. 여기에서 단위 조정항이 $\hat{d}(O)$의 제곱합으로 정의되는 것을 스트레스 1, $\hat{d}(O)$의 평균으로부터의 편차에 대한 제곱합으로 정의되는 것을 스트레스 2라고 한다. 스트레스 2는

$\hat{d}(O)$의 산포가 크게 되는 효과를 갖는다.

실제로 스트레스 값은 실제 거리와 추정된 거리 사이의 오차 정도를 나타내는 것으로 다음과 같은 공식에 의해서 계산된다.

$$S = \sqrt{\frac{\displaystyle\sum_{1=i,i=j}^{n}(d_{ij} - \widehat{d_{ij}})^2}{\displaystyle\sum_{1=i,i=j}^{n}(d_{ij})^2}}$$

d_{ij} = 관측대상 i부터 j까지의 실제 거리

$\widehat{d_{ij}}$ = 프로그램에 의해서 추정된 거리

분석 프로그램에 의해 추정된 거리가 실제 거리와 일치하면, $(d_{ij} - \widehat{d_{ij}})$는 0이 되어 스트레스 값은 0이 된다. 이것은 곧 추정이 완벽함을 의미한다. 크러스컬은 추정이 잘 되었는지의 여부를 나타내는 적합정도를 다음과 같은 표로 제시하고 있다. 스트레스 값이 줄어드는 방향으로 분석 과정을 반복해 가면 관측대상들의 좌표가 변한다.

| 표 6.1 | **크러스컬의 스트레스 값**

스트레스 값	적합 정도
1	최악이다
0.2 이상	매우 나쁘다
0.2	나쁘다
0.1	보통이다
0.05	좋다
0.025	매우 좋다
0	완벽하다

이론적으로 n개의 관측대상에 대해 $n - 1$차원에서 완벽한 적합이 이루어질 수 있다. 그러나 3차원이 넘는 포지셔닝 맵(positioning map)은 시각적인 제한 때문에 분석이 거의 불가능하다.

(5) 차원의 이름과 포지셔닝 맵

차원의 수가 정해지면 그 다음에 차원의 이름을 결정해야 한다. 요인분석에서 요인의 이름을 결정하는 것과 같은 원리에 의해서 다차원척도법에서도 각 차원의 이름을 결정해야 한다. 차원

의 이름을 정하는 방법은 관측대상들에 대해 잘 알고 있는 전문가에 의한 방법, 회귀분석을 통한 방법, 점수간의 상관계수가 큰 속성을 차원의 이름으로 정하는 방법 등이 있다.

각 차원의 이름을 정하고 나면 포지셔닝 맵을 얻을 수 있다. 포지션이란 가령 소비자들이 특정 대상에 대해서 느끼는 심리적 공간상의 위치를 말한다. 포지셔닝 맵은 시장과 경쟁구조에 대한 기초적인 진단을 통하여 소비자들의 인지 → 선호 → 선택에 이르는 일련의 과정을 일관성 있게 이해할 수 있게 해준다. 그러므로 포지셔닝 맵은 신제품개발, 시장세분화, 마케팅 믹스 전략 등에 이용될 수 있다.

(6) 신뢰성과 타당성 검정

다차원척도법의 분석결과에 대해 신뢰성과 타당성 검정을 위해서는 모형의 적합도 지수 (index of fit)를 알아 보아야 한다. 모형의 적합도 지수는 회귀분석에서의 결정계수 R^2과 유사한 개념이다. 적합도 지수는 0과 1 사이의 값을 가지며, 보통 0.6 이상이면 설명력이 높다고 할 수 있다.

2. 다차원척도법의 시각적 표현

 6-1

다음과 같은 데이터에 다차원척도법을 적용해 보자. 이 데이터는 다섯 명의 미국 대통령에 대한 이미지를 측정한 결과이다.

|표 6.2| 다섯 명의 이미지

이름	강하다	밝다
케네디	2	2
닉슨	1	-2
카터	-2	2
부시	-1	-1
링컨	0	0

이 데이터를 이용해서 다차원척도법을 생각해 보자.

먼저 이 데이터의 산점도를 그려 보자. 그래프의 표현은 통계처리의 첫걸음이다.

➤ 산점도를 그리는 방법

순서 1 ▸ ▸ ▸ 데이터의 입력(6-1.sav)

산점도를 그리기 위해서 데이터는 다음과 같이 입력해 놓는다.

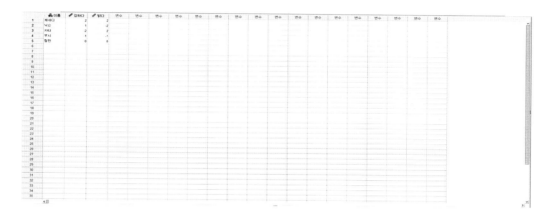

순서 2 ▸ ▸ ▸ 산점도 메뉴의 선택

산점도를 그릴 때는 [그래프(G)]의 메뉴에서 [산점도/점도표(S)]를 선택한다.

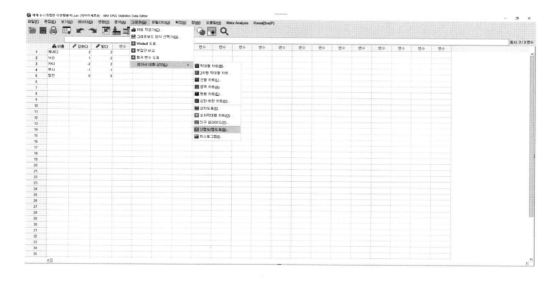

순서 3 ▸ ▸ ▸ 산점도 유형의 선택

다음의 화면이 나타나면 [단순 산점도]를 선택하고 [정의]를 클릭한다.

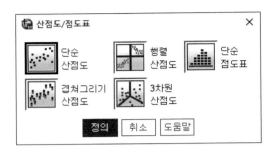

순서 4 ▸ ▸ ▸ 변수의 선택

[단순 산점도]의 화면이 나타나면 [Y - 축(Y)]에 '밝다', [X - 축(X)]에 '강하다'를 이동한다. [케이스 설명 기준변수(C)]에 '이름'을 이동하고 다음에 [옵션(O)] 버튼을 클릭한다.

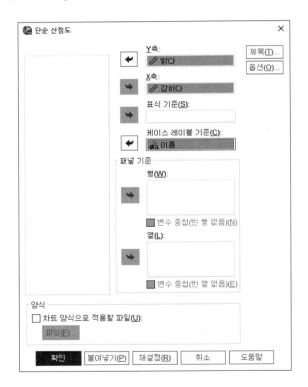

순서 5 ▸ ▸ ▸ 옵션의 선택

[옵션]의 화면이 나타나면 다음과 같이 선택하고 [계속] 버튼을 클릭한다.

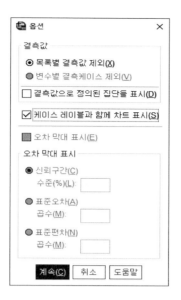

순서 6 ▸ ▸ ▸ 산점도의 작성

순서 4의 화면으로 되돌아오면 [확인] 버튼을 클릭한다.

> 분석결과

다음과 같은 그래프가 그려진다.

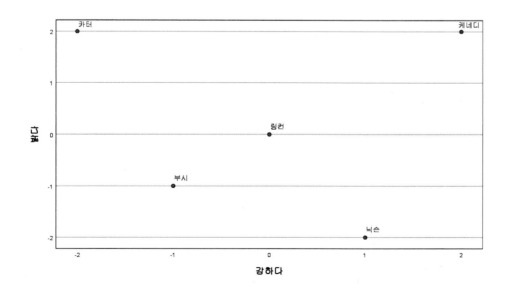

이 다섯 개의 점 사이의 거리를 계산해 보자.

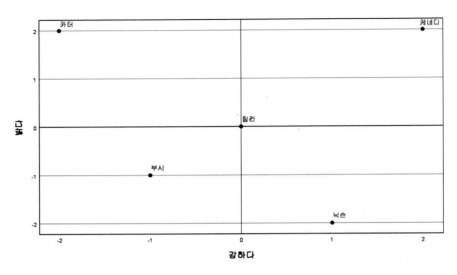

예를 들면, 케네디와 다른 사람의 거리는 다음과 같이 된다.

$$\text{케네디} - \text{닉슨} = \sqrt{(2-1)^2 + (2-(-2))^2} = \sqrt{17} = 4.123$$
$$\text{케네디} - \text{카터} = \sqrt{(2-(-2))^2 + (2-2)^2} = \sqrt{16} = 4.000$$
$$\text{케네디} - \text{부시} = \sqrt{(2-(-1))^2 + (2-(-1))^2} = 3\sqrt{2} = 4.243$$
$$\text{케네디} - \text{링컨} = \sqrt{(2-0)^2 + (2-0)^2} = 2\sqrt{2} = 2.828$$

이 된다.

다섯 개 데이터의 모든 편성에 대해서 거리를 측정하면, 다음과 같은 표가 만들어진다.

| 표 6.3 | **거리 데이터표**

	케네디	닉슨	카터	부시	링컨
케네디	0				
닉슨	4.123	0			
카터	4.000	5.000	0		
부시	4.243	2.236	3.162	0	
링컨	2.828	2.236	2.828	1.414	0

그래프 위에 기입해 보면 다음과 같이 된다.

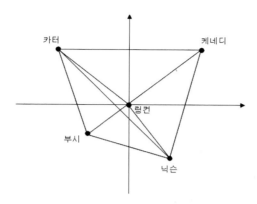

| 그림 6.2 | **다섯 명 이미지의 위치관계**

그렇다면 다차원척도법이란 데이터 사이의 거리를 측정하는 기법이라고 할 수 있을까?

3. 다차원척도법의 원리

데이터에 대해서 산점도를 그리면 다음과 같다.

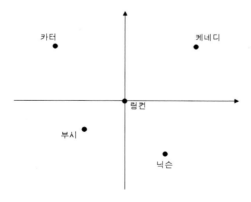

데이터 사이의 거리를 측정해 보면 다음과 같은 표가 된다.

| 표 6.4 | 데이터 사이의 거리

	케네디	닉슨	카터	부시	링컨
케네디	0	4.123	4.000	4.243	2.828
닉슨	4.123	0	5.000	2.236	2.236
카터	4.000	5.000	0	3.162	2.828
부시	4.243	2.236	3.162	0	1.414
링컨	2.828	2.236	2.828	1.414	0

실은 다차원척도법이란 이것과 역방향의 절차를 말한다. 즉, 다음과 같이 데이터 사이의 유사도(類似度)에 관한 정보가 주어지면,

| 표 6.5 | 데이터 사이의 유사도

	케네디	닉슨	카터	부시	링컨
케네디	0				
닉슨	4.123	0			
카터	4.000	5.000	0		
부시	4.243	2.236	3.162	0	
링컨	2.828	2.236	2.828	1.414	0

다차원척도법에 의해서 데이터 사이의 위치를 그래프상에 재현해 보인다고 하는 것이다. 결국 거리도 유사도의 일종인 셈이다.

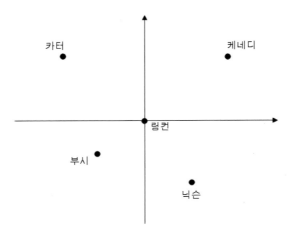

재현된 위치를 포치(布置) 혹은 배치라고 부른다.

이 사실을 SPSS를 사용해서 실현해 보도록 하자. 데이터 보기 화면에는 다음과 같이 데이터 사이의 정보를 입력한다.

	⫽ 케네디	⫽ 닉슨	⫽ 카터	⫽ 부시	⫽ 링컨	변수
1	.000	.	.	.	.	
2	4.123	.000	.	.	.	
3	4.000	5.000	.000	.	.	
4	4.243	2.236	3.162	.000	.	
5	2.828	2.236	2.828	1.414	.000	
6						

> **다차원척도법의 절차**

순서 1 ▸ ▸ ▸ 다차원척도법 메뉴의 선택

메뉴에서 [분석(A)] - [척도분석(A)] - [다차원척도법(M)]을 선택한다.

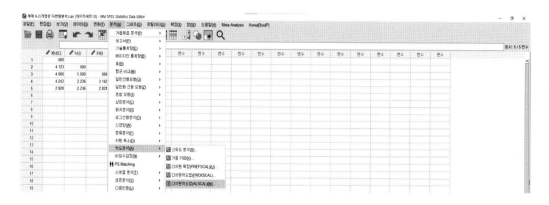

순서 2 ▸ ▸ ▸ 변수의 선택

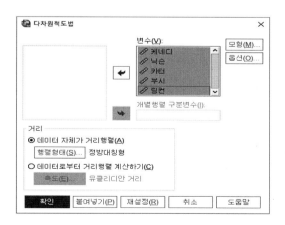

[다차원척도법] 대화상자에서 [변수(V)] 난에 '케네디', … , '링컨'을 이동한다. 그리고 [모형(M)] 버튼을 클릭한다.

순서 3 ▸ ▸ ▸ 측정수준의 선택

[다차원척도법 : 모형] 대화상자에서 [측정수준] 중 [비율(R)]을 선택하고 [계속] 버튼을 클릭한다.

순서 4 ▸ ▸ ▸ 출력설계

순서 2의 화면에 되돌아오면 [옵션(O)] 버튼을 클릭한다. [다차원척도법 : 옵션] 대화상자에서 [표시]의 [집단도표(G)]를 체크하고 [계속] 버튼을 클릭한다.

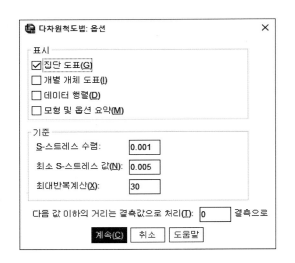

다시 순서 2의 화면에 되돌아오면 [확인] 버튼을 클릭한다.

> **분석결과**

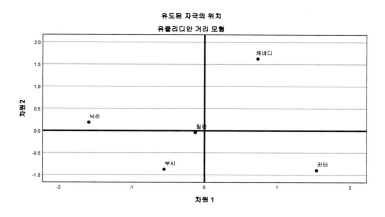

> **결과의 해석방법**

Dimension 1을 가로축으로, Dimension 2를 세로축으로 취한 산점도(유도된 자극의 위치)가 출력된다.

이 그림은 앞에서 그려 보았던 산점도와 매우 비슷하다는 것을 알 수 있다. 세로축과 가로축이 역전되어 있지만, 세로축을 '강하다', 가로축을 '밝다'로 하면 앞에서의 산점도를 재현하고 있는 것이다.

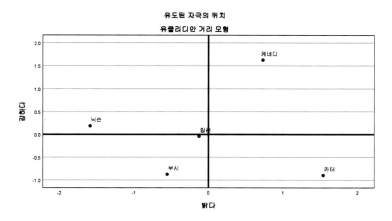

이 그림은 세로축과 가로축을 거꾸로 하면 전술한 산점도와 거의 같다.

즉, 데이터 사이의 유사도 정보로부터 데이터의 위치관계를 재현해 보이는 것이 '다차원척도법'이다.

4. 다차원척도법의 실제

1) 전통적 다차원척도법

 6-2

미국 국내의 주요 도시의 위치를 나타내는 지도가 주어져 있다고 하자. 이 지도로부터 주요 도시간 거리(비행거리)를 측정한 데이터표가 다음 <표 6.6>과 같다. 그렇다면 이 데이터로부터 원래의 지도를 재현시킬 수 있는 방법을 모색해 보자. 즉 여기에서 알고 싶은 것은 미국 10대 도시의 위치관계는 어떻게 되어 있는가 하는 것이다.

| 표 6.6 | **거리 데이터표**　　　　　　　　　　　　　　　　　　　　　　　　(단위 : 마일)

도시	애틀랜타	시카고	덴버	휴스톤	로스앤젤레스	마이애미	뉴욕	샌프란시스코	시애틀	워싱턴
애틀랜타	0									
시카고	587	0								
덴버	1,212	920	0							
휴스톤	701	940	879	0						
로스앤젤레스	1,936	1,745	831	1,374	0					
마이애미	604	1,188	1,726	968	2,339	0				
뉴욕	748	713	1,631	1,420	2,451	1,092	0			
샌프란시스코	2,139	1,858	949	1,645	347	2,594	2,571	0		
시애틀	2,182	1,737	1,021	1,891	959	2,734	2,408	678	0	
워싱턴	543	597	1,494	1,220	2,300	923	205	2,442	2,329	0

이 데이터에 다차원척도법을 적용해 보자.

SPSS에 의한 다차원척도법은 다음과 같이 된다.

순서 1 ▸ ▸ ▸ 데이터의 입력(6 – 3.sav)

<표 6.6>의 데이터를 다음과 같이 입력한다.

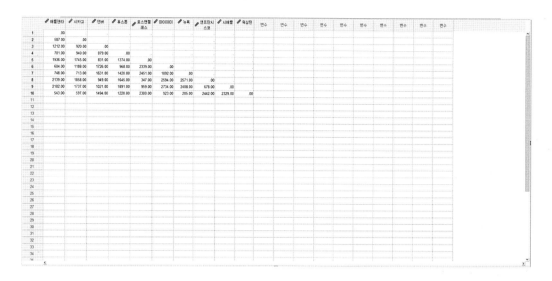

순서 2 ▸ ▸ ▸ 다차원척도법의 메뉴 선택

메뉴에서 [분석(A)] - [척도분석(A)] - [다차원척도법(M)]을 선택한다.

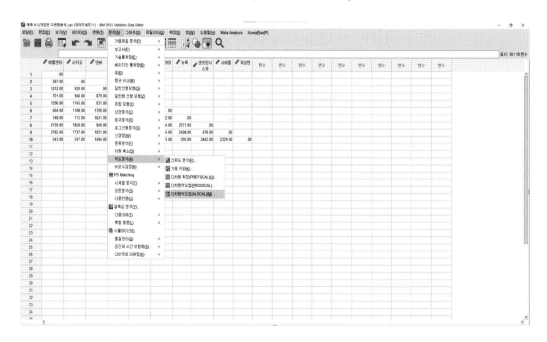

순서 3 ▸ ▸ ▸ 변수의 선택

분석할 [변수(V)]로서 '애틀랜타'에서 '워싱턴'까지의 모든 변수를 택한다.

순서 4 ▸ ▸ ▸ 데이터의 형태 지정

상이성 거리행렬의 입력형태를 정하기 위해서 위의 [거리] 상자의 [행렬형태(S)] 버튼을 클릭하면, 다음과 같은 대화상자가 나타난다.

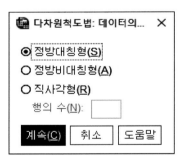

위의 대화상자에서 초기지정 상태인 [정방대칭형(S)]을 지정한 채로 [계속] 버튼을 클릭하면, 앞의 화면으로 복귀한다.

순서 5 ▸ ▸ ▸ 입력모형의 결정

[다차원척도법] 대화상자에서 [모형(M)] 버튼을 클릭하면 다음과 같은 대화상자가 나타난다.

[측정수준]은 [비율(R)]을 지정하고 나머지는 초기지정 상태 그대로 [계속] 버튼을 클릭하면, 앞의 화면으로 복귀한다.

순서 6 ▶ ▶ ▶ 결과 형식의 선택

[다차원척도법] 대화상자에서 [옵션(O)] 버튼을 클릭하면 다음과 같은 대화상자가 나타난다.

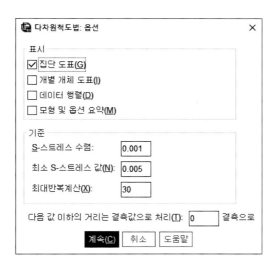

[표시]로서 [집단 도표(G)]를 지정하고 나머지는 초기지정 상태 그대로 [계속] 버튼을 클릭하면, 앞의 화면으로 복귀한다. 여기에서 [확인] 버튼을 클릭하면 분석결과를 얻게 된다.

(1) 반복과정

```
Iteration history for the 2 dimensional solution (in squared distances)

        Young's S-stress formula 1 is used.

   Iteration    S-stress      Improvement

       1          .00308

            Iterations stopped because
            S-stress is less than   .005000


            Stress and squared correlation (RSQ) in distances

       RSQ values are the proportion of variance of the scaled data (disparities)
            in the partition (row, matrix, or entire data) which
            is accounted for by their corresponding distances.
            Stress values are Kruskal's stress formula 1.

          For  matrix
   Stress =  .00298    RSQ =  .99996
```

위의 결과는 반복적인 실행과정을 나타내고 있다. 모두 1회의 반복이 이루어졌으며, 스트레스 값의 향상이 1회에 0.00308로서 0.005보다 작게 되어 종료되었음을 보여 주고 있다. 현재 스트레스 값은 0.00298로서, 이 모형은 매우 적합하다는 것을 보여 준다. 그리고 RSQ는 0.6 이상의 값을 나타내고 있어 모형이 적합하다는 것을 다시 한번 확인시켜 주고 있다.

(2) 좌표값

```
           Configuration derived in 2 dimensions

                    Stimulus Coordinates

                         Dimension

   Stimulus  Stimulus    1         2
   Number    Name

       1       애틀     .9575    -.1905
       2       시카     .5090     .4541
       3       덴버    -.6416     .0337
       4       휴스     .2151    -.7631
       5       로스    -1.6036   -.5197
       6       마이     1.5101   -.7752
       7       뉴욕     1.4284    .6914
       8       샌프    -1.8925   -.1500
       9       시애    -1.7875    .7723
      10       워싱     1.3051    .4469
```

2차원 평면에서 각 도시의 좌표값을 나타내고 있다. 예를 들어 애틀랜타의 경우 (0.9575, - 0.1905)의 값을 보이고 있다.

(3) 유도된 자극의 위치

위의 좌표값을 2차원 공간상에 플롯하면 다음과 같은 그래프를 얻게 된다. 이 그래프는 포지셔닝 맵이라고도 불린다.

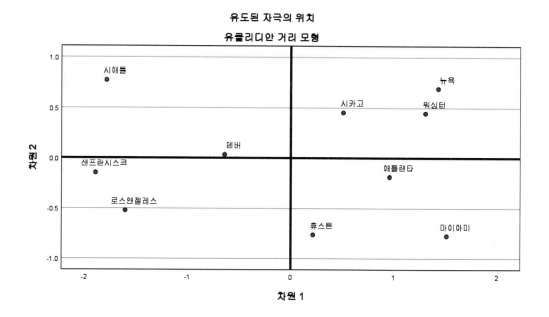

위의 도표는 (2)의 좌표값을 2차원 평면상에 나타낸 것이다. 이것을 통하여 각 도시의 위치와 거리관계를 알 수 있다. 문제의 각 도시간 거리 데이터로부터 원래의 지도를 재현시킨 셈이다.

(4) 유클리드 모형에 의한 선형 적합도의 산점도

다음 산점도에서 각 도시들을 유클리디안 거리로 나타내고 있다. 이 도시들은 대각선상에 선형적으로 위치하고 있어 모형이 적절함을 말해 주고 있다. 도시들간의 거리가 2차원 평면상에 정보의 손실 없이 얼마나 잘 위치했는가를 판단하는 데 선형 적합도의 산점도를 이용할 수 있다.

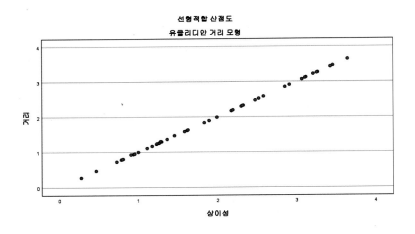

선형적합 산점도
유클리디안 거리 모형

2) 반복 다차원척도법

반복 다차원척도법(replicated MDS)은 두 개 이상의 데이터 행렬을 분석하는 경우에 사용되는 기법으로서 전통적 다차원척도법을 확장한 것이다. 이 기법은 유클리디안 거리 모형을 응용해서 여러 개의 비유사성 데이터 행렬을 동시에 분석할 수 있다.

예제 6-3

다음은 국내의 창고형 대형 유통 할인점 5개의 기업 이미지가 어느 정도로 유사한지를 측정하는 설문지 양식이다. 측정대상 기업은 홈플러스, 이마트, 하나로마트, 킴스클럽, 롯데마트 등이다.

	매우 유사하다						전혀 다르다
	1	2	3	4	5	6	7
홈플러스 - 이마트	: _____	: _____	: _____	: _____	: _____	: _____	:
홈플러스 - 하나로마트	: _____	: _____	: _____	: _____	: _____	: _____	:
홈플러스 - 킴스클럽	: _____	: _____	: _____	: _____	: _____	: _____	:
....							
킴스클럽 - 롯데마트	: _____	: _____	: _____	: _____	: _____	: _____	:

㈜ 데이터 입력시 행렬의 대각선은 0이 된다.

평가되는 데이터를 쌍으로 묶어서 계산하면 모두 $_5C_2$ = 10이 된다. 예제로서 두 사람에 대한 설문조사 결과를 정리하면 다음과 같다.

| 표 6.7 | 유사도 데이터표

	홈플러스	이마트	하나로마트	킴스클럽	롯데마트
홈플러스	0				
이마트	2	0			
하나로마트	7	6	0		
킴스클럽	3	2	4	0	
롯데월마트	1	2	6	3	0
홈플러스	0				
이마트	1	0			
하나로마트	7	6	0		
킴스클럽	2	3	5	0	
롯데마트	2	2	7	1	0

다차원척도법의 목적
- 데이터 속에 잠재해 있는 패턴, 구조를 찾아내기
- 찾아낸 패턴과 구조를 소수 차원의 공간에 기하학적으로 표현하기
- 데이터 축소(데이터에 포함된 정보를 끄집어내기 위해서)

SPSS에 의한 다차원척도법은 다음과 같이 된다.

순서 1 ▸ ▸ ▸ 데이터의 입력(6 – 4.sav)

　　<표 6.7>의 데이터를 다음과 같이 입력한다.

순서 2 ▸ ▸ ▸ 다차원척도법의 선택

메뉴에서 [분석(A)] - [척도분석(A)] - [다차원척도법(M)]을 선택한다.

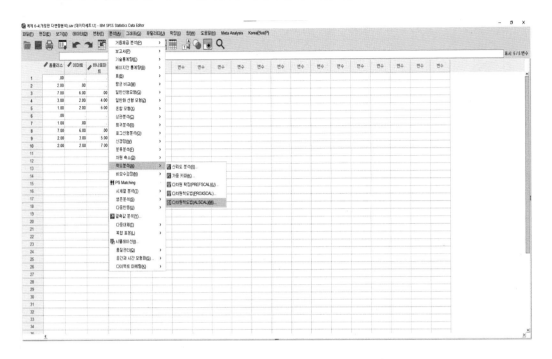

순서 3 ▸ ▸ ▸ 변수의 선택

[변수(V)]로서 '홈플러스', '이마트', '하나로마트', '킴스클럽', '롯데마트' 등을 선택한다.

[다차원척도법] 대화상자에서 [모형(M)] 버튼을 클릭하면 다음과 같은 대화상자가 나타난다.

[측정수준]은 [구간(I)]을 지정하고 나머지는 초기지정 상태 그대로 [계속] 버튼을 클릭하면, 앞의 화면으로 복귀한다.

[다차원척도법] 대화상자에서 [옵션(O)] 버튼을 클릭하면 다음과 같은 대화상자가 나타난다.

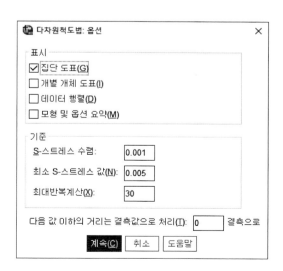

[표시]로서 [집단 도표(G)]를 지정하고 나머지는 초기지정 상태 그대로 [계속] 버튼을 클릭하면, 앞의 화면으로 복귀한다. 여기에서 [확인] 버튼을 클릭하면 분석결과를 얻게 된다.

> **분석결과 및 결과의 해석방법**

(1) 반복과정

```
Iteration history for the 2 dimensional solution (in squared distances)

     Young's S-stress formula 1 is used.

  Iteration     S-stress      Improvement

      1           .11559
      2           .11400        .00159
      3           .11373        .00027

              Iterations stopped because
   S-stress improvement is less than    .001000


              Stress and squared correlation (RSQ) in distances

     RSQ values are the proportion of variance of the scaled data (disparities)
              in the partition (row, matrix, or entire data) which
              is accounted for by their corresponding distances.
              Stress values are Kruskal's stress formula 1.

     Matrix    Stress     RSQ     Matrix    Stress     RSQ
       1        .107      .954       2        .132      .941

         Averaged (rms) over  matrices
     Stress  =   .12002      RSQ =  .94742
```

반복적인 실행결과를 나타내는 것으로 모두 3회의 반복이 일어났다. 스트레스 값의 향상이 마지막회 0.00027로서 0.001보다 작게 되어 끝나고 있음을 보여 주고 있다. 현재 스트레스 값은 0.12002로서 이 모형은 보통이다. 그리고 RSQ는 0.94742로서 0.6 이상의 값을 보여 주고 있어서 모형이 적합하다는 것을 확인시켜 주고 있다.

(2) 좌표값

2차원 평면에서 기업의 좌표값을 나타내고 있다. 예를 들면 홈플러스의 경우(1.2130, 0.0646)의 값을 보이고 있다. 각 기업의 좌표값을 통해 동일 차원으로 간주될 수 있다는 것이 추측 가능하다. 다시 말하면 홈플러스와 이마트는 1차원의 좌표값이 양(+)의 값을 갖고, 2차원의 좌표값도 양(+)의 값을 갖고 있어 동일 차원에 포지셔닝될 것이라고 예측할 수 있다.

```
Configuration derived in 2 dimensions

Stimulus Coordinates

                            Dimension

Stimulus    Stimulus        1           2
Number        Name


   1          홈플         1.2130      .0646
   2          이마          .6499      .6289
   3          하나        -2.5420      .1869
   4          킴스         -.2010     -.3808
   5          롯데          .8802     -.4995
```

(3) 포지셔닝 맵

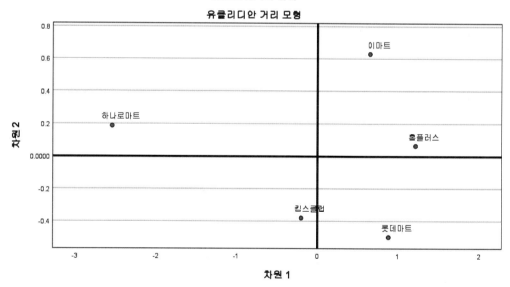

2차원 평면상에 나타난 결과를 보면 두 사람이 느끼는 기업의 이미지 측면에서 홈플러스와 이마트가 비슷한 것으로 나타났다. 킴스클럽과 롯데마트가 비교적 가까우며, 특히 하나로마트는 다른 것과 차별화되고 있음을 알 수 있다.

(4) 유클리드 모형에 의한 선형 적합성 산점도

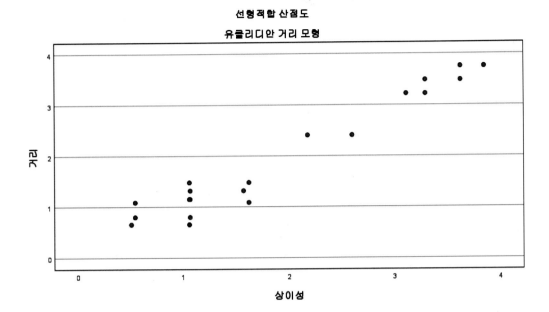

선형적합 산점도

유클리디안 거리 모형

이 산점도에서 각 기업에 대한 데이터들을 유클리디안 거리로 나타내고 있는 바, 이들은 선형적으로 나타나고 있어 모형이 비교적 적합함을 보여 주고 있다.

SPSS에 의한
다변량분석 기초에서
응용까지

Chapter 07

범주형 주성분분석

Chapter 07
범주형 주성분분석

1. 범주형 주성분분석의 기초지식

주성분분석의 목적은 원래 변수에 있는 정보의 대부분을 표현하면서도 원래 변수군을 더 작고 상관관계가 없는 성분의 집합으로 축소하는 데 있다. 다변량의 데이터로부터 본질이 되는 소수의 변량을 합성하여 그것으로 데이터를 분석하는 것이 주성분분석이다.

많은 변량에 의해 구성되는 데이터로부터 특징이 되는 본질을 합성하여 그것을 기초로 데이터를 분석할 수 있도록 하는 수단을 부여하는 것이 주성분분석인 것이다.

표준 주성분분석에서는 숫자 변수 사이의 선형 관계를 가정한다. 한편 최적화 척도법을 사용하여 변수를 서로 다른 수준으로 척도화할 수 있다. 범주형 변수는 지정된 차원에서 최적으로 수량화된다. 결과적으로 변수 사이의 비선형 관계도 모형화할 수 있다.

범주형 주성분분석을 사용하여 직업 범주, 직업 분류, 지역, 여행 횟수 및 직업 만족도 사이의 관계를 설명할 수 있다. 두 개의 차원으로 많은 양의 분산을 설명한다는 것을 알 수 있다.

예제 7-1

인터넷의 사회에 미치는 영향은 헤아릴 수 없을 정도이다. 인터넷에 의한 정보화라고 하는 장점도 있지만, 거꾸로 다른 사람과의 접촉이 희박해진다고 하는 현상도 일어나기 시작했다. 인터넷 시대에 살고 있는 젊은이는 사회나 친구들과 어떻게 접촉하고 있을까? 그래서 15명의 피험자에게 다음 <표 7-1>과 같은 앙케트 조사를 실시했다.

| 표 7.1 | **앙케트 조사표**

질문 1. **귀하와 지역과의 접촉의 정도는**   **[지역과의 접촉]**
   1. 거의 없다   2. 약간 있다   3. 어지간히 있다   4. 매우 많다

질문 2. **귀하가 소속하고 있는 그룹에 대한 공헌도는**   **[그룹에 대한 공헌도]**
   1. 낮다   2. 조금 높다   3. 높다

질문 3. **귀하는 친구와 바로 친해지는 편입니까?**   **[친해진다]**
   1. 아니오   2. 예

질문 4. **귀하는 친구와 이야기할 때, 다음의 어떤 방법을 주로 선택하십니까?**   **[이야기를 한다]**
   1. 메일을 보낸다   2. 직접 만난다   3. 전화를 한다

> **앙케트 조사로부터 알고 싶은 사항**

이 앙케트 조사로부터 알고 싶은 것은
   ① 지역과의 접촉의 정도가 매우 많은 사람은 소속 그룹에 대한 공헌도도 높은 것은 아닐까?
   ② 친구와 바로 친해지는 사람은 이야기를 할 때, 어떤 방법을 취하는가?
   ③ 비슷한 반응을 보이는 피험자는 누구와 누구인가?
라고 하는 것이다. 앙케트 조사의 결과는 다음 <표 7-2>와 같다고 한다.

| 표 7.2 | **앙케트 조사의 결과표**

피험자	질문 1	질문 2	질문 3	질문 4
1	1	1	1	2
2	2	2	1	2
3	1	1	1	1
4	4	3	2	3
5	3	2	2	3
6	3	1	1	2
7	2	3	2	2
8	2	1	2	1
9	1	2	1	1
10	3	3	1	2
11	4	3	2	2
12	3	3	2	2
13	2	3	1	2
14	1	2	2	1
15	3	1	1	3

범주형 주성분분석에서 중요한 것은 다음과 같은 범주 수량화와

질문 1의 범주	순서		수량화
거의 없다	1		−1.427
약간 있다	2		0.239
어지간히 있다	3		0.239
매우 많다	4		1.780

이 수량화에 의해서 얻어지는 성분 적재량(성분 부하량)이다.

성분 적재량

	차원	
	1	2
질문1	.882	.079
질문2	.864	-.030
질문3	.462	.847
질문4	.709	-.613

변수 주 정규화

① 이 수량화와 성분 적재량을 이용함으로써

「각각의 질문에 있어서의 범주와 범주의 관계」

를 그래프로 나타낼 수 있다.

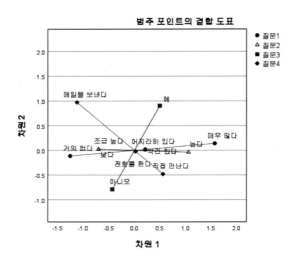

② 각 피험자의 대상점수를 계산함으로써

「비슷한 반응을 보이는 피험자는 누구와 누구인가」

를 조사할 수 있다.

TIPS!

범주형 주성분분석은 최적화 척도 수준이 혼합된 단일 변수 세트에서 변동의 패턴을 설명하는 경우 가장 적합한 방법이다. 이 기법을 사용하면 변수 세트의 차원을 줄이면서 최대한 많은 변동을 설명할 수 있다. 모든 변수의 각 범주에 척도값이 할당되고 주성분 해법을 기준으로 이러한 값이 최적화된다. 분석할 대상에는 수량화된 데이터를 기반으로 성분 점수가 부여된다. 성분 점수 도표를 살펴보면 분석 대상간의 패턴을 파악할 수 있고 데이터에서 특수 대상을 찾아낼 수 있다. 범주형 주성분분석을 해법으로 사용하면 지정된 성분(차원) 수에 대해 각 양적 변수와 대상 점수의 상관을 최대화할 수 있다.

2. 범주형 주성분분석의 실제

> SPSS에 의한 해법

순서 1 ▸ ▸ ▸ 데이터의 입력(7 - 1.sav)

표 7-2의 데이터를 다음과 같이 입력한다.

	피험자	질문1	질문2	질문3	질문4	변수	변수	변수	변수	변수	변수	변수	변수	변수	변수	변수	변수	변수	변수
1	1	1	1	3	2														
2	2	2	2	1	2														
3	3	1	1	1	1														
4	4	4	3	2	3														
5	5	3	2	2	3														
6	6	3	1	1	2														
7	7	2	3	2	2														
8	8	2	1	2	1														
9	9	1	2	1	1														
10	10	3	3	1	2														
11	11	4	3	2	2														
12	12	3	3	2	2														
13	13	2	3	1	2														
14	14	1	2	1	1														
15	15	3	1	1	3														
16																			
17																			
18																			
19																			
20																			
21																			
22																			
23																			
24																			
25																			

순서 2 ▸ ▸ ▸ 최적화척도법 메뉴의 선택

메뉴에서 [분석(A)] - [차원 축소(D)] - [최적화 척도법(O)]을 선택한다.

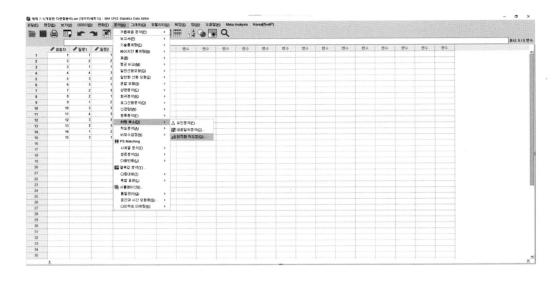

순서 3 ▸ ▸ ▸ 범주형 주성분분석의 선택

다음의 화면에서 이하와 같이 체크하면 [선택된 분석]이 '범주형 주성분분석'이 된다. [정의]를 클릭한다.

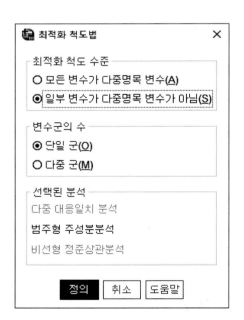

(1) 다음의 화면이 되면 '질문 1'을 오른쪽의 [분석변수(A)]의 난으로 이동한다.

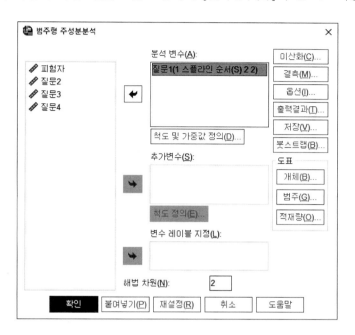

(2) '질문 1'은 순서변수라고 생각되므로, [척도 및 가중값 정의(D)]를 클릭해서 [최적화 척도 수준] 중의 '순서(O)'를 선택한다. [계속] 버튼을 클릭한다.

(3) 앞의 화면으로 되돌아오면 같은 방법으로 '질문 2'를 오른쪽의 [분석변수(A)]의 난으로 이동한다.

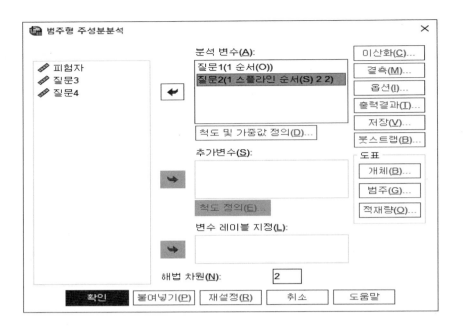

(4) '질문 2'도 순서변수로 간주할 수 있으므로, [척도 및 가중값 정의(D)]를 클릭해서 [최적화 척도 수준] 중의 '순서(O)'를 선택하고 [계속] 버튼을 클릭한다. 이어서 '질문 3'과 '질문 4'를 오른쪽의 [분석변수]의 난으로 이동한다.

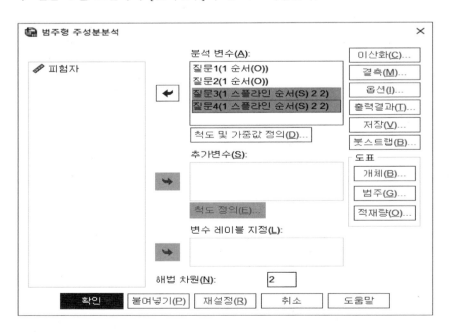

(5) '질문 3'과 '질문 4'는 모두 명목변수라고 할 수 있으므로, [최적척도 수준] 중의 '명목 (N)'를 선택하고, [계속] 버튼을 클릭한다.

(6) 다음의 화면에서 '피험자'를 [변수 레이블 지정(L)] 난으로 이동하고, [출력결과(T)] 버튼을 클릭한다.

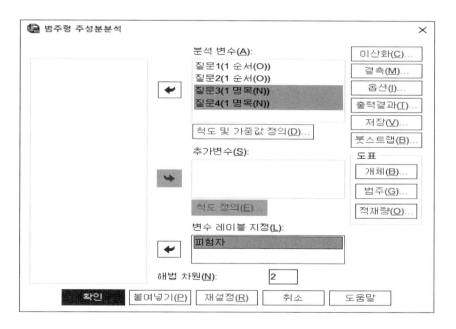

순서 5 ▸ ▸ ▸ 출력결과 설계

다음의 화면이 되면 [표] 중의 다음 사항을 선택한다. [양적 변수(Q)] 중의 '질문 1'에서 '질문 4'까지를 모두 [범주 수량화(T)]와 [개체점수 옵션]의 [다음 범주 포함(N)] 난으로

이동한다. 그리고 '피험자'를 [개체점수 레이블 기준(B)]의 난으로 이동하고 [계속] 버튼을
클릭한다.

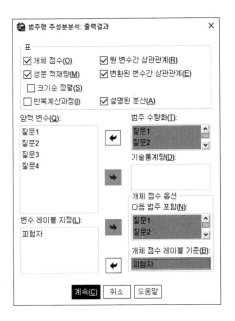

순서 6 ▶ ▶ ▶ 도표 설계

(1) 다음의 화면에서 [도표] 중 [개체(B)]를 클릭한다.

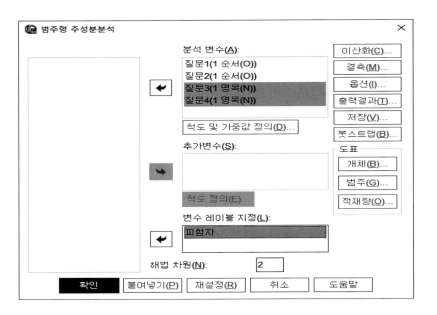

(2) [개체 및 변수 도표] 대화상자에서 다음과 같이 선택하고 [계속] 버튼을 클릭한다.

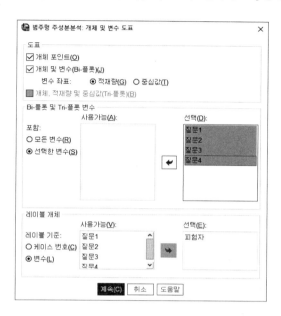

(3) 앞의 화면으로 되돌아오면 이번에는 [도표] 중 [범주(G)]를 클릭한다. 다음 화면이 되면 '질문 1'에서 '질문 4'까지를 [결합범주도표(J)] 난으로 이동하고 [계속] 버튼을 클릭한다.

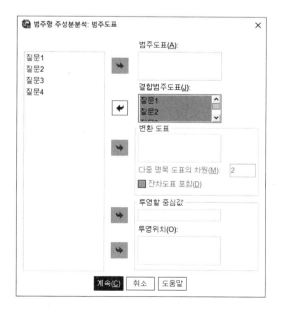

순서 7 ▶ ▶ ▶ 저장

앞의 화면으로 되돌아오면 [저장(V)]을 클릭한다. 다음의 화면에서 [개체점수] 중 '활성 데이터 세트에 저장'을 선택하고 [계속] 버튼을 클릭한다.

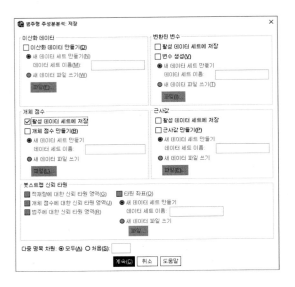

순서 8 ▶ ▶ ▶ 범주형 주성분분석의 실행

다음의 화면에서 [확인] 버튼을 클릭하면 된다.

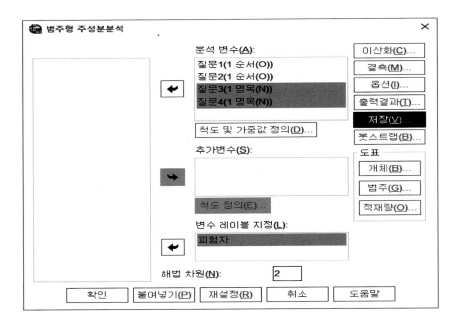

(1) 범주형 주성분분석 - 첫째

모형 요약

차원	Cronbach의 알파	설명된 분산	
		전체(고유값)	% 분산
1	.739	2.242	56.045
2	.122	1.101	27.523
전체	.934[a]	3.343	83.568

a. 전체 Cronbach의 알파는 전체 고유값에 기준합니다.

설명된 분산

	중심값 좌표			전체(벡터좌표)		
	차원			차원		
	1	2	평균	1	2	전체
질문1	.779	.111	.445	.778	.006	.784
질문2	.747	.055	.401	.747	.001	.748
질문3	.214	.718	.466	.214	.718	.932
질문4	.528	.409	.469	.503	.376	.879
전체 합	2.268	1.293	1.780	2.242	1.101	3.343
% 분산	56.692	32.329	44.510	56.045	27.523	83.568

차원 1의 고유치(고유값) 2.242와 그 분산의 % 56.045이다. SPSS에서는 고유치를 분산이라고 하기도 한다. 따라서 분산의 %란 고유치의 %를 말한다. 요컨대 원래 변수는 4개 {질문 1, 질문 2, 질문 3, 질문 4} 있었기 때문에 분산의 합계는 1 + 1 + 1 + 1 = 4 가 된다. 표준화하고 있으므로, 분산 = 1 = 고유치가 된다. 따라서 분산의 합계 = 4 = 고유치의 합계가 된다.

그래서 이 고유치의 합계 4 중에서 차원 1의 고유치가 2.242이므로 차원 1의 고유치가 차지하는 비율은

$$\frac{\text{차원 1의 고유치}}{\text{고유치의 합계}} \times 100\% = \frac{2.242}{4} \times 100\% = 56.045\%$$

가 된다. 이 사실을 다음과 같이 말하고 있는 것이다.

설명된 분산의 %가 56.045%

(2) 범주형 주성분분석 - 둘째

질문1[a]

범주	빈도	수량화	중심값 좌표 차원 1	중심값 좌표 차원 2	벡터 좌표 차원 1	벡터 좌표 차원 2
거의 없다	4	-1.427	-1.282	.141	-1.259	-.112
약간 있다	4	.239	.247	-.042	.211	.019
어지간히 있다	5	.239	.220	-.355	.211	.019
매우 많다	2	1.780	1.521	.689	1.570	.140

변수 주 정규화

a. 최적화 척도 수준: 순서형.

질문2[a]

범주	빈도	수량화	중심값 좌표 차원 1	중심값 좌표 차원 2	벡터 좌표 차원 1	벡터 좌표 차원 2
낮다	5	-.816	-.693	-.244	-.706	.025
조금 높다	4	-.816	-.722	.360	-.706	.025
높다	6	1.225	1.059	-.037	1.059	-.037

변수 주 정규화

a. 최적화 척도 수준: 순서형.

질문3[a]

범주	빈도	수량화	중심값 좌표 차원 1	중심값 좌표 차원 2	벡터 좌표 차원 1	벡터 좌표 차원 2
아니오	8	-.935	-.432	-.793	-.432	-.793
예	7	1.069	.494	.906	.494	.906

변수 주 정규화

a. 최적화 척도 수준: 명목형.

질문4[a]

범주	빈도	수량화	중심값 좌표 차원 1	중심값 좌표 차원 2	벡터 좌표 차원 1	벡터 좌표 차원 2
메일을 보낸다	4	-1.588	-1.202	.887	-1.127	.974
직접 만난다	8	.783	.475	-.573	.555	-.480
전화를 한다	3	.030	.337	.347	.021	-.018

변수 주 정규화

a. 최적화 척도 수준: 명목형.

각각의 범주를 평균 0, 분산 1로 수량화하고 있다. 가령 질문 1의 평균과 분산은 다음과 같이 계산한다.

평균 : $4 \times (-1.427) + 4 \times (0.239) + 5 \times (0.239) + 2 \times (1.780) = 0$

분산 : $\dfrac{4 \times (-1.427-0)^2 + 4 \times (0.239-0)^2 + 5 \times (0.239-0)^2 + 2 \times (1.780-0)^2}{15} = 1$

이하 질문 2, 질문 3, 질문 4의 계산도 같은 방법이다.

그런데 성분 적재량(성분 부하량), 수량화, 벡터좌표 사이에는 다음의 관계가 있다.

성분 적재량 × 수량화 = 벡터좌표

[차원 1의 경우]

0.882 × (-1.427) = -1.259

성분 적재량   수량화   벡터좌표

[차원 2의 경우]

0.079 × (-1.427) = -0.112

성분 적재량   수량화   벡터좌표

(3) 범주형 주성분분석 - 셋째

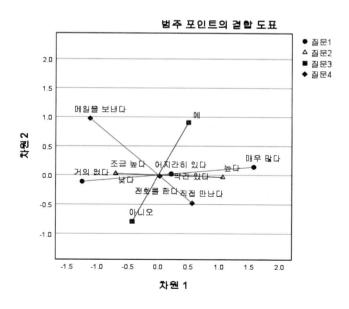

원 변수간 상관관계

	질문1	질문2	질문3	질문4
질문1	1.000	.438	.352	.711
질문2	.438	1.000	.397	.237
질문3	.352	.397	1.000	.092
질문4	.711	.237	.092	1.000
차원	1	2	3	4
고유값	2.151	1.032	.586	.232

변환된 변수간 상관관계

	질문1	질문2	질문3	질문4
질문1	1.000	.614	.413	.526
질문2	.614	1.000	.327	.537
질문3	.413	.327	1.000	-.103
질문4	.526	.537	-.103	1.000
차원	1	2	3	4
고유값	2.242	1.101	.387	.270

'범주 포인트의 결합도표'는 전술한 벡터좌표를 플롯한 것이다. 이 결합의 플롯을 보면서 '항목과 항목의 관계', '범주와 범주의 관계'를 간파할 수 있다. 예를 들면, 「질문 1의 범주는 질문 2의 범주와 같은 방향성이 보인다」고 말할 수 있다.

'원래 변수간의 상관관계'와 '변환된 변수간의 상관관계' 사이에는 상당한 차이가 있음을 알 수 있다.

(4) 범주형 주성분분석 - 넷째

개체 점수

피험자	차원 1	차원 2	질문1	질문2	질문3	질문4
1	-.822	-1.235	거의 없다	낮다	아니오	직접 만난다
2	-.166	-1.117	악간 있다	조금 높다	아니오	직접 만난다
3	-1.573	.085	거의 없다	낮다	아니오	메일을 보낸다
4	1.402	.897	매우 많다	높다	예	전화를 한다
5	.011	.844	어지간히 있다	조금 높다	예	전화를 한다
6	-.166	-1.117	어지간히 있다	낮다	아니오	직접 만난다
7	1.034	.372	악간 있다	높다	예	직접 만난다
8	-.503	1.747	악간 있다	낮다	예	메일을 보낸다
9	-1.573	.085	거의 없다	조금 높다	아니오	메일을 보낸다
10	.621	-1.172	어지간히 있다	높다	아니오	직접 만난다
11	1.639	.481	매우 많다	높다	예	직접 만난다
12	1.034	.372	어지간히 있다	높다	예	직접 만난다
13	.621	-1.172	악간 있다	높다	아니오	직접 만난다
14	-1.159	1.629	거의 없다	조금 높다	예	메일을 보낸다
15	-.402	-.700	어지간히 있다	낮다	아니오	전화를 한다

변수 주 정규화

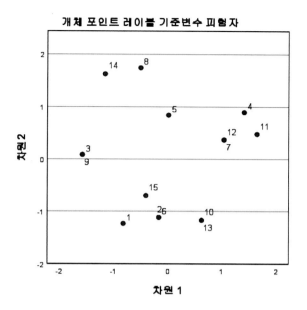

개체점수는 피험자의 주성분 득점을 표준화한 것이다. 예를 들면, 성분 적재량과 수량화의 출력결과로부터 피험자 1의 제1주성분 득점을 구하면 다음과 같이 된다.

$$\text{제1주성분 득점} = \underset{\text{성분 적재량}}{0.882} \times \underset{\text{수량화}}{(-1.427)} + \underset{\text{성분 적재량}}{0.864} \times \underset{\text{수량화}}{(-0.816)}$$

$$+ \underset{\text{성분 적재량}}{0.462} \times \underset{\text{수량화}}{(-0.935)} + \underset{\text{성분 적재량}}{0.709} \times \underset{\text{수량화}}{(0.783)}$$

$$= \underset{\text{벡터좌표}}{(-1.259)} + \underset{\text{벡터좌표}}{(-0.706)} + \underset{\text{벡터좌표}}{(-0.432)} + \underset{\text{벡터좌표}}{(0.555)}$$

$$= -1.842$$

이 제1주성분 득점을 표준화하면 다음처럼 피험자 1의 개체점수가 된다.

$$\frac{-1.842 - 0}{2.242} = -0.822$$

다음에 '대상 포인트 레이블 기준변수 피험자' 그래프는 개체점수를 평면상에 도시한 것이다. 가로축이 제1주성분, 세로축이 제2주성분이다. 이 그림을 보면서 피험자와 피험자의 관계를 조사한다. 예를 들면, 두 개의 개체 포인트가 가까우면 그 피험자들은 서로 비슷한 반응을 보이고 있는 것이다.

(5) 범주형 주성분분석 - 다섯째

성분 적재량

	차원 1	차원 2
질문1	.882	.079
질문2	.864	-.030
질문3	.462	.847
질문4	.709	-.613

변수 주 정규화

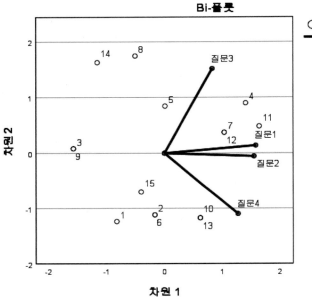

제1주성분은 차원 1의 값을 계수로 해서

  0.882 × 질문 1 + 0.864 × 질문 2 + 0.462 × 질문 3 + 0.709 × 질문 4

가 된다.

질문 1이나 질문 2의 계수의 절대치가 크므로

  제1주성분은 '사회적 관계의 강도'

를 나타내고 있다고 볼 수 있다.

이 성분 적재량의 제곱의 합이 차원 1의 고유치가 된다.

$$(0.882)^2 + (0.864)^2 + (0.462)^2 + (0.709)^2 = 2.242$$

제2주성분은 차원 2의 값을 계수로 해서

0.079 × 질문 1 - 0.030 × 질문 2 + 0.847 × 질문 3 - 0.613 × 질문 4

가 된다.

질문 3이나 질문 4의 계수의 절대치가 크므로

제2주성분은 '개인적 관계의 강도'

를 나타내고 있다고 볼 수 있다.

'Bi-플롯' 그래프를 보면 가로축에 제1주성분을 , 세로축에 제2주성분을 취해서 질문 1에서 질문 4까지를 평면상에 표현하고 있다. 이 그림을 보면서 각각의 질문과 질문의 관계를 간파할 수 있다. 예를 들면,

「질문 3은 다른 질문들과 떨어져 있다」

「차원 1은 질문 1, 질문 2, 질문 4가 중심이 되어 있는데, 차원 2는 질문 3을 중심으로 하고 있다」

> **범주형 주성분분석과 주성분분석의 차이**

(1) 범주형 주성분분석의 출력

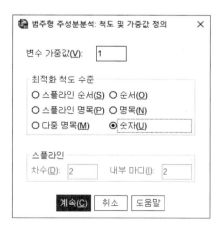

<표 7-2>의 데이터를 모두 숫자 데이터로 해서 범주형 주성분분석을 실행하면 다음과 같은 '성분 적재량'을 구할 수 있다.

성분 적재량

	차원	
	1	2
질문1	.895	-.251
질문2	.690	.415
질문3	.571	.665
질문4	.741	-.596

변수 주 정규화

제1주성분은 다음과 같이 되어 있다.

제1주성분 = 0.895 × 질문 1 + 0.690 × 질문 2 + 0.571 × 질문 3 + 0.741 × 질문 4

(2) (선형) 주성분분석의 출력

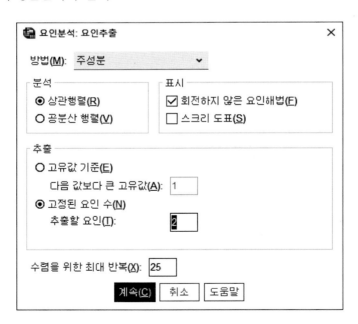

<표 7-2>의 데이터를 모두 숫자 데이터로 해서 상관행렬에 의한 주성분분석을 실행하면 다음과 같은 '성분행렬'을 구할 수 있다.

성분행렬[a]

	성분	
	1	2
질문1	.895	-.250
질문2	.690	.413
질문3	.571	.666
질문4	.741	-.596

추출 방법: 주성분 분석.

a. 추출된 2 성분

제1주성분은 다음과 같이 되어 있다.

제1주성분 = 0.895 × 질문 1 + 0.690 × 질문 2 + 0.571 × 질문 3 + 0.741 × 질문 4

범주형 주성분분석은, 상관행렬에 의한 주성분분석을 범주형 데이터의 경우에 일반화하고 있다는 것을 알 수 있다.

범주형 주성분 데이터 고려사항

데이터

　문자열 변수값을 항상 문자숫자형 순서의 오름차순으로 정렬하여 양의 정수로 변환한다. 사용자 정의 결측값, 시스템 결측값 및 1보다 작은 값을 결측값으로 간주한다. 비결측으로 처리하려면 코딩을 변경하거나 1 미만의 값을 갖는 변수에 상수를 더할 수 있다.

가정

　데이터에는 세 개 이상의 유효 케이스가 있어야 한다. 분석은 양의 정수 데이터를 기준으로 한다. 이산화 옵션은 분수 값을 갖는 변수를 정규분포에 가까운 분포를 갖는 값으로 그룹화하여 자동으로 범주화한다. 그리고 문자열 변수의 값을 자동으로 양의 정수로 변환한다. 다른 이산화 방법을 지정할 수 있다.

관련 프로시저

　표준 주성분분석에 해당하는 숫자 수준으로 모든 변수를 척도화한다. 표준 선형 주성분분석에서 변환된 변수를 사용하여 대체 도표 기능을 사용할 수 있다. 모든 변수에 다중 명목척도 수준이 있는 경우 범주형 주성분분석은 다중대응일치분석과 동일하다. 변수 세트가 관심 대상인 경우 범주형(비선형) 정준상관분석을 사용해야 한다.

Chapter 08

다중대응분석

Chapter 08
다중대응분석

1. 다중대응분석의 기초지식

　다중대응분석(multiple correspondence analysis)은 개체(케이스)와 범주에 계량적 수치를 부여함으로써 범주형(아이템·카테고리형) 데이터를 수량화하는 분석기법이다. 다중대응분석은 대응분석과 유사한 것으로서 네덜란드에서 주로 발전시켜 온 기법이다.

　다중대응분석, 대응분석 등은 외적 기준에 의하지 않고 '내적 일관성'의 원리로부터 범주의 수량화를 실시한다. 내적 일관성의 기준에는 여러 가지의 것이 있으며, 지금까지 다음과 같은 기준이 이용되어 왔다.[1]

　① 분산비(개인간 분산/전 분산 → 최대)　　② 교호평균법
　③ 2변량 상관　　　　　　　　　　　　　　④ 정준상관
　⑤ 동시 선형회귀　　　　　　　　　　　　⑥ 일반화 분산
　⑦ 동질성　　　　　　　　　　　　　　　　⑧ 전개법

　다행인 것은 이들 기준은 모두 동일한 분석법으로 귀착한다는 사실이 알려져 있다. 이들 기준 중 분산비에 의한 방법이 가장 표준적이다.

　이에 대한 이론적인 배경은 관련서적을 참고하기 바란다.

---

1) 노형진, 「다변량해석 - 질적 데이터의 수량화 - 」, 도서출판 석정, 1990, pp. 186~192. 竹內啓, 「統計學辭典」, 東洋經濟新報社, 1989, pp. 371~374.

편의점을 이용하는 사람들이 점차 늘어나면서 그 취급 품목은 물론 영업방식 등에 대한 관심이 높아지고 있다. 그래서 30명의 피험자에게 다음과 같은 앙케트 조사를 실시했다.

|표 8.1| 앙케트 조사표

질문 1. 귀하가 주로 편의점에서 사는 것은 다음 중 어느 것입니까?
1. 도시락   2. 과자   3. 잡지   4. 음료수
질문 2. 귀하는 편의점에서 1회에 얼마 정도 씁니까?
1. 5,000원   2. 10,000원   3. 15,000원
질문 3. 귀하는 1주일에 몇 번 편의점을 이용합니까?
1. 거의 매일   2. 4~5회   3. 2~3회   4. 1회 이하

이 앙케트 조사로부터 알고 싶은 것은 다음과 같은 것들이다.

① 비슷한 범주는 무엇인지를 찾고 싶다. 예를 들면, 도시락을 사는 사람은 거의 매일 편의점에 들리고 있는지 어떤지?

② 비슷한 반응을 보이는 피험자는 누구와 누구인가?

> ### 다중대응분석의 용도

다중대응분석에서 중요한 것은 다음과 같은 범주의 수량화와 이 수량화에 의해서 얻어지는 개체점수이다.

|표 8.2| 범주의 수량화

질문 1의 범주	범주의 수량화	
	차원 1	차원 2
도시락	0.682	0.499
과자	- 0.720	- 1.097
잡지	1.571	- 0.253
음료수	- 0.790	1.203

↑

<표 8 - 1>의 데이터에 대한 분석결과로부터

| 표 8.3 | **개체점수**

피험자	차원 1	차원 2
1	- 0.839	- 1.660
2	- 0.840	1.184
3	0.863	0.490
·	·	·
·	·	·
·	·	·
29	1.668	- 0.139
30	- 0.814	- 0.225

↑

<표 8 - 1>의 데이터에 대한 분석결과로부터

    이 범주의 수량화를 도시(圖示)함으로써 범주와 범주의 관계를 조사할 수 있다.

    그리고 개체점수를 도시함으로써 비슷한 반응을 보이는 피험자를 찾아낼 수 있다.

    <표 8 - 1>의 앙케트 조사에서 문제삼은 세 개의 질문을 2차원 공간에 정리할 수 있다. 물론 원래의 정보를 가능한 한 손상하지 않도록 두 개의 축(차원 1, 차원 2)을 찾아내는 것이 포인트가 된다.

2. 다중대응분석의 실제

앙케트 조사의 결과는 다음과 같다.

| 표 8.4 | **앙케트 조사의 결과**

피험자	질문 1	질문 2	질문 3	피험자	질문 1	질문 2	질문 3
1	2	1	4	16	3	2	2
2	4	3	4	17	4	3	4
3	1	2	1	18	2	1	4
4	1	2	2	19	3	2	3
5	3	2	3	20	1	2	1
6	2	1	4	21	2	3	4

7	4	3	4	22	1	3	4
8	1	2	1	23	2	3	3
9	4	3	4	24	2	3	4
10	3	2	2	25	4	3	1
11	2	1	4	26	2	1	1
12	3	2	3	27	1	2	4
13	2	1	4	28	4	3	4
14	4	3	4	29	3	2	2
15	4	3	4	30	2	3	4

→ **SPSS에 의한 해법**

순서 1 ▸ ▸ ▸ 데이터의 입력(8 – 1.sav)

표 8.4의 데이터를 다음과 같이 입력한다.

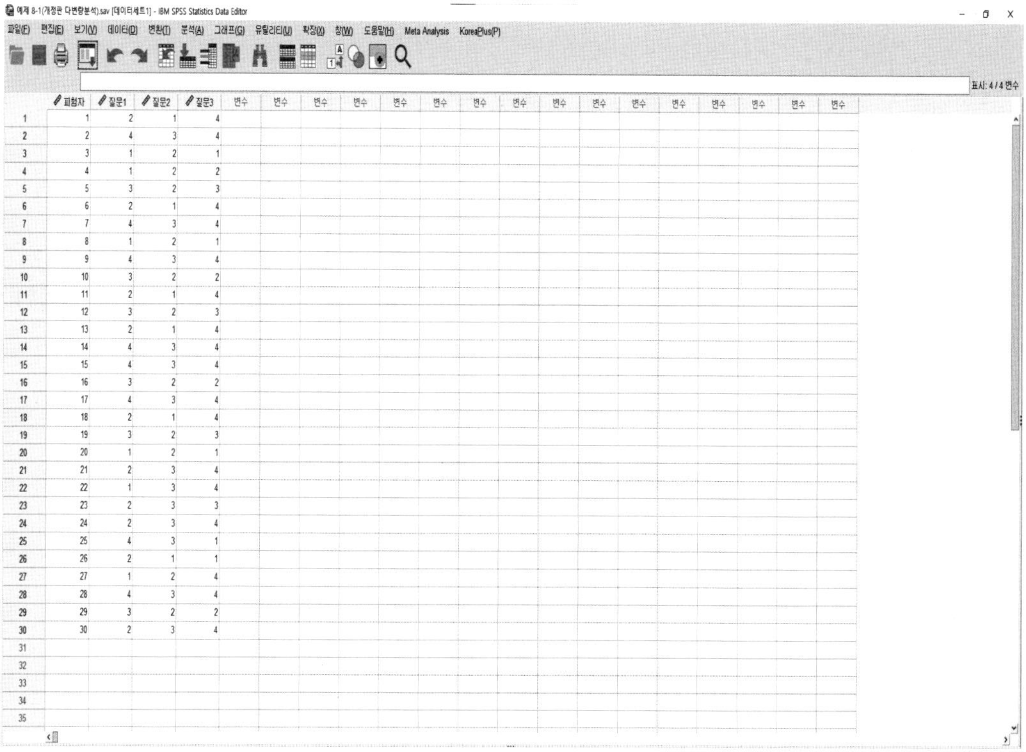

순서 2 ▶ ▶ ▶ 최적화 척도법의 선택

메뉴에서 [분석(A)] - [차원 축소(D)] - [최적화 척도법(O)]을 선택한다.

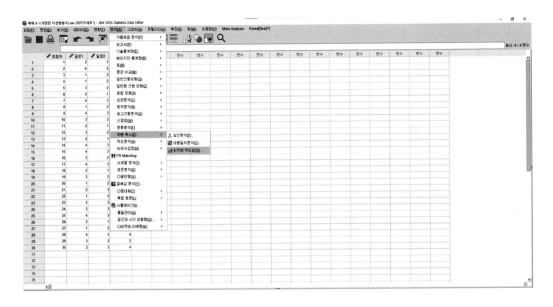

순서 3 ▶ ▶ ▶ 다중대응분석의 선택

다음의 화면이 되면

- 최적 척도 수준 : 모든 변수가 다중 명목변수(A)
- 변수군의 수   : 단일 군(O)

을 선택하면 다중대응분석(다중 대응일치분석)이 된다. 그리고 [정의] 버튼을 클릭한다.

순서 4 ▸ ▸ ▸ 변수의 선택

(1) 다음의 화면이 되면 '질문 1'을 [분석변수(A)] 난에 이동하고, 그 밑에 있는 [변수 가중 값 정의(D)] 버튼을 클릭한다.

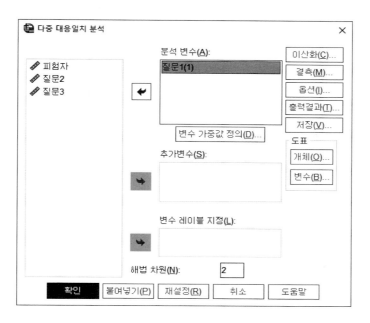

(2) 변수 가중값을 정의하고 싶을 때는 다음의 화면에서 [변수 가중값(V)]의 난에 가중값 을 입력한다. 여기에서는 '1'을 그대로 유지한다.

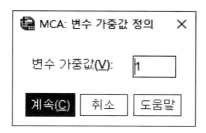

여기에서 [계속] 버튼을 클릭한다.

(3) 다음의 화면으로 되돌아오면 '질문 2', '질문 3'을 각각 클릭해서 [분석변수(A)] 난에 이동한다.

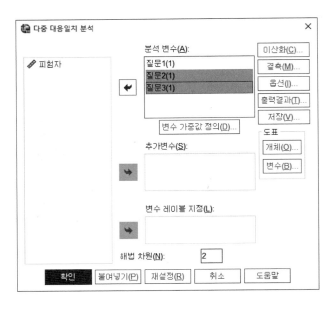

(4) 계속해서 '피험자'를 [변수 레이블 지정(L)]의 난으로 이동하고, [출력결과(T)] 버튼을
클릭한다.

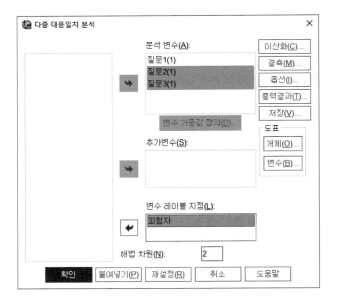

순서 5 ▸ ▸ ▸ 출력결과 설계

[출력결과] 화면이 되면 [개체점수(O)], [판별측도(S)], [변환된 변수간의 상관관계(E)]를

선택한다. 이어서 '질문 1', '질문 2', '질문 3'을 [범주 수량화 및 기여도(T)] 난과 [다음
범주 포함(N)] 난으로 이동하고, '피험자'를 [개체점수 레이블 기준(B)]의 난으로 이동하고
[계속] 버튼을 클릭한다.

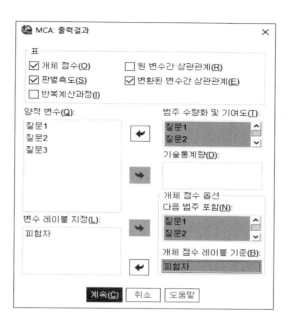

순서 6 ▸ ▸ ▸ 다음의 화면이 되면 [도표] 중의 [개체(O)]를 클릭한다.

순서 7 ▸ ▸ ▸ 개체도표 설계

[개체도표] 화면이 되면 다음과 같이 선택하고, '피험자'를 [선택(E)]의 난으로 이동하고 [계속] 버튼을 클릭한다.

순서 8 ▸ ▸ ▸ 변수도표 설계

순서 6의 화면으로 되돌아오면 [도표] 중의 [변수(B)]를 클릭한다. 다음의 [변수도표] 화면이 되면 '질문 1', '질문 2', '질문 3'을 [결합범주도표(J)]의 난으로 이동하고 [계속] 버튼을 클릭한다.

순서 6의 화면으로 되돌아오면 [옵션(I)]을 클릭한다. 다음의 [옵션] 화면이 되면 그대로 유지하고 [계속] 버튼을 클릭한다.

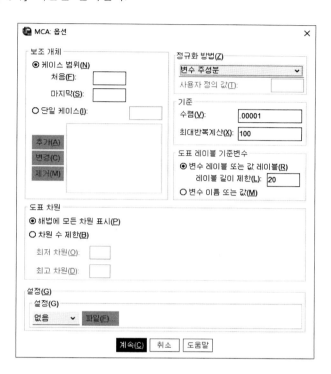

[정규화 방법(Z)]에서는 개체점수나 변수의 정규화를 실시하는 다섯 가지의 옵션을 지정한다.

- 변수 주성분 : 이 옵션을 사용하면 변수간의 관련이 최적화된다. 변수간의 상관에 주로 관심이 있는 경우에 도움이 된다.
- 개체 주성분 : 이 옵션을 사용하면 개체간의 거리가 최적화된다. 개체간의 상위 또는 유사성에 주로 관심이 있는 경우에 도움이 된다.
- 대칭적 : 개체와 변수의 관계에 주로 관심이 있는 경우는 이 정규화 옵션을 사용한다.
- 독립적 : 개체간의 거리 및 변수간의 상관을 따로따로 조사하는 경우는 이 정규화 옵션을 사용한다.
- 사용자 정의 : 폐구간 [-1, 1] 내의 임의의 실수치(實數値)를 지정할 수 있다. 1은 '개체 주성분' 방법에 상당하고, 0은 '대칭적' 방법에 상당하며, -1은 '변수 주성분' 방법에 상당한다. 이 방법은 목적에 따른 바이 플롯 또는 트리 플롯의 작성에 도움이 된다.

순서 6의 화면으로 되돌아오면 [이산화(C)]를 클릭한다. 여기에서는 '지정되지 않음'인 채 [취소] 버튼을 클릭한다. 순서 6의 화면으로 되돌아오면 [확인] 버튼을 클릭한다.

[이산화]란 변수 값의 재할당을 말한다.

[방법(T)]에는 '지정되지 않음', '집단', '순위', '곱하기'가 있다.

- '지정되지 않음'의 경우에 변수는 '정규분포에 따르는 일곱 가지 범주'에 할당된다.
- 문자형 변수는 문자의 오름차순에 따르고, 플러스의 정수(整數)에 범주를 할당한다.

> 분석결과와 결과의 해석방법

(1) 다중대응분석 - 첫째

모형 요약

차원	Cronbach의 알파	설명된 분산		
		전체(고유값)	요약 관성	% 분산
1	.933	2.644	.881	88.136
2	.581	1.632	.544	54.388
전체		4.276	1.425	
평균	.798[a]	2.138	.713	71.262

a. 평균 Cronbach의 알파는 평균 고유값에 기준합니다.

수량화

질문1

포인트: 좌표

범주	빈도	중심값 좌표 차원 1	2
도시락	6	.682	.479
과자	10	-.720	-1.097
잡지	6	1.571	-.253
음료수	8	-.790	1.203

변수 주 정규화

질문2

포인트: 좌표

범주	빈도	중심값 좌표 차원 1	2
5000원	6	-.771	-1.636
10000원	11	1.255	.055
15000원	13	-.706	.708

변수 주 정규화

질문3

포인트: 좌표

범주	빈도	중심값 좌표 차원 1	2
거의매일	5	.344	.257
4-5회	4	1.584	-.026
2-3회	4	1.072	-.397
1회이하	17	-.726	.024

변수 주 정규화

판별측도

	차원 1	2	평균
질문1	.926	.846	.886
질문2	.912	.754	.833
질문3	.806	.032	.419
전체 합	2.644	1.632	2.138
% 분산	88.136	54.388	71.262

판별측도의 차원은 다중대응분석의 범주 수량화 시에 이용한다. 판별측도와 그에 따른 수량화 도표가 다중대응분석의 중심부분이다.

다중대응분석의 범주 수량화는 평균 0, 분산 1의 범주 수량화에 $\sqrt{\text{판별측도의 차원}}$ 을 곱해서 구한 것이다.

(2) 다중대응분석 - 둘째

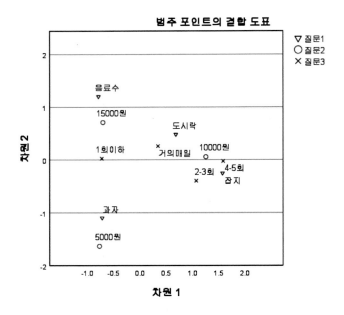

범주 포인트의 결합도표는 중심점 좌표를 평면(차원 1, 차원 2) 상에 도시(圖示)한 것이다. 이것이 다중대응분석의 중심부분이다. 이 그림을 보고 있으면 '도시락'과 '거의 매일'은 가까우므로 도시락을 사는 사람은 거의 매일 편의점에 들르고 있다는 것을 알 수 있다. 그리고 음료수를 주로 사는 사람은 1회에 15,000원 정도를 쓰고 있다는 것을 미루어 짐작할 수 있다.

그 밖에도 여러 가지 재미있는 현상을 발견할 수 있을 것이다.

그런데 도시락의 경우에 중심점 좌표는 (0.682, 0.479)이므로, 다음과 같이 도시되고 있다.

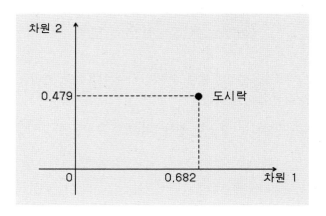

(3) 다중대응분석 - 셋째

개체 점수

피험자	차원 1	차원 2	질문1	질문2	질문3
1	-.839	-1.660	과자	5000원	1회이하
2	-.840	1.184	음료수	15000원	1회이하
3	.863	.490	도시락	10000원	거의매일
4	1.332	.313	도시락	10000원	4-5회
5	1.474	-.368	잔지	10000원	2-3회
6	-.839	-1.660	과자	5000원	1회이하
7	-.840	1.184	음료수	15000원	1회이하
8	.863	.490	도시락	10000원	거의매일
9	-.840	1.184	음료수	15000원	1회이하
10	1.668	-.139	잔지	10000원	4-5회
11	-.839	-1.660	과자	5000원	1회이하
12	1.474	-.368	잔지	10000원	2-3회
13	-.839	-1.660	과자	5000원	1회이하
14	-.840	1.184	음료수	15000원	1회이하
15	-.840	1.184	음료수	15000원	1회이하
16	1.668	-.139	잔지	10000원	4-5회
17	-.840	1.184	음료수	15000원	1회이하
18	-.839	-1.660	과자	5000원	1회이하
19	1.474	-.368	잔지	10000원	2-3회
20	.863	.490	도시락	10000원	거의매일
21	-.814	-.225	과자	15000원	1회이하
22	-.283	.743	도시락	15000원	1회이하
23	-.134	-.484	과자	15000원	2-3회
24	-.814	-.225	과자	15000원	1회이하
25	-.436	1.330	음료수	15000원	거의매일
26	-.434	-1.514	과자	5000원	거의매일
27	.458	.344	도시락	10000원	1회이하
28	-.840	1.184	음료수	15000원	1회이하
29	1.668	-.139	잔지	10000원	4-5회
30	-.814	-.225	과자	15000원	1회이하

변수 주 정규화

개체점수는 중심점 좌표의 합계

	질문 1	질문 2	질문 3	합계		개체점수
	↓	↓	↓	↓		↓

피험자 1 $(-0.720) + (-0.771) + (-0.726) = -2.217 \Rightarrow \dfrac{-2.217 - 0}{2.64} = -0.839$

피험자 2 $(-0.790) + (-0.706) + (-0.726) = -2.222 \Rightarrow \dfrac{-2.222 - 0}{2.64} = -0.840$

$\vdots$

피험자 30 $(-0.720) + (-0.706) + (-0.726) = -2.152 \Rightarrow \dfrac{-2.152 - 0}{2.64} = -0.814$

를 평균 0, 분산 1로 표준화하고 있다.

> ▶ 다중대응분석과 대응분석(correspondence analysis)의 차이는 다음과 같다.
>
> 　1. 다중대응분석은 동질성분석과 같은 분석이다.
> 　　 분석에 이용하는 변수의 수는 2개 이상이다.
> 　2. 대응분석은 대응일치분석과 같은 분석이다.
> 　　 분석에 이용하는 변수의 수는 2개이다.

(4) 다중대응분석 - 넷째

각 피험자의 개체점수를 평면상에 그래프로 표현한 것이 다음의 '대상 포인트 레이블 기준변수 피험자' 그래프이다. 이 그림으로부터 비슷한 반응을 보이는 피험자는 누구와 누구인지 조사할 수 있다.

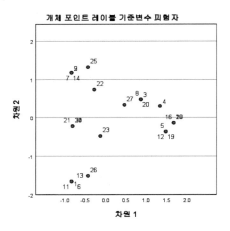

(5) 다중대응분석 - 다섯째

판별측도

	차원 1	차원 2	평균
질문1	.926	.846	.886
질문2	.912	.754	.833
질문3	.806	.032	.419
전체 합	2.644	1.632	2.138
% 분산	88.136	54.388	71.262

판별측도의 차원 1과 차원 2의 좌표 값을 평면상에 나타내면 다음과 같은 그래프가 된다. 이 그림으로부터 원래의 정보가 각 차원으로 설명되는 정도를 볼 수가 있다. 질문 1과 질문 2의

정보는 차원 1과 차원 2로는 충분히 설명될 수 없고, 질문 3의 정보는 차원 1로 설명되는 비율이 높다는 것을 알 수 있다.

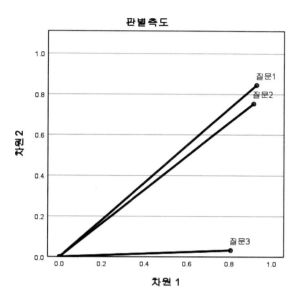

(6) 다중대응분석 - 여섯째

중심점 좌표와 개체점수를 동일 평면상에 그래프로 표현하면 다음과 같다.

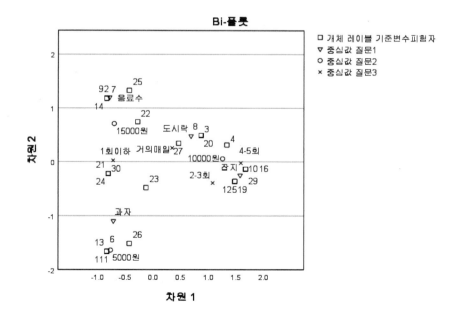

대학생 30명에게 다음과 같은 질문을 했다.

Q 1. 다음의 네 가지 주류 중에 귀하가 가장 좋아하는 것은 어느 것입니까?
   1. 소주   2. 맥주   3. 청주   4. 양주

Q 2. 다음의 다섯 가지 안주 중에서 가장 즐겨 먹는 것은 어느 것입니까?
   1. 오징어   2. 땅콩   3. 두부김치   4. 김치찌개
   5. 통닭

Q 3. 귀하의 1주일 동안 술값(안주값 포함)은 평균적으로 얼마나 됩니까?
   1. 3000원 미만   2. 3000원~5000원
   3. 5000원~10000원   4. 10000원 이상

이 회답결과를 일람표로 한 것이 다음의 데이터표이다.

|표 8.5| **데이터표**

주류	안주	술값	주류	안주	술값
1	1	2	4	2	4
1	2	3	3	2	4
2	2	4	3	1	3
2	3	4	1	1	4
2	3	3	2	1	4
3	4	4	2	2	4
4	2	3	2	3	3
1	5	3	1	2	3
1	4	4	1	2	2
1	4	4	3	4	3
2	5	4	3	5	4
3	3	3	4	1	3
1	3	2	3	2	4
1	1	1	2	1	4
2	2	1	1	1	1

이 데이터를 다중대응분석으로 처리하라.

순서 1 ▸ ▸ ▸ 데이터의 입력(8 – 2.sav)

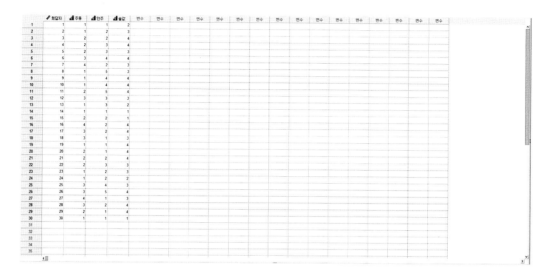

순서 2 ▸ ▸ ▸ 최적화 척도법의 선택

메뉴에서 [분석(A)] - [차원 축소(D)] - [최적화 척도법(O)]을 선택한다.

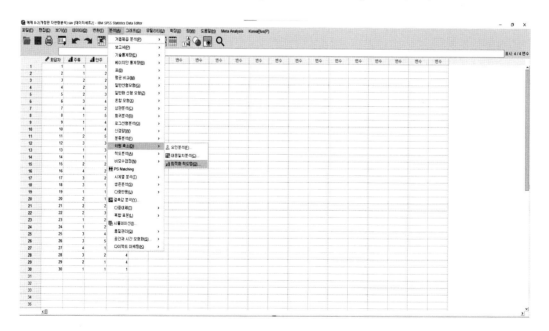

다음의 화면이 되면

- 최적화 척도 수준 : 모든 변수가 다중명목 변수(A)
- 변수군의 수　　　 : 단일 군(O)

을 선택하면 다중대응분석(다중 대응일치분석)이 된다. 그리고 [정의] 버튼을 클릭한다.

순서 4 ▸ ▸ ▸ 변수의 선택

(1) 다음의 화면이 되면 '주류'를 [분석변수(A)] 난에 이동하고, 그 밑에 있는 [변수 가중값 정의(D)] 버튼을 클릭한다.

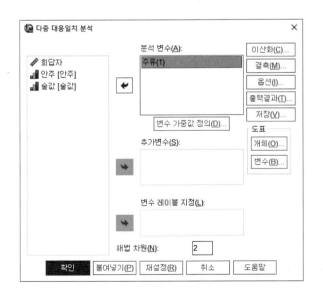

(2) 변수 가중값을 정의하고 싶을 때는 다음의 화면에서 [변수 가중값(V)]의 난에 가중값을 입력한다. 여기에서는 '1'을 그대로 유지한다.

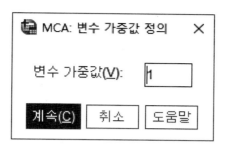

여기에서 [계속] 버튼을 클릭한다.

(3) 다음의 화면으로 되돌아오면 '안주', '술값'을 각각 클릭해서 [분석변수(A)] 난에 이동한다.

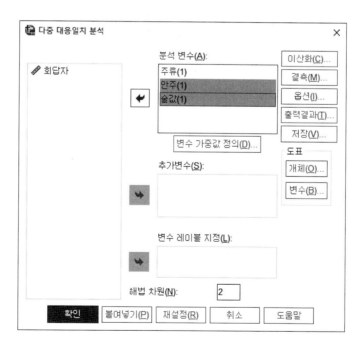

(4) 계속해서 '회답자'를 [변수 레이블 지정(L)]의 난으로 이동하고, [출력결과(T)] 버튼을 클릭한다.

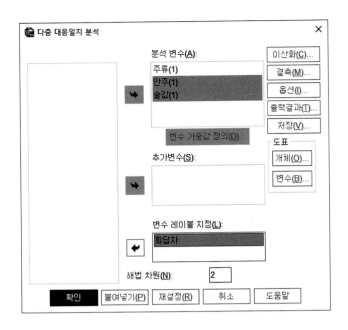

순서 5 ▸ ▸ ▸ 출력결과 설계

[출력결과] 화면이 되면 [개체점수(O)], [판별측도(S)], [변환된 변수간 상관관계(E)]를 선택한다. 이어서 '주류', '안주', '술값'을 [범주 수량화 및 기여도(T)] 난과 [다음 범주 포함(N)] 난으로 이동하고, '회답자'를 [개체점수 레이블 기준(B)]의 난으로 이동하고 [계속] 버튼을 클릭한다.

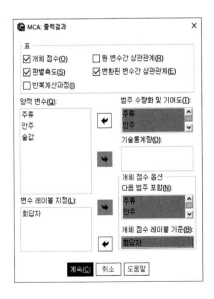

순서 6 ▸ ▸ ▸ 다음의 화면이 되면 [도표] 중의 [개체(O)]를 클릭한다.

순서 7 ▸ ▸ ▸ 개체도표 설계

[개체도표] 화면이 되면 다음과 같이 선택하고, '회답자'를 [선택(E)]의 난으로 이동하고 [계속] 버튼을 클릭한다.

순서 8 ▸ ▸ ▸ 변수도표 설계

순서 6의 화면으로 되돌아오면 [도표] 중의 [변수(B)]를 클릭한다. 다음의 [변수도표] 화면이 되면 '주류', '안주', '술값'을 [결합범주도표(J)]의 난으로 이동하고 [계속] 버튼을 클릭한다.

순서 9 ▸ ▸ ▸ 옵션의 선택

순서 6의 화면으로 되돌아오면 [옵션(I)]을 클릭한다. 다음의 [옵션] 화면이 되면 그대로 유지하고 [계속] 버튼을 클릭한다.

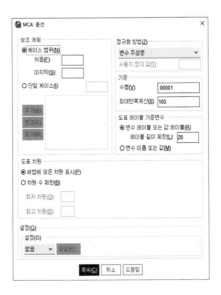

순서 10 ▸ ▸ ▸ 이산화

순서 6의 화면으로 되돌아오면 [이산화(C)]를 클릭한다. 여기에서는 '지정되지 않음'인 채 [취소] 버튼을 클릭한다. 순서 6의 화면으로 되돌아오면 [확인] 버튼을 클릭한다.

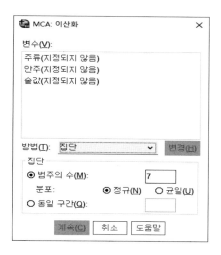

[이산화]란 변수 값의 재할당을 말한다.

[방법(T)]에는 '지정되지 않음', '집단', '순위', '곱하기'가 있다.

- '지정되지 않음'의 경우에 변수는 '정규분포에 따르는 일곱 가지 범주'에 할당된다.
- 문자형 변수는 문자의 오름차순에 따르고, 플러스의 정수(整數)에 범주를 할당한다.

> **분석결과와 결과의 해석방법**

(1) 다중대응분석 - 첫째

범주 수량화를 평면(차원 1, 차원 2) 상에 도시한 것이다.

범주 수량화(category quantification) 도표는 각 범주에 부여되는 수치인 범주 수량화 점수에 따라서 위치하게 된다. 이것은 한 범주에 속한 모든 대상의 평균 개체점수를 의미한다.

가로축(차원 1)은 음의 방향에서 양의 방향으로 갈수록 술값이 높아지고 있는 것으로 보아 술값을 나타내는 축으로 해석할 수 있다. 반면에 세로축(차원 2)은 주류와 안주의 소비습성을 나타내는 축으로 볼 수 있다.

청주를 선호하는 소비자들이 가장 많은 술값을 지출하고 있으며 안주는 통닭을 선호하는 것으로 나타났다. 반면에 소주를 선호하는 소비자들이 가장 적은 술값을 지출하고 있으며 그들이 선호하는 안주는 오징어인 것으로 나타났다. 맥주와 양주를 선호하는 소비자들은 다소 유사한 소비 패턴을 가지고 있는 것으로 나타났다.

이와 같이 다중대응분석의 목적은 같은 범주에 속한 대상들이 도표 상에 가까이 위치하고 다른 범주에 속한 대상들과는 멀리 떨어지도록 하는 데 있다.

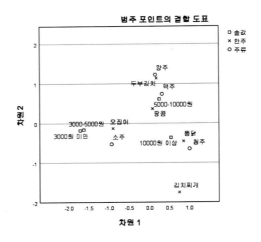

(2) 다중대응분석 - 둘째

개체점수는 중심점 좌표의 합계를 평균 0, 분산 1로 표준화한 것이다.

개체 점수

회답자	차원 1	차원 2	주류	안주	술값
1	-2.127	-.600	소주	오징어	3000-5000원
2	-.362	.322	소주	땅콩	5000-10000원
3	.561	.533	맥주	땅콩	10000원 이상
4	.618	1.078	맥주	두부김치	10000원 이상
5	.446	1.771	맥주	두부김치	5000-10000원
6	1.363	-1.966	청주	김치찌개	10000원 이상
7	.288	1.578	양주	땅콩	5000-10000원
8	.098	-.268	소주	통닭	5000-10000원
9	.206	-1.883	소주	김치찌개	10000원 이상
10	.206	-1.883	소주	김치찌개	10000원 이상
11	1.021	-.057	맥주	통닭	10000원 이상
12	.853	.784	청주	두부김치	5000-10000원
13	-1.483	.301	소주	두부김치	3000-5000원
14	-2.074	-.582	소주	오징어	3000원 미만
15	-.737	.677	맥주	땅콩	3000원 미만
16	.460	.884	양주	땅콩	10000원 이상
17	.967	-.454	청주	땅콩	10000원 이상
18	.209	-.116	청주	오징어	5000-10000원
19	-.777	-.726	소주	오징어	10000원 이상
20	-.026	.178	맥주	오징어	10000원 이상
21	.561	.533	맥주	땅콩	10000원 이상
22	.446	1.771	맥주	두부김치	5000-10000원
23	-.362	.322	소주	땅콩	5000-10000원
24	-1.541	-.244	소주	땅콩	3000-5000원
25	1.191	-1.273	청주	김치찌개	5000-10000원
26	1.428	-1.045	청주	통닭	10000원 이상
27	-.299	1.222	양주	오징어	5000-10000원
28	.967	-.454	청주	땅콩	10000원 이상
29	-.026	.178	맥주	오징어	10000원 이상
30	-2.074	-.582	소주	오징어	3000원 미만

변수 주 정규화

각 회답자의 개체점수를 평면상에 그래프로 표현한 것이 다음의 '개체 포인트 레이블 기준변수 회답자' 그래프이다. 이 그림으로부터 비슷한 반응을 보이는 회답자는 누구와 누구인지 조사할 수 있다.

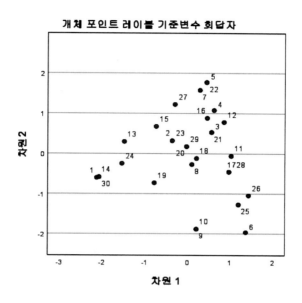

(3) 다중대응분석 - 셋째

중심점 좌표와 개체점수를 동일 평면상에 그래프로 표현하면 다음과 같다.

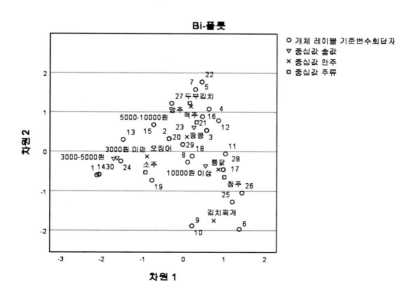

예제 8-3

25명의 고등학생들에게 다음과 같은 질문을 했다.

질문 X.	다음 중 좋아하는 과목에는 ○표를 하고 싫어하는 과목에는 ×표를 하시오.			
	1. 국어	2. 수학	3. 영어	4. 과학
	5. 사회	6. 국사	7. 지리	8. 윤리
질문 Y.	다음 중 좋아하는 직업에는 ○표를 하고 싫어하는 직업에는 ×표를 하시오.			
	1. 교사	2. 의사	3. 경찰	4. 교수
	5. 공무원	6. 변호사	7. 방송인	8. 회사원

이 회답결과를 일람표로 한 것이 다음 <표 8 - 6>의 데이터표이다. 표 중에서 1은 ○표를 한 것이고 2는 ×표를 한 것을 의미한다.

|표 8.6| 데이터표

회답자	좋아하는 과목								좋아하는 직업							
	1	2	3	4	5	6	7	8	1	2	3	4	5	6	7	8
1	1	2	1	2	1	1	2	1	1	2	2	1	1	2	1	2
2	2	1	2	1	1	2	1	1	2	1	2	1	2	1	2	2
3	1	1	1	2	1	2	1	2	2	1	2	2	2	1	1	2
4	2	2	1	2	1	2	1	2	2	2	2	1	2	2	1	1
5	1	2	2	1	1	2	1	1	2	2	1	2	1	1	1	2
6	1	2	1	2	1	1	1	1	1	2	1	2	1	1	1	1
7	2	1	1	1	2	2	1	2	1	1	2	1	2	1	2	2
8	1	1	1	1	2	2	1	2	2	1	1	1	2	1	2	2
9	2	2	1	2	1	1	1	1	2	2	2	1	2	2	1	1
10	1	2	1	2	1	2	1	2	1	2	2	1	2	1	1	2
11	1	1	2	1	1	2	1	2	2	1	2	1	2	1	2	2
12	2	2	1	1	1	2	1	2	2	2	1	2	1	1	2	2
13	1	1	1	2	1	1	1	2	2	1	2	1	1	1	2	2
14	1	2	1	1	2	2	2	1	1	2	1	1	2	1	1	2
15	2	1	1	1	2	1	2	2	2	2	1	2	2	1	1	1
16	2	1	2	1	2	2	2	2	2	1	2	1	2	2	2	2
17	1	2	1	2	1	2	1	2	1	2	2	1	2	1	1	2
18	2	1	2	1	2	2	1	2	2	1	2	2	1	1	2	2
19	2	2	1	2	1	1	1	2	2	2	2	1	2	2	1	1
20	1	1	1	2	1	1	1	1	2	1	2	1	1	1	2	2
21	2	1	1	2	1	1	1	1	2	2	2	1	1	1	1	2
22	1	1	1	1	1	2	1	2	2	1	2	1	2	1	2	2
23	2	1	1	1	2	1	2	2	2	2	1	1	1	1	2	2
24	2	2	2	1	2	1	2	2	2	2	1	2	1	1	2	2
25	1	1	2	2	1	1	1	1	2	2	1	2	1	1	2	2

이 데이터를 다중대응분석으로 처리하라.

순서 1 ▸ ▸ ▸ 데이터의 입력(8 – 3.sav)

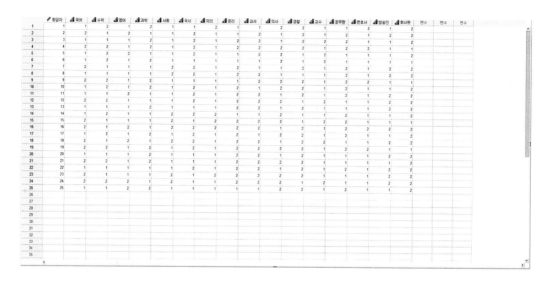

순서 2 ▸ ▸ ▸ 최적화 척도법의 선택

메뉴에서 [분석(A)] - [차원 축소(D)] - [최적화 척도법(O)]을 선택한다.

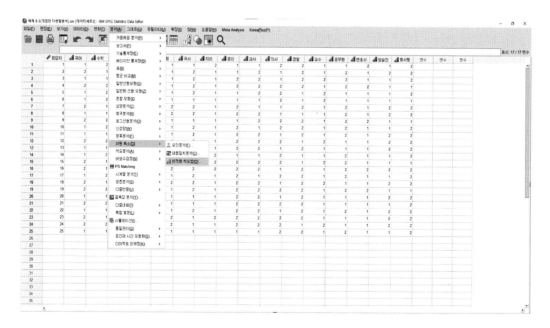

순서 3 ▸ ▸ ▸ 다중대응분석의 선택

다음의 화면이 되면
- 최적화 척도 수준 : 모든 변수가 다중명목 변수(A)
- 변수군의 수   : 단일 군(O)

을 선택하면 다중대응분석이 된다. 그리고 [정의] 버튼을 클릭한다.

순서 4 ▸ ▸ ▸ 변수의 선택

(1) 다음의 화면이 되면 '국어'를 [분석변수(A)] 난에 이동하고, 그 밑에 있는 [변수 가중값
정의(D)] 버튼을 클릭한다.

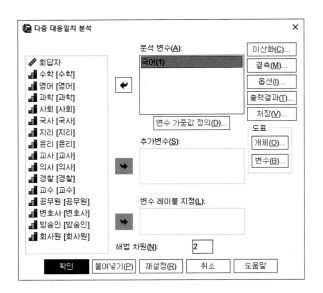

(2) 변수 가중값을 정의하고 싶을 때는 다음의 화면에서 [변수 가중값(V)]의 난에 가중값을 입력한다. 여기에서는 '1'을 그대로 유지한다.

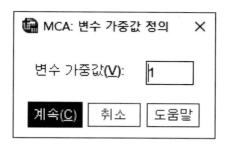

여기에서 [계속] 버튼을 클릭한다.

(3) 다음의 화면으로 되돌아오면 '수학', …, '윤리'와 '교사', …, '회사원'을 각각 클릭해서 [분석변수(A)] 난에 이동한다.

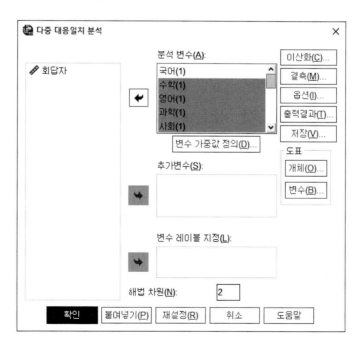

(4) 계속해서 '회답자'를 [변수 레이블 지정(L)]의 난으로 이동하고, [출력결과(T)] 버튼을 클릭한다.

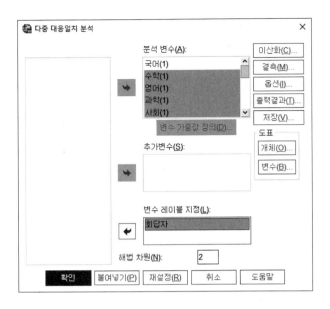

순서 5 ▶ ▶ ▶ 출력결과 설계

[출력결과] 화면이 되면 [개체점수(O)], [판별측도(S)], [변환된 변수간 상관관계(E)]를 선택한다. 이어서 '국어', '수학', …, '회사원'을 [범주 수량화 및 기여도(T)] 난과 [다음 범주 포함(N)] 난으로 이동하고, '회답자'를 [개체점수 레이블 기준(B)]의 난으로 이동하고 [계속] 버튼을 클릭한다.

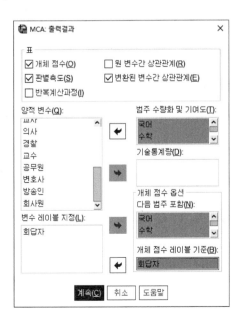

순서 6 ▸ ▸ ▸ 다음의 화면이 되면 [도표] 중의 [개체(O)]를 클릭한다.

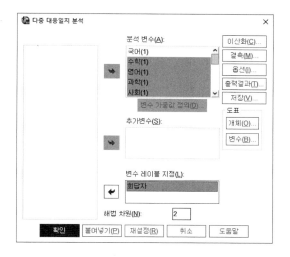

순서 7 ▸ ▸ ▸ 개체도표 설계

[개체도표] 화면이 되면 다음과 같이 선택하고, '회답자'를 [선택(E)]의 난으로 이동하고 [계속] 버튼을 클릭한다.

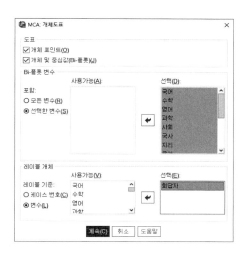

순서 8 ▸ ▸ ▸ 변수도표 설계

순서 6의 화면으로 되돌아오면 [도표] 중의 [변수(B)]를 클릭한다. 다음의 [변수도표] 화면이 되면 '국어', '수학', …, '회사원'을 [결합범주도표(J)]의 난으로 이동하고 [계속] 버튼을 클릭한다.

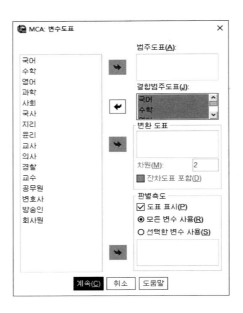

순서 9 ▸ ▸ ▸ 옵션의 선택

순서 6의 화면으로 되돌아오면 [옵션(I)]을 클릭한다. 다음의 [옵션] 화면이 되면 그대로 유지하고 [계속] 버튼을 클릭한다.

순서 6의 화면으로 되돌아오면 [이산화(C)]를 클릭한다. 여기에서는 '지정되지 않음'인 채 [취소] 버튼을 클릭한다. 순서 6의 화면으로 되돌아오면 [확인] 버튼을 클릭한다.

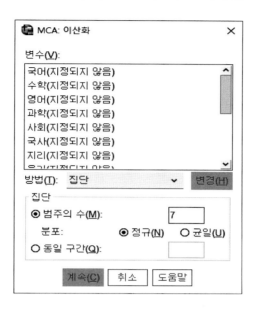

[이산화]란 변수 값의 재할당을 말한다.

[방법(T)]에는 '지정되지 않음', '집단', '순위', '곱하기'가 있다.

- '지정되지 않음'의 경우에 변수는 '정규분포에 따르는 일곱 가지 범주'에 할당된다.
- 문자형 변수는 문자의 오름차순에 따르고, 플러스의 정수(整數)에 범주를 할당한다.

> **분석결과와 결과의 해석방법**

(1) 다중대응분석 - 첫째

범주 수량화(category quantification) 도표가 출력되는데, 각 범주에 부여되는 수치인 범주 수량화 점수에 따라서 위치하게 된다. 이것은 한 범주에 속한 모든 개체의 평균 개체점수를 의미한다.

과목과 직업 각각의 선호도 패턴을 읽을 수 있어 (국어, 영어, 사회, 지리)가 비슷하며, (교사, 방송인, 회사원) 및 (경찰, 공무원)이 비슷한 선호도를 보이고 있다. 또한 상호 관련성도 간파할 수 있어 특히 눈에 띄는 것은 (수학, 의사)와 (과학, 변호사)의 관련이 깊은 것으로 나타나 있다.

다중대응분석의 목적은 같은 범주에 속한 개체들이 도표 상에 가까이 위치하게 하고 다른 범주에 속한 개체들과는 멀리 떨어지도록 하는 데 있다.

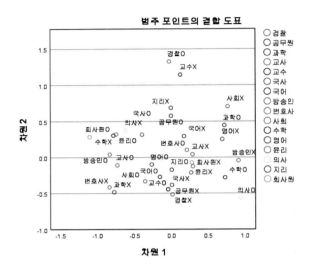

(2) 다중대응분석 - 둘째

개체점수는 중심점 좌표의 합계를 평균 0, 분산 1로 표준화한 것이다.

각 회답자의 개체점수를 평면상에 그래프로 표현한 것이 다음의 '개체 포인트 레이블 기준변수 회답자' 그래프이다. 이 그림으로부터 비슷한 반응을 보이는 회답자는 누구와 누구인지 알아볼 수 있다.

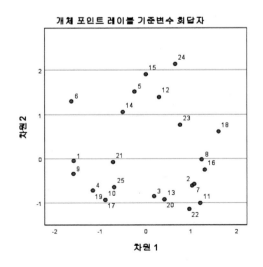

(3) 다중대응분석 - 셋째

중심점 좌표와 개체점수를 동일 평면상에 그래프로 표현하면 다음과 같다.

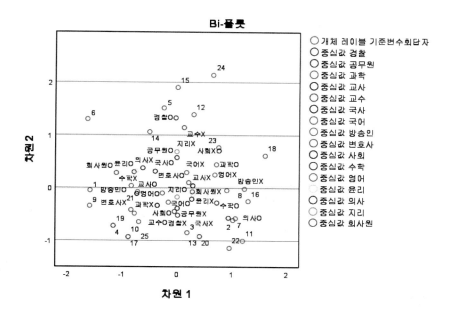

TIPS!

직업이 갖는 중요한 의미들

어느 사회에서나 인간의 삶 속에서 나타나는 직업은 다음과 같은 세 가지 중요한 의미를 지니고 있다.

종류	내용
경제적 의미	● 인간 개개인에게 일할 기회를 제공하여 경제생활을 영위하게 해줌 ● 직업을 얻으려는 동기는 노동의 대가로 소득을 위함
사회적 의미	● 오늘날에는 직업에 따라 사회적 역할이 분담됨 ● 사회의 조직적이고 유기적인 분업 관계에서 사회적 분업단위의 지분을 수행함 ● 직업을 통해 사회에 기여하고 봉헌함 ● 직업은 사회발전 및 유지에 도움이 되어야 함
심리적 의미	● 자신의 이상을 실현하게 함 ● 인간의 잠재적 능력, 소질, 적성 등을 계발함 ● 자신이 가지고 있는 여러 욕구를 충족함 ● 인간적인 인격을 완성함

Chapter 09

대응분석

Chapter 09

대응분석

1. 대응분석과 분할표

1) 분할표의 시각화

질적 데이터 혹은 비계량 데이터에 대한 분석법은 많은 연구자들이 서로 다른 영역에서 각각 독자적인 이름 아래 독립적으로 발전시켜 왔다고 하는 흥미 있는 역사적 배경을 가지고 있다. 프랑스의 Benzecri에 의해서 개발되어 대성공을 거둔 대응분석(correspondence analysis)을 북미지역에 소개하고자 했을 때, 이미 미국에서는 최적화 척도법(optimal scaling)이란 이름으로 다수의 연구가 이루어져 있어 전혀 새로운 것이 아니었다. 또한 캐나다에서는 쌍대척도법(dual scaling)이란 이름으로 여러 분야에 응용되고 있었으며, 일본에서는 수량화이론(quantification theory), 네덜란드에서는 동질성분석(homogeneity analysis) 등 각 나라마다 다른 이름 아래 서로 다른 언어로써 독립적으로 발전해 왔다. 위의 기법들은 외견상은 다르지만 결국은 같은 기법이란 것이 보고되고 있다. 즉, 이들 기법은 모두 고유방정식을 푸는 문제로 귀착하게 된다.

대응분석(correspondence analysis)은 앙케트의 질문에 대한 회답의 패턴에 주목하여, 패턴이 비슷한 회답자(개인 또는 집단)와 비슷하지 않은 회답자를 분류하기 위한 기법이다. 이 기법은 질문항목끼리의 관계도 동시에 분석할 수 있다.

대응분석은 분할표의 행과 열의 정보를 2차원 또는 3차원상의 그림에 표현하는 것을 목적의 하나로 한 수법으로 분할표의 상세한 분석에 적합하다. 또한 대응분석은 분할표뿐만 아니라 복수선택형식의 질문에서 얻어진 데이터표의 분석에도 적용이 가능하므로, 선택지의 분류나 회답자의 분류에 활용할 수 있다. 더욱이 대응분석을 확장한 다중대응분석은 질문항목과 회답결과를 회답자마다 일람한 표의 분석에 적용할 수 있다. 이러한 사실로부터 대응분석은 앙케트 조사의 데이터 분석에서 매우 유효한 수법이라고 생각할 수 있다. 덧붙여서 말하면 대응분석은 대응일치분석 혹은 응답분석이라고 하는 명칭으로도 불리고 있다.

대응분석은 다음과 같은 세 가지 타입의 데이터표에 적용할 수 있다.

① 분할표

② 아이템·카테고리형 데이터표

③ (0, 1)형 데이터표

본서에서는 분할표와 (0, 1)형 데이터표를 다루기로 한다.

대응분석은 다음과 같이 두 가지의 기법으로 나눌 수 있다.

(A) 단순대응분석(일반적으로는 이것을 대응분석이라고 부른다)

(B) 다중대응분석

분할표를 처리할 때는 (A)의 단순대응분석을 이용한다. 아이템·카테고리형 데이터표나 (0, 1)형 데이터표를 처리할 때는 (A)의 단순대응분석 혹은 (B)의 다중대응분석을 이용한다.

> **간단한 예**

어떤 고등학교의 2학년생에게 국어, 영어, 수학, 과학, 사회의 다섯 과목 중에서 어느 과목을 가장 좋아하는지 질문했다. 그리고 클래스마다 사람수를 집계한 결과가 다음의 분할표와 같다. 클래스는 모두해서 다섯 개(A, B, C, D, E)가 있다.

	A	B	C	D	E
국어	8	22	5	6	20
영어	7	7	12	6	13
수학	21	11	7	7	6
과학	8	5	6	8	5
사회	6	5	20	23	6

이 분할표를 관찰하면, 다음과 같은 것을 알 수 있다.

- B와 E는 국어를 좋아하는 학생이 많다고 하는 점에서 비슷하다.
- C와 D는 사회를 좋아하는 학생이 많다고 하는 점에서 비슷하다.

- C와 E는 영어를 좋아하는 학생이 많다고 하는 점에서 비슷하다.
- A는 수학을 좋아하는 학생이 많다.
- 과학은 어느 클래스에서도 좋아하는 학생이 적다.

그런데 이 분할표에 대응분석을 적용하면 다음과 같은 그래프가 작성된다.

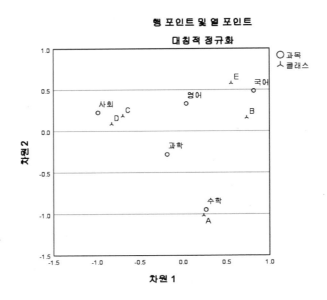

분할표의 정보가 그래프에 잘 표현되어 있는 것을 알 수 있다.

대응분석은 분할표의 행과 열, 행과 행, 열과 열의 관계를 분석하여 그 결과를 그래프로 표현하는 기법이다. 대응분석에서는 비슷한 열의 구성이 되는 행끼리는 가깝게 배치되고, 비슷한 행의 구성이 되는 열끼리는 가깝게 배치되어 관계가 강한 행과 열은 가까이 배치되도록 좌표의 수치를 산출하고 있다.

2) 대응분석의 실제

 9-1

어떤 상품에 대한 만족도를 5단계 평가로 400명에게 질문했다. 그 회답결과를 학생, 회사원, 주부, 사업가의 네 그룹으로 나누어 집계하여 다음과 같은 분할표로 정리했다. 이 분할표를 대응분석으로 분석하라.

	불만	약간 불만	어느 쪽도 아님	약간 만족	만족
학생	5	14	40	28	13
회사원	30	40	15	10	5
주부	5	10	15	30	40
사업가	10	18	25	40	7

> **카테고리**

SPSS에서 대응분석을 실시하려면 'SPSS Categories'라고 하는 옵션 제품이 필요하다. SPSS Categories에는 다음과 같은 분석기법이 포함되어 있다.

① 대응분석(단순대응분석, 다중대응분석)

② 컨조인트 분석

③ 범주형 주성분분석

④ 비선형 정준상관분석

> **SPSS에 의한 대응분석**

순서 1 ▸ ▸ ▸ 데이터의 입력(9-1.sav)

여기에서는 집계가 끝난 데이터를 입력하는 방식으로 실시한다. 분할표에 있어서 행의 정보를 나타내는 변수, 열의 정보를 나타내는 변수, 사람수를 나타내는 변수 등의 세 변수를 준비해서 데이터를 입력한다.

행의 정보를 나타내는 변수에는 '그룹', 열의 정보를 나타내는 변수에는 '만족도', 사람수를 나타내는 변수에는 '사람수'라고 하는 변수명을 각각 붙여 놓는다. 그리고 '사람수'는 빈도변수를 지정해 놓는다.

순서 2 ▸ ▸ ▸ 대응분석의 선택

메뉴에서 [분석(A)] - [차원 축소(D)] - [대응일치분석(C)]을 선택한다.

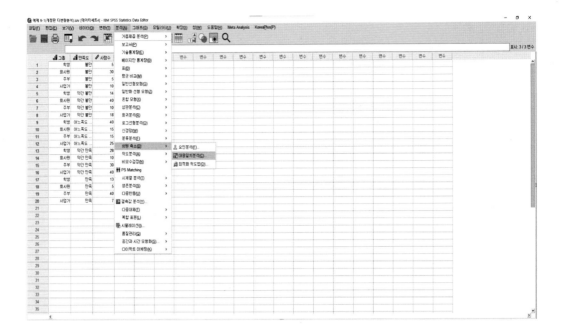

↓ (대화상자가 나타난다)

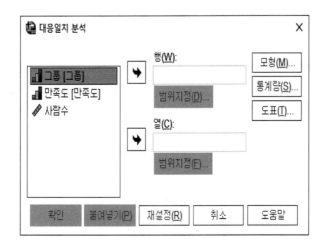

순서 3 ▸ ▸ ▸ 변수의 선택

[행(W)]으로서 '그룹', [열(C)]로서 '만족도'를 선택한다.

[범위지정]은 '그룹'에 대해서는 4개의 그룹이 있으므로, 최소값을 1, 최대값을 4로 한다. '만족도'에 대해서는 5단계이므로 최소값을 1, 최대값을 5로 한다.

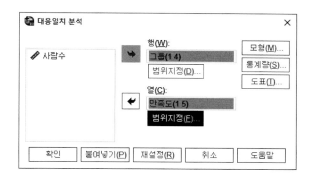

순서 4 ▸ ▸ ▸ 모형의 선택

[모형(M)] 버튼을 클릭하면 [대응일치분석 : 모형] 대화상자가 나타난다. 다음과 같이 초기 지정상태대로 지정한다.

여기에서 주의할 점은 [정규화 방법]이다. 이것은 다음의 네 가지 중 어느 하나를 적절히 선택하여 사용한다.

① 행과 열의 양쪽에 관심이 있고, 또한 행과 열의 관계에도 관심이 있다. → 대칭적
② 행과 열의 양쪽에 관심이 있고, 단 행과 열의 관계에는 관심이 없다. → 주성분
③ 행에만 관심이 있다. → 행 주성분
④ 열에만 관심이 있다. → 열 주성분

[계속] 버튼을 클릭하면 앞의 화면으로 복귀한다.

순서 5 ▸ ▸ ▸ 변수의 선택

[통계량(S)] 버튼을 클릭하고 다음과 같이 지정한 다음 [계속] 버튼을 클릭한다.

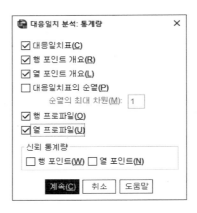

순서 6 ▸ ▸ ▸ 도표의 선택

[도표(T)] 버튼을 클릭하고 다음과 같이 지정한 다음 [계속] 버튼을 클릭한다.

[대응일치분석] 대화상자로 되돌아와서 [확인] 버튼을 클릭하면 분석결과를 얻을 수 있다.

대응일치표

그룹				만족도		
	불만	약간 불만	어느쪽도 아님	약간 만족	만족	주변 합
학생	5	14	40	28	13	100
회사원	30	40	15	10	5	100
주부	5	10	15	30	40	100
사업가	10	18	25	40	7	100
주변 합	50	82	95	108	65	400

요약

차원	비정칙값	요약 관성	카이제곱	유의확률	관성비율		신뢰 비정칙값	상관관계 2
					설명됨	누적	표준편차	
1	.490	.240			.668	.668	.044	.257
2	.313	.098			.273	.941	.050	
3	.145	.021			.059	1.000		
전체		.359	143.673	.000[a]	1.000	1.000		

a. 자유도 12

- 비정칙값: 행 점수와 열 점수의 상관계수 = 고유값의 제곱근
- 요약관성: 각 점수의 원점으로부터의 분산 정도 = 고유값
  ※ (비정칙값)^2 = 요약관성
- 관성비율: 각 차원(각 주축)이 원래 정보의 몇 퍼센트를 설명하고 있는가를 보임

행 포인트 개요[a]

그룹		차원의 점수			기여도				
	매스	1	2	요약 관성	차원의 관성에 대한 포인트		포인트의 관성에 대한 차원		
					1	2	1	2	전체
학생	.250	.275	-.593	.046	.039	.281	.201	.600	.802
회사원	.250	-1.111	.363	.162	.631	.105	.934	.064	.998
주부	.250	.805	.724	.120	.330	.419	.659	.341	1.000
사업가	.250	.032	-.494	.031	.001	.195	.004	.617	.621
전체 합	1.000			.359	1.000	1.000			

a. 대칭적 정규화

열 포인트 개요[a]

| 만족도 | 차원의 점수 | | | | 기여도 | | | | |
| | 매스 | 1 | 2 | 요약 관성 | 차원의 관성에 대한 포인트 | | 포인트의 관성에 대한 차원 | | |
					1	2	1	2	전체
불만	.125	-1.128	.422	.085	.325	.071	.917	.082	.999
약간 불만	.205	-.796	.178	.066	.265	.021	.969	.031	1.000
어느쪽도 아님	.238	.154	-.665	.044	.012	.335	.063	.745	.808
약간 만족	.270	.416	-.326	.043	.095	.092	.528	.207	.735
만족	.163	.956	.963	.121	.303	.482	.600	.390	.991
전체 합	1.000			.359	1.000	1.000			

a. 대칭적 정규화

행 포인트 및 열 포인트

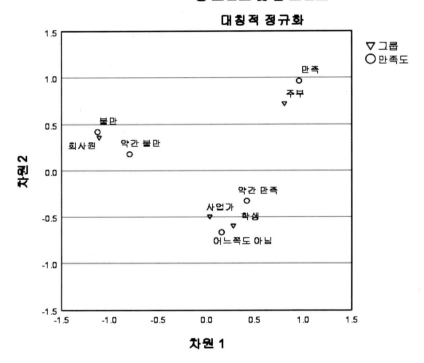

요약 표의 (비정칙값)^{2}은 고유값을 말하며 다음의 등식이 성립한다.

$$(\text{비정칙값})^2 = \text{요약관성}$$
$$(0.490)^2 = 0.240$$

관성비율은 다음과 같이 계산된다.

$$관성비율 = \frac{요약관성}{요약관성의\ 합계}$$

따라서

$$0.668 = \frac{0.240}{0.240 + 0.098 + 0.021}$$

이 되므로 차원 1이 전체의 66.8%를 설명하고 있다는 것을 나타내고 있다.

행 포인트 개요 및 열 포인트 개요 표에서 차원의 점수는 평균 0, 분산 1의 범주 수량화에 매스(mass)는 (각 항목의 회답수)/(전 회답수)를 나타내고 있어 다음과 같이 구한 것이다.

$$0.250 = \frac{100}{400},\ 0.250 = \frac{100}{400},\ 0.250 = \frac{100}{400},\ 0.250 = \frac{100}{400}$$

행 및 열 점수의 그래프를 보면, 주부는 만족도가 높고 회사원은 불만도가 높은 것을 알 수 있다. 사업가와 학생은 비슷한 만족도의 평가를 하고 있다.

'어느 쪽도 아님'이라고 하는 중간회답은 '약간 만족'에 가까운 위치에 있다.

2. 대응분석의 확장

1) (0, 1)형 데이터표의 시각화

앞에서 대응분석을 분할표의 데이터에 적용했는데, 분할표(contingency table)라고 하는 것은 두 변수의 관계를 나타내는 데이터표이다. 따라서 대응분석은 변수의 수가 두 개일 때에 적용할 수 있는 기법이라고 생각해도 좋다. 전술한 바와 같이 대응분석을 확장한 다중대응분석은 질문항목과 회답결과를 회답자마다 일람한 표의 분석에 적용할 수 있다.

다중대응분석(multiple correspondence analysis)이란 변수의 수가 세 개 이상이 되었을 때에 이용하는 기법이다.

다섯 명의 학생(A, B, C, D, E)에게 다음과 같은 네 개의 질문을 했다고 하자.

질문 1.	**귀하는 스포츠를 좋아합니까?**	예	아니오
질문 2.	**귀하는 영화를 좋아합니까?**	예	아니오
질문 3.	**귀하는 음악을 좋아합니까?**	예	아니오
질문 4.	**귀하는 독서를 좋아합니까?**	예	아니오

이 질문에 대한 회답결과가 다음과 같이 얻어졌다고 한다.

| 표 9.2 | **회답결과**

	스포츠	영화	음악	독서
A	예	아니오	아니오	예
B	아니오	아니오	예	아니오
C	아니오	예	아니오	아니오
D	아니오	아니오	예	예
E	아니오	예	예	아니오

이 데이터에 의거해서 다섯 명의 학생 중 비슷한 사람을 찾아낸다거나 네 개 질문간의 관계를 분석하는 것이 다중대응분석의 목표인 것이다. 질문의 수가 네 개이므로 질문을 변수로 생각하면, 네 개의 변수를 분석하게 된다.

그런데 이 데이터표에서 '예'를 '1', '아니오'를 '0'으로 바꿔 놓으면 다음과 같은 0과 1로 구성되는 데이터표가 된다. 이것이 다음 <표 9 - 3>의 (0, 1)형 데이터표이다.

| 표 9.3 | **(0, 1)형 데이터표**

	스포츠	영화	음악	독서
A	1	0	0	1
B	0	0	1	0
C	0	1	0	0
D	0	0	1	1
E	0	1	1	0

다중대응분석을 이용하면 이와 같은 데이터표를 분석하여 정보를 시각화할 수 있다.

다중대응분석을 적용하기 전에 이 (0, 1)형 데이터표를 관찰해 보자. 여기에서 데이터표를 1이 대각선상에 가능한 한 멋지게 늘어서도록 행과 열을 바꾸어 넣어 본다.

| 표 9.4 | 정리된 (0, 1)형 데이터표

	스포츠	독서	음악	영화
A	1	1	0	0
D	0	1	1	0
B	0	0	1	0
E	0	0	1	1
C	0	0	0	1

이 데이터표에서 다음과 같은 것을 알 수 있다.

- A와 D는 독서를 좋아한다는 점에서 비슷하다.
- D와 B와 E는 음악을 좋아한다는 점에서 비슷하다.
- E와 C는 영화를 좋아한다는 점에서 비슷하다.
- A와 B와 C에는 전혀 공통점이 없다.

그런데 다중대응분석을 이 데이터표에 적용하면, 다음과 같은 그래프를 작성할 수 있다. 데이터표의 정보가 잘 재현되고 있다는 것을 알 수 있다.

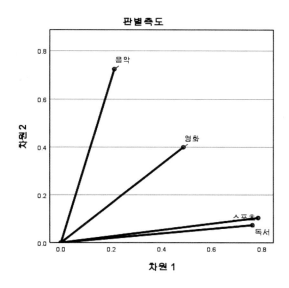

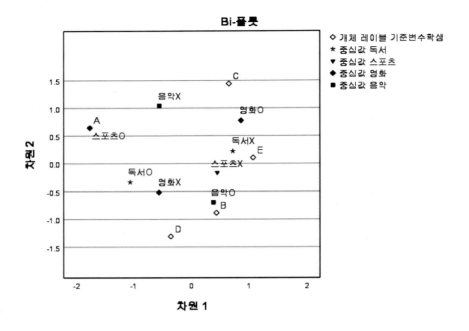

2) (0, 1)형 데이터표 분석의 실제

 9-2

대학생 10명에게 다음과 같은 질문을 했다.

질문 X. 다음 중에서 점심식사로 한 달에 3회 이상 주문하는 것에 ○표를 하시오.
　　　1. 카레라이스
　　　2. 라면
　　　3. 자장면
　　　4. 햄버거
　　　5. 샌드위치
　　　6. 한정식

이 회답결과를 일람표로 한 것이 다음 <표 9-5>의 데이터표이다. 표 중의 1이라는 수치
는 ○표를 한(한 달에 3회 이상 주문하고 있는) 것을 의미한다.

| 표 9.5 | 데이터표

회답자	카레라이스	라면	자장면	햄버거	샌드위치	한정식
1	1	1	1	0	0	0
2	1	1	0	1	0	0
3	1	1	0	0	1	0
4	0	0	1	1	0	0
5	0	1	0	0	1	0
6	0	0	1	1	1	0
7	0	0	0	1	1	1
8	0	0	1	0	1	1
9	0	1	0	1	1	0
10	0	1	0	0	1	1

이 데이터를 다중대응분석으로 분석하라.

▶ SPSS에 의한 다중대응분석

순서 1 ▸ ▸ ▸ 데이터의 입력(9 – 2.sav)

'회답자'라고 하는 변수를 추가하여 번호를 입력해 놓는다. 이것은 분석에는 직접 영향을 미치지 않지만 그래프를 보기 쉽게 하기 위함이다.

수치는 0 대신에 2를 입력한다(1은 그대로 괜찮다).

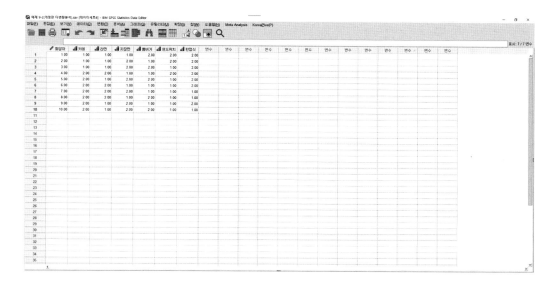

각 변수마다 변수값 설명을 해놓는다. 예를 들면 다음과 같다.

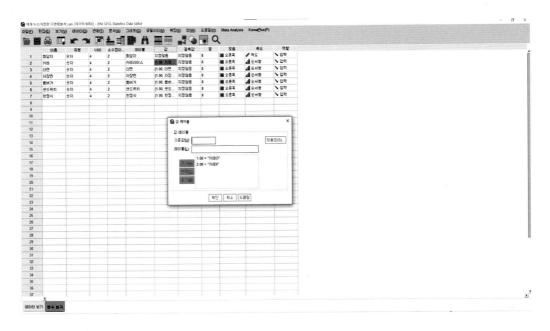

순서 2 ▸ ▸ ▸ 최적화 척도법의 선택

메뉴에서 [분석(A)] - [차원 축소(D)] - [최적화 척도법(O)]을 선택한다.

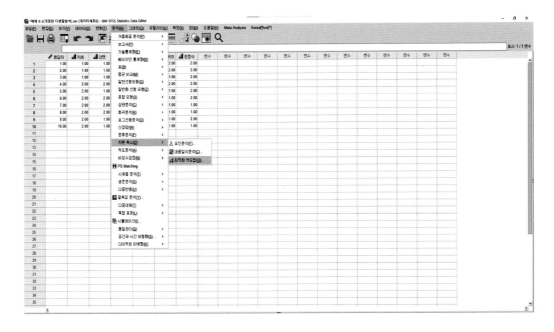

순서 3 ▸ ▸ ▸ 다중대응분석의 선택

다음의 화면이 되면
- 최적화 척도 수준 : 모든 변수가 다중명목 변수(A)
- 변수군의 수　　　 : 단일 군(O)

을 선택하면 다중대응분석이 된다. 그리고 [정의] 버튼을 클릭한다.

순서 4 ▸ ▸ ▸ 변수의 선택

(1) 다음의 화면이 되면 '카레'를 [분석변수(A)] 난에 이동하고, 그 밑에 있는 [변수 가중값
정의(D)] 버튼을 클릭한다.

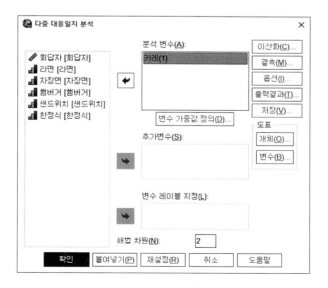

(2) 변수 가중값을 정의하고 싶을 때는 다음의 화면에서 [변수 가중값(V)]의 난에 가중값을 입력한다. 여기에서는 '1'을 그대로 유지한다.

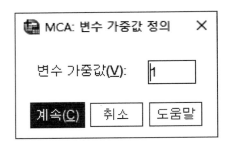

여기에서 [계속] 버튼을 클릭한다.

(3) 다음의 화면으로 되돌아오면 '라면', …, '한정식'을 각각 클릭해서 [분석변수(A)] 난에 이동한다.

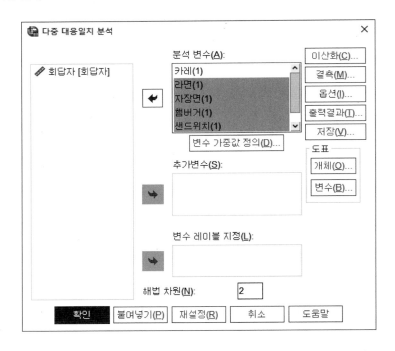

(4) 계속해서 '회답자'를 [변수 레이블 지정(L)]의 난으로 이동하고, [출력결과(T)] 버튼을 클릭한다.

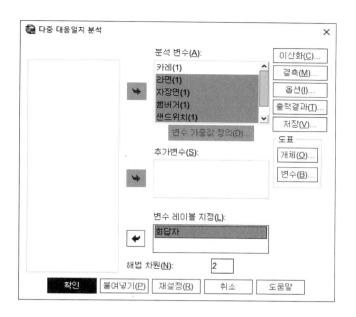

순서 5 ▸ ▸ ▸ 출력결과 설계

[출력결과] 화면이 되면 [개체점수(O)], [판별측도(S)], [변환된 변수간 상관관계(E)]를 선택한다. 이어서 '카레', …, '한정식'을 [범주 수량화 및 기여도(T)] 난과 [다음 범주 포함(N)] 난으로 이동하고, '회답자'를 [개체점수 레이블 기준(B)]의 난으로 이동하고 [계속] 버튼을 클릭한다.

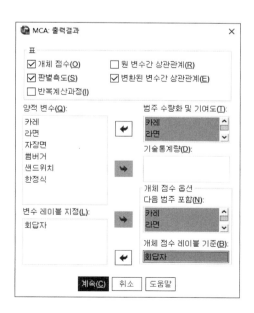

순서 6 ▸ ▸ ▸ 다음의 화면이 되면 [도표] 중의 [개체(O)]를 클릭한다.

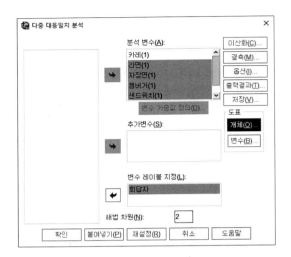

순서 7 ▸ ▸ ▸ 개체도표 설계

[개체도표] 화면이 되면 다음과 같이 선택하고, '회답자'를 [선택(E)]의 난으로 이동하고 [계속] 버튼을 클릭한다.

순서 8 ▸ ▸ ▸ 변수도표 설계

순서 6의 화면으로 되돌아오면 [도표] 중의 [변수(B)]를 클릭한다. 다음의 [변수도표] 화면이 되면 '카레', '라면', …, '한정식'을 [결합범주도표(J)]의 난으로 이동하고 [계속] 버튼을 클릭한다.

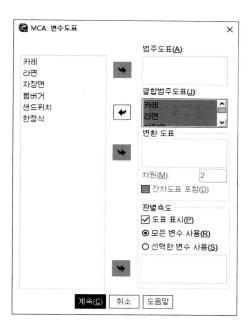

순서 9 ▸ ▸ ▸ 옵션의 선택

순서 6의 화면으로 되돌아오면 [옵션(I)]을 클릭한다. 다음의 [옵션] 화면이 되면 그대로 유지하고 [계속] 버튼을 클릭한다.

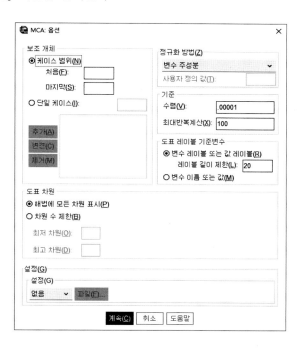

순서 10 ▸ ▸ ▸ 이산화

순서 6의 화면으로 되돌아오면 [이산화C)]를 클릭한다. 여기에서는 '지정되지 않음'인 채 [취소] 버튼을 클릭한다. 순서 6의 화면으로 되돌아오면 [확인] 버튼을 클릭한다.

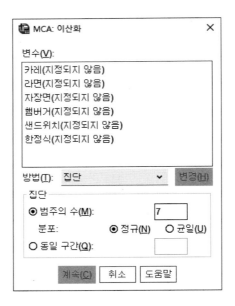

> **분석결과 및 결과의 해석방법**

범주 포인트의 결합 도표

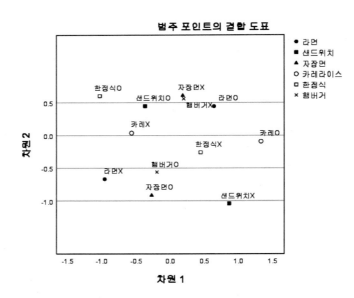

'범주 포인트의 결합도표'를 보면 (한정식과 샌드위치), (라면과 카레라이스), (자장면과 햄버거)가 같은 패턴의 선호도를 보이고 있음을 알 수 있다.

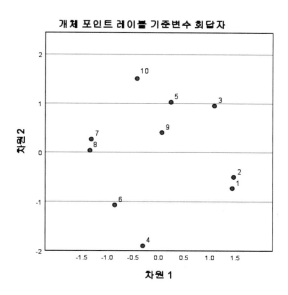

'개체 포인트 레이블 기준변수 회답자'를 보면 회답자는 크게 (1, 2), (7, 8), (3, 5, 9, 10), (4, 6) 등의 네 개 그룹으로 나누어져 회답 패턴이 비슷하다는 것을 보인다.

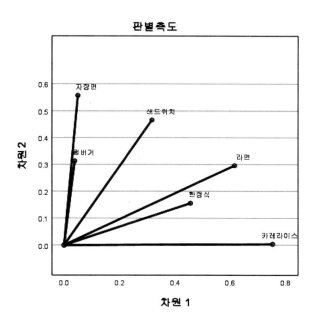

위 그래프로부터는 원래의 정보가 각 차원으로 설명되는 정도를 볼 수 있다. 자장면, 햄버거, 샌드위치는 차원 2로 설명되는 비율이 높고, 라면, 한정식, 카레라이스는 차원 1로 설명되는 비율이 높다는 것을 알 수 있다.

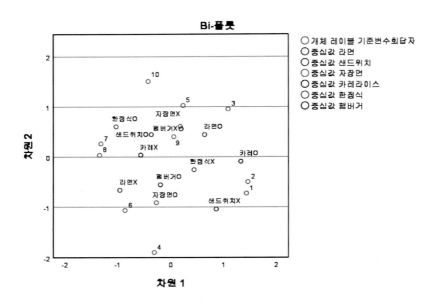

'Bi-플롯'을 보면 (1, 2)는 카레라이스를 좋아하고 샌드위치를 싫어하는 것을 알 수 있다. 그리고 (7, 8)은 한정식을 좋아하는 것을 알 수 있다.

➤ 대응분석 · 다중대응분석의 비교

다음의 <표 9 - 6>과 같은 앙케트 조사표에 의한 조사결과가 <표 9 - 7>이다. 이 조사결과를 사용해서 대응분석, 다중대응분석을 실시해서 비교해 보기로 한다.

| 표 9.6 | **앙케트 조사표**

질문 1. **귀하는 청량음료수 중 주로 어느 것을 마십니까?**
　　　　1. 탄산음료　　　2. 스포츠 음료　　　3. 쥬스　　　4. 녹차

질문 2. **귀하는 그 청량음료수를 마실 때 다음의 어느 스낵 과자를 주로 먹습니까?**
　　　　1. 감자칩　　　2. 땅콩　　　3. 초콜렛　　　4. 없음

| 표 9.7 | 앙케트 조사결과

피험자	질문 1	질문 2	피험자	질문 1	질문 2
1	2	4	14	4	4
2	4	4	15	4	4
3	1	1	16	3	2
4	1	2	17	4	4
5	3	3	18	2	4
6	2	4	19	3	3
7	4	4	20	1	1
8	1	1	21	2	4
9	4	4	22	1	4
10	3	2	23	2	3
11	2	4	24	2	4
12	3	3	25	4	1
13	2	4			

(1) 대응분석

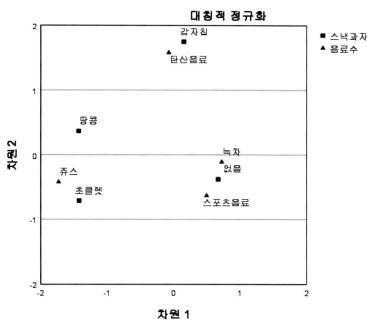

(2) 다중대응분석

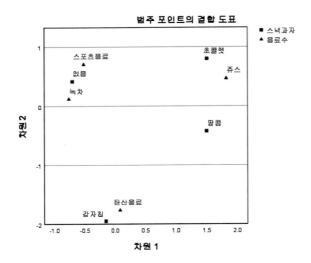

범주 포인트의 결합 도표

이상의 결과로부터 명목변수가 두 개의 항목인 경우 대응분석과 다중대응분석은 같은 분석이라는 것을 알 수 있다.

3. 대응분석의 응용

1) 3원 분할표의 대응분석

 9-3

알콜 음료의 기호에 관한 다음과 같은 앙케트 조사를 실시했다.

질문 X. 가장 좋아하는 알콜 음료를 다음 중에서 하나 고르시오.
　　　　1. 청주　　　　2. 맥주　　　　3. 포도주　　　　4. 소주

질문 Y. 해당하는 연령을 다음 중에서 하나 고르시오.
　　　　1. 20~29　　　2. 30~39　　　3. 40~49　　　4. 50~59　　　5. 60 이상

이 앙케트 조사의 결과를 크로스 집계한 결과, 다음과 같은 분할표(크로스 집계표)가 얻어졌다. 분할표 안의 숫자는 사람수를 나타내고, 총회답자수는 n = 500명이다.

| 표 9.8 | 앙케트 조사결과에 대한 분할표

	청주	맥주	포도주	소주	합계
20~29	15	45	27	23	110
30~39	17	30	48	45	120
40~49	20	10	26	44	100
50~59	36	10	20	24	90
60 이상	40	5	8	27	80
합계	128	100	129	143	500

<표 9-8>의 분할표를 남녀로 층별함으로써 다음 <표 9-9>와 같은 3원 분할표가 얻어졌다.

| 표 9.9 | 앙케트 조사결과에 대한 분할표

		청 주	맥 주	포 도 주	소 주
남	20~29	10	28	11	15
	30~39	13	21	19	14
	40~49	12	6	6	30
	50~59	20	8	13	13
	60 이 상	25	3	7	15
여	20~29	5	17	16	8
	30~39	4	9	29	11
	40~49	8	4	20	14
	50~59	16	2	7	11
	60 이 상	15	2	1	12

이 3원 분할표를 대응분석으로 처리하라.

(1) 2원화한 분할표의 분석

본 예제와 같은 분할표를 3원 분할표라고 부른다. 대응분석은 2원표에 한정되어 있으므로, 이와 같은 3원 분할표를 다루는 경우는 변수(성별, 연령, 음료)를 편성해서 하나의 변수를 작성하여 3원 분할표를 2원화한 표로 변환하고 나서 대응분석을 적용하는 방법을 생각할 수 있다.

변수의 편성은 다음의 세 가지를 생각할 수 있다.

① 성별과 연령　　　　② 성별과 음료　　　　③ 연령과 음료

①의 성별과 연령을 편성한 2원표란 다음의 <표 9-10>과 같은 분할표이다.

| 표 9.10 | **(연령·성별)과 음료의 분할표**

	청 주	맥 주	포도주	소 주
20~29(남)	10	28	11	15
30~39(남)	13	21	19	14
40~49(남)	12	6	6	30
50~59(남)	20	8	13	13
60 이상(남)	25	3	7	15
20~29(여)	5	17	16	8
30~39(여)	4	9	29	11
40~49(여)	8	4	20	14
50~59(여)	16	2	7	11
60 이상(여)	15	2	1	12

②의 성별과 음료를 편성한 2원표란 다음의 <표 9-11>와 같은 분할표이다.

| 표 9.11 | **(음료·성별)과 연령의 분할표**

	20~29	30~39	40~49	50~59	60 이상
청주(남)	10	13	12	20	25
맥주(남)	28	21	6	8	3
포도주(남)	11	19	6	13	7
소주(남)	15	14	30	13	15
청주(여)	5	4	8	16	15
맥주(여)	17	9	4	2	2
포도주(여)	16	29	20	7	1
소주(여)	8	11	14	11	12

③의 연령과 음료를 편성한 2원표란 다음의 <표 9-12>와 같은 분할표이다.

| 표 9.12 | **(음료·연령)과 성별의 분할표**

	남	여
청주(20~29)	10	5
청주(30~39)	13	4
청주(40~49)	12	8
청주(50~59)	20	16
청주(60 이상)	25	15
맥주(20~29)	28	17
맥주(30~39)	21	9
맥주(40~49)	6	4
맥주(50~59)	8	2
맥주(60 이상)	3	2
포도주(20~29)	11	16
포도주(30~39)	19	29
포도주(40~49)	6	20
포도주(50~59)	13	7
포도주(60 이상)	7	1
소주(20~29)	15	8
소주(30~39)	14	11
소주(40~49)	30	14
소주(50~59)	13	11
소주(60 이상)	15	12

이 분할표의 경우에 열의 수가 2열로 되고 만다. 대응분석에서는 행과 열이 수가 모두 3 이상이 아니면 적용하는 의미가 없으므로, 이와 같은 분할표에는 대응분석을 적용하지 않는다.

> **성별과 연령을 편성한 분할표의 분석**

성별과 연령을 편성해서 하나의 변수로 한 분할표에 대응분석을 적용한다.

대응일치표

성별연령	청주	맥주	포도주	소주	주변 합
20대남	10	28	11	15	64
30대남	13	21	19	14	67
40대남	12	6	6	30	54
50대남	20	8	13	13	54
60이상남	25	3	7	15	50
20대여	5	17	16	8	46
30대여	4	9	29	11	53
40대여	8	4	20	14	46
50대여	16	2	7	11	36
60이상여	15	2	1	12	30
주변 합	128	100	129	143	500

요약

차원	비정칙값	요약 관성	카이제곱	유의확률	관성비율 설명됨	관성비율 누적	신뢰 비정칙값 표준편차	신뢰 비정칙값 상관관계 2
1	.428	.183			.614	.614	.038	.111
2	.278	.077			.259	.873	.047	
3	.194	.038			.127	1.000		
전체		.298	148.945	.000ᵃ	1.000	1.000		

a. 자유도 27

행 포인트 및 열 포인트

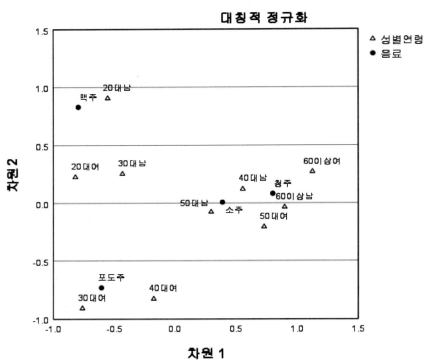

배치도로부터 다음과 같은 사실을 간파할 수 있다.

① 30대와 40대 남녀가 떨어진 위치에 있다.

② 50대와 60 이상에서는 남녀가 가깝게 위치하고 있다.

③ 차원 1축의 왼쪽에 젊은 연령이 위치하고 있다.

④ 차원 1축의 왼쪽에서 오른쪽을 향해서 여성은 연령순으로 늘어서 있다.

성별과 음료를 편성해서 하나의 변수로 한 분할표에 대응분석을 적용한다.

대응일치표

성별음료	20대	30대	40대	50대	60 이상	주변 합
			연령			
청주(남)	10	13	12	20	25	80
맥주(남)	28	21	6	8	3	66
포도주(남)	11	19	6	13	7	56
소주(남)	15	14	30	13	15	87
청주(여)	5	4	8	16	15	48
맥주(여)	17	9	4	2	2	34
포도주(여)	16	29	20	7	1	73
소주(여)	8	11	14	11	12	56
주변 합	110	120	100	90	80	500

요약

차원	비정칙값	요약 관성	카이제곱	유의확률	관성비율 설명됨	관성비율 누적	신뢰 비정칙값 표준편차	상관관계 2
1	.420	.176			.680	.680	.038	.090
2	.234	.055			.212	.892	.044	
3	.158	.025			.097	.989		
4	.053	.003			.011	1.000		
전체		.259	129.426	.000[a]	1.000	1.000		

a. 자유도 28

행 포인트 및 열 포인트

대칭적 정규화

배치도로부터 다음과 같은 사실을 간파할 수 있다.

① 포도주에서 남녀가 떨어진 위치에 있다.

② 맥주와 청주는 남녀가 가깝게 위치하고 있다.

③ 차원 1축의 오른쪽에서 왼쪽을 향하여 연령순으로 늘어서 있다.

(2) 분할표 행렬의 대응분석

> **분할표 행렬**

대상으로 하고 있는 변수에 대해서 두 개씩 변수를 채택하여 모든 편성에 대해서 분할표를 작성하는 것을 생각한다. 이들 모든 분할표를 일람할 수 있도록 합병한 표를 분할표 행렬(다원 크로스 집계표)이라고 한다. 예제 9-3의 3원 분할표의 경우에는 다음과 같은 분할표 행렬이 된다.

| 표 9.13 | **분할표 행렬**

	남	여	20~29	30~39	40~49	50~59	60 이상	청주	맥주	포도주	소주
남	289	0	64	67	54	54	50	80	66	56	87
여	0	211	46	53	46	36	30	48	34	73	56
20~29	64	46	110	0	0	0	0	15	45	27	23
30~39	67	53	0	120	0	0	0	17	30	48	25
40~49	54	46	0	0	100	0	0	20	10	26	44
50~59	54	36	0	0	0	90	0	36	10	20	24
60 이상	50	30	0	0	0	0	80	40	5	8	27
청주	80	48	15	17	20	36	40	128	0	0	0
맥주	66	34	45	30	10	10	5	0	100	0	0
포도주	56	73	27	48	26	20	8	0	0	129	0
소주	87	56	23	25	44	24	27	0	0	0	143

<표 9-13>은 행과 열이 같은 항목으로 되는 대칭행렬의 형태가 된다. 대각선상의 제로(0)의 숫자는 크로스 집계의 결과가 아니라 단순집계의 결과이다.

> **대응분석의 적용**

이와 같은 분할표 행렬에 대해서 대응분석을 적용해 보자. 이것은 분할표 행렬을 11×11의 분할표로 보고 적용하면 된다. 다중대응분석은 분할표 행렬에 대한 대응분석을 행하고 있는 것과 같다.

요약

차원	비정칙값	요약 관성	카이제곱	유의확률	관성비율		신뢰 비정칙값	
					설명됨	누적	표준편차	상관관계 2
1	.472	.223			.236	.236	.012	.259
2	.422	.178			.188	.424	.014	
3	.383	.147			.155	.580		
4	.333	.111			.117	.697		
5	.326	.106			.112	.809		
6	.275	.076			.080	.889		
7	.257	.066			.070	.959		
8	.197	.039			.041	1.000		
전체		.947	4259.506	.000[a]	1.000	1.000		

a. 자유도 100

행 포인트 개요[a]

행	매스	차원의 점수		요약 관성	기여도				
		1	2		차원의 관성에 대한 포인트		포인트의 관성에 대한 차원		
					1	2	1	2	전체
남	.193	-.162	.445	.048	.011	.090	.049	.333	.382
여	.141	.222	-.610	.066	.015	.124	.049	.333	.382
20대	.073	.888	.955	.094	.122	.158	.291	.301	.592
30대	.080	.755	-.409	.089	.096	.032	.242	.064	.306
40대	.067	-.217	-.858	.092	.007	.116	.016	.225	.241
50대	.060	-.660	.008	.094	.055	.000	.132	.000	.132
60 이상	.053	-1.340	.364	.101	.203	.017	.447	.029	.476
청주	.085	-1.083	.334	.092	.212	.022	.516	.044	.560
맥주	.067	1.054	1.224	.099	.157	.237	.354	.427	.782
포도주	.086	.702	-.949	.089	.090	.183	.226	.368	.594
소주	.095	-.401	-.299	.083	.032	.020	.088	.044	.131
전체 합	1.000			.947	1.000	1.000			

a. 대칭적 정규화

　분할표 행렬은 행과 열이 같은 항목의 대칭행렬이므로, 대칭적 정규화 혹은 주성분 정규화를 이용해서 점수(스코어)를 구한 경우에 행 점수와 열 점수는 완전히 같은 값이 된다. 위의 행 점수는 대칭적 정규화 점수이다. 배치도는 다음과 같이 된다.

행에 대한 행 포인트
대칭적 정규화

2) 유사도 행렬에 대한 대응분석

예제 9-4

여덟 명의 학생에게 20개의 질문을 해서 질문에 대한 회답이 같았던 수를 집계했다. 다음에 보이는 <표 9-14>는 그 집계 결과를 정리한 것이다.

| 표 9.14 | 유사도 행렬

	A	B	C	D	E	F	G	H
A	20	4	15	16	6	10	6	3
B	4	20	8	8	16	6	18	3
C	15	8	20	18	6	9	10	5
D	16	8	18	20	4	11	10	4
E	6	16	6	4	20	6	16	4
F	10	6	9	11	6	20	6	7
G	6	18	10	10	16	6	20	9
H	3	3	5	4	4	7	9	20

표 안의 숫자는 회답이 일치한 질문수를 나타내고 있다. 예를 들면, 학생 A와 B는 20개 질문 중 4개, A와 C는 20개 질문 중 15개 회답이 일치했다는 것을 보이고 있다. 따라서 숫자가 큰 편성일수록 사고방식이나 기호가 비슷한 학생이라는 것을 나타내게 된다. 대각선상의 셀은 본 인끼리이므로 질문수인 20이 된다. 이 2원표를 대응분석으로 처리하라.

본 예제와 같이 숫자가 클수록 비슷한 정도가 크다는 것을 나타내는 2원표를 유사도 행렬이라고 부른다. 유사도 행렬은 행과 열의 범주가 같게 된다. 대응분석은 본래 분할표에 적용되는 것인데, 응용으로서 이와 같은 유사도 행렬에도 적용할 수 있다.

이 유사도 행렬을 8행 8열의 분할표로 간주하고 대응분석을 적용하면 다음과 같은 결과가 얻어진다.

대응일치표

행	A	B	C	D	E	F	G	H	주변합
A	20	4	15	16	6	10	6	3	80
B	4	20	8	8	16	6	18	3	83
C	15	8	20	18	6	9	10	5	91
D	16	8	18	20	4	11	10	4	91
E	6	16	6	4	20	6	16	4	78
F	10	6	9	11	6	20	6	7	75
G	6	18	10	10	16	6	20	9	95
H	3	3	5	4	4	7	9	20	55
주변합	80	83	91	91	78	75	95	55	648

요약

차원	비정칙값	요약 관성	카이제곱	유의확률	관성비율 설명됨	관성비율 누적	신뢰 비정칙값 표준편차	상관관계 2
1	.402	.162			.530	.530	.036	.069
2	.329	.108			.355	.885	.055	
3	.158	.025			.082	.967		
4	.094	.009			.029	.996		
5	.032	.001			.003	1.000		
6	.011	.000			.000	1.000		
7	.000	.000			.000	1.000		
전체		.305	197.724	.000[a]	1.000	1.000		

a. 자유도 49

행 포인트 개요[a]

행	매스	차원의 점수 1	차원의 점수 2	요약 관성	차원의 관성에 대한 포인트 1	차원의 관성에 대한 포인트 2	포인트의 관성에 대한 차원 1	포인트의 관성에 대한 차원 2	전체
A	.123	-.783	.252	.037	.188	.024	.829	.070	.899
B	.128	.753	.416	.038	.181	.067	.775	.194	.968
C	.140	-.513	.175	.020	.092	.013	.749	.071	.820
D	.140	-.617	.203	.025	.133	.018	.847	.075	.922
E	.120	.845	.332	.042	.214	.040	.814	.103	.917
F	.116	-.432	-.286	.031	.054	.029	.284	.102	.386
G	.147	.588	.040	.022	.126	.001	.936	.004	.940
H	.085	.247	-1.770	.091	.013	.808	.023	.964	.987
전체 합	1.000			.305	1.000	1.000			

a. 대칭적 정규화

열 포인트 개요[a]

열	매스	차원의 점수 1	차원의 점수 2	요약 관성	차원의 관성에 대한 포인트 1	차원의 관성에 대한 포인트 2	포인트의 관성에 대한 차원 1	포인트의 관성에 대한 차원 2	전체
A	.123	-.783	.252	.037	.188	.024	.829	.070	.899
B	.128	.753	.416	.038	.181	.067	.775	.194	.968
C	.140	-.513	.175	.020	.092	.013	.749	.071	.820
D	.140	-.617	.203	.025	.133	.018	.847	.075	.922
E	.120	.845	.332	.042	.214	.040	.814	.103	.917
F	.116	-.432	-.286	.031	.054	.029	.284	.102	.386
G	.147	.588	.040	.022	.126	.001	.936	.004	.940
H	.085	.247	-1.770	.091	.013	.808	.023	.964	.987
전체 합	1.000			.305	1.000	1.000			

a. 대칭적 정규화

행과 열이 같은 범주로 대칭행렬이므로, 대칭적 정규화 혹은 주성분 정규화를 이용하면 행 포인트와 열 포인트는 같은 값이 된다. 여기에서는 대칭적 정규화를 사용해서 계산하고 있다. 행 포인트와 열 포인트는 같은 값이 되므로, 행 점수의 배치도와 열 점수의 배치도도 동일한 것이 된다. 다음에 보이는 것이 배치도이다.

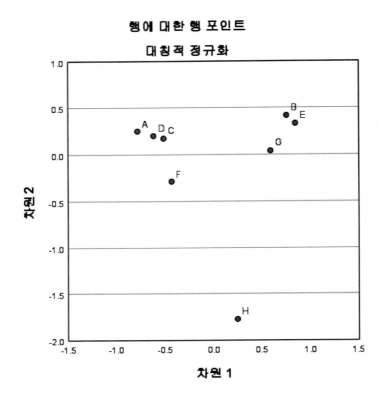

배치도로부터 여덟 명의 학생은 다음의 세 개 그룹으로 나눌 수 있다.

- 그룹 1   →   A, C, D, F
- 그룹 2   →   B, E, G
- 그룹 3   →   H

특히 학생 H는 다른 일곱 명과 크게 떨어져 있는 것을 알 수 있다.

SPSS에 의한
다변량분석 기초에서
응용까지

Chapter 10

컨조인트 분석

Chapter 10
컨조인트 분석

1. 컨조인트 분석의 개요

1) 컨조인트 분석이란 무엇인가

새로운 상품을 기획하는 경우에 그 상품을 특징짓는 기능은 무엇인가, 어떠한 디자인이 고객의 마음에 들까, 가격은 어느 정도가 적당한가, 이와 같은 문제를 생각하는 것이 중요하다. 상품을 구성하는 기능, 디자인, 가격 등 개개의 영향과 각 요인의 설계(또는 설정)치에 대해서 고객에 의한 직접 평가가 얻어진다면, 가장 바람직한 요인의 설계치를 편성한 것이 고객에게 가장 사랑을 받는 상품의 콘셉트가 된다고 생각하는 것이 자연스러울 것이다. 상품의 어떤 기능을 고객은 어느 정도의 가격과 동등한 가치라고 느끼고 있는가를 아는 것은 가격결정 시에 매우 유효하다. 이와 같은 문제는 컨조인트 분석에 의해 검토할 수 있다.

컨조인트 분석에 의해서 무엇을 알 수 있는가, 또는 무엇을 위해서 컨조인트 분석을 이용하는가를 정리하면 크게 나누어서 다음의 세 가지가 된다.

① 고객에게 사랑을 받는 상품 콘셉트의 탐색
② 둘 이상의 대안을 분석, 이점만을 선택하여 결정안으로 하는(trade-off) 분석
③ 시장점유율의 예측

이와 같이 컨조인트 분석은 상품기획을 위한 콘셉트 평가로서, 시장점유율 예측의 수법으로서 혹은 가격전략을 위한 도구로써 여러 가지의 용도에 쓰이고 있다. 요컨대 컨조인트 분석은 고객에게 사랑을 받는 혹은 구입하고 싶다고 생각되어지는 상품의 콘셉트(혹은 특징)는 무엇인

가를 탐색하기 위해서 상품 전체의 좋아하고 싫어하는 정도 혹은 구입하고 싶은 정도를 물음으로써 그 상품을 구성하는 개별 요인마다의 효과를 추정하는 수법이다.

다시 말하면 컨조인트 분석이란,

① 상품의 좋아함과 싫어함(또는 구입의향의 정도)을 묻는다.

② ①에 의해서 왜 상품을 좋아하는지, 그 요인마다의 영향도를 알 수 있다.

③ 그리고 그 데이터는 상품마다 좋아함과 싫어함의 정도, 순번 또는 일대비교에서의 우열 등 회답자의 응답이다.

2) 컨조인트 분석에 대한 이해

영한사전에서 컨조인트(conjoint)라고 하는 단어의 뜻을 찾아보면 '잇닿은, 결합한, 공동의, 연대의'라고 번역되어 있다. 상품의 좋아함과 싫어함에 영향을 미치는 '상품'의 특징(예를 들면, 기능, 디자인, 가격 등)에 대한 개별의 효과를 추정하는 것은 기획담당자에게 있어서 가장 중요한 일의 하나이다.

그러나 우리들이 알 수 있는 것은 이 '상품'을 특징짓는 개개 요인의 효과를 결합해서 형성되는 그 상품 전체에 대한 고객의 좋아함과 싫어함 정도 등의 응답이다. 개개 요인을 물어도 반드시 정확한 정보가 얻어지지 않는 경우도 있으므로, 이러한 사실로부터 이와 같은 '상품'에 대한 전체 평가로부터 그 '상품'을 구성하는 각 요인의 개별 효과를 추정하는 분석법을 컨조인트 분석이라고 부르게 되었다.

어떤 상품에 효용을 느끼고, 그래서 좋아하는 것을 여기에서는 '선호(preference)'라고 한다. 그리하여 컨조인트 분석이란 이 고객의 선호를 분석하기 위한 통계적 방법이라고 말할 수도 있다. 상품 콘셉트를 구체화할 때에 고려할 필요가 있는 중요한 절차의 하나는 그 상품의 가치를 결정하는 요인은 무엇인가, 그리고 그 요인을 어떻게 설정하면 좋은가라고 하는 것이다. 여기에서 이 요인을 속성(attribute)이라고 하고, 속성의 구체적인 설정치를 수준(level)이라고 부르고 있다.

예를 들면, 노트북 PC라고 하는 상품을 생각한 경우에 상품선택 시의 중요한 판정기준은 '처리속도(CPU)', '기억용량(하드디스크)', '화면의 보기 쉬움', '사용시간(배터리 용량)', '무게(중량)', '보조기억(CD-ROM)'의 여섯 가지라고 하자. 이때, 이 여섯 가지의 요인이 노트북 PC라고 하는 상품의 '속성'이다. 그래서 '사용시간(배터리 용량)'으로서는 3시간, 4시간, 5시간이라고 하는 세 개의 조건을 설정할 수 있다고 하면, 이것이 '사용시간(배터리 용량)'이라고 하는 속성의 수준이 된다. '보조기억(CD-ROM)'이라고 하는 속성의 수준은 '내장'과 '외부 붙임'의 두 가지이다. 예를 들어 컨조인트 분석에서의 효과치 계산(노트북 PC의 예)은 다음 <그림 10-1>과 같다. 노트북 PC의 가치는 '처리속도(CPU)', '기억용량(하드디스크)', '화면의 보기 쉬움', '사용시간(배터리 용량)', '무게(중량)', '보조기억(CD-ROM)'에 대한 각 효용의 합계로 표현되는 것으로 한다.

| 그림 10.1 | **컨조인트 분석에서의 효과치 계산**

이때, 각 속성마다의 효용을 부분효용(part worth)이라고 부르고 있고, 이 부분효용을 추정하는 수단이 컨조인트 분석이라고 할 수도 있는 것이다.

2. 상품 속성의 평가

1) 소비자행동의 분석

마케팅에 있어서의 컨조인트 분석은 소비자의 선호행동, 구매행동을 기술하는 수학 모델의 하나인 컨조인트 모델에 의해 분석되는 방법이라고 파악할 수도 있다. 고객이 어떠한 요구를 느끼고, 그 요구를 만족시켜 주는 브랜드를 모색하여 문득 생각이 떠오른 상품군 중에서 어떤 것을 고를지를 정해서 구매를 결정한다. 이 상기(想起) 집합 중에서 어느 것을 선택할 것인가를 판단하는 프로세스에서 채택되는 모델이 대체안 평가 모델이다. 이 고객의 선호행동을 이해하는 것은 상품 콘셉트의 최적화를 도모하는 경우에도 유효하다.

대체안 평가에 이용되는 많은 모델은 보상형(補償型) 모델과 비보상형 모델로 나눌 수 있다. 다수의 속성에 대한 고객의 사고방식으로서 가장 중요한 속성으로 상품을 평가하고, 그 속성에 있어서의 부족분을 다른 속성으로는 보충할 수 없는 경우에 그 사람의 상품선택은 비보상형이라고 한다. 비보상형의 상품선택은 다음과 같은 세 가지 모델로 대표된다.

① 결합 모델 : 가장 중요한 속성에 대해서 기준 수준 이하의 상품을 잘라 버린다.

② 분리 모델 : 가장 중요한 속성에 대해서 기준 수준 이상의 상품만을 남긴다.

③ 사전찾기 모델 : 중요도가 높은 속성의 수준에서 평가하고, 같은 순위의 수준이 존재하는 경우에 다음으로 중요도가 높은 속성을 그 수준에서 평가한다.

예를 들면, 노트북 PC를 고를 때, '가볍고 디자인이 좋은 것'을 원한다. 다소 가격이 싸더라도 무거운 것은 안 된다고 하는 사람의 대체안 평가는 비보상형이다. 또 어떤 사람은 '어느 쪽인가 하면 처리속도(CPU)가 빠른 PC'를 원한다. 그러나 화면이 예쁘고 가격도 싸면 조금은 늦어도 좋다고 생각하고 있다고 하자. 이와 같은 사고방식의 소유자인 사람의 상품선택은 보상형의 대체안 평가 모델로 표현할 수 있다.

어떤 사람의 상품선택에서는 많은 속성의 각각에 최적수준이 있는데, 가격과 성능처럼 트레이드 오프의 관계(상반해서 양립할 수 없는 관계)가 존재한다고 하자. 이와 같은 경우에 상품을 선택할 때, 어떤 속성의 부족분을 다른 속성으로 보충하고 있다고 생각해도 좋다. 이와 같은 대체안 평가의 프로세스는 보상형 모델로 나타낼 수 있다.

그래서 컨조인트 분석에 의해서 상품 콘셉트의 평가나 최적화를 검토할 수 있는 것은, 고객이 보상형의 상품평가를 행하고 있는 경우이다. 비보상형의 대체안 평가의 대상이 되는 상품이나 그와 같은 상품평가를 행하고 있는 고객의 세그먼트에 대해서, 컨조인트 분석은 반드시 유효한 것은 아니다. 예비적인 검토에 의해 대상 상품에 대한 고객의 선호행동을 어느 정도는 파악해 두는 쪽이 좋다.

2) 기대가치 모델과 컨조인트 분석 모델

보상형 모델에서는 '상품 속성에 대한 중요도'와 '속성의 각 수준에 대한 좋아함과 싫어함'을 직접 고객에게 물어서 구체적인 상품(또는 콘셉트 단계에서의 가상 상품)의 전체 효용을 추정하는 합성적인 모델과, 고객에게 상품(또는 가상 상품)의 선호를 물어서 그 결과로부터 개개의 속성이 그 상품의 선호에 어느 정도의 영향을 미치고 있는지를 추정하는 분석적 모델이 있다.

합성적 모델에서는 각 속성의 중요도와 각 수준에 대한 좋아함의 정도를 고객에게 회답해 받으므로, 자기신고형 모델이라고 부르는 경우도 있어 이와 같은 사고방식에 의거하는 모델의 대표가 기대가치 모델이다.

한편, 분해적인 보상형 모델은 거의 컨조인트 모델과 같다고 생각할 수 있다. 기대가치 모델과 컨조인트 분석 모델의 관계는 <그림 10-2>와 같이 나타낼 수 있다.

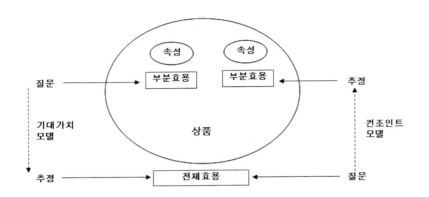

| 그림 10.2 | **기대가치 모델과 컨조인트 모델의 관계**

3) 상품 속성에 대한 트레이드 오프 분석

상품기획에서는 대상 상품 또는 목표로 하는 고객층이 가격지향인지, 품질중시인지 등을 조사하는 것도 중요하다. 이러한 상품 속성의 평가에 있어서는 상품의 기능이나 디자인 등에 관한 수준간의 차를 금액환산으로 어느 정도의 효용이 있다고 고객이 이해하고 있는지를 조사하는 것도 중요하다. 이와 같은 경우에는 일반적으로 소수의 속성에 대해서 여러 수준의 가격과 편성해서 트레이드 오프 분석(trade-off analysis)이 실시된다.

그리고 가격과 편성하는 속성이 한 개(최대한 두 개 이하)라면, 데이터 수집방법으로서 이인자일람표법(二因子一覽表法)의 이용이 유효하다.

후술할 전콘셉트법(全콘셉트法)에 있어서 가격을 제외한 속성의 수준에 의해서 코스트를 계산하고, 실험계획법에서의 수준설정과는 무관하게 코스트로부터 가격을 설정하여 회답자에게 제시하는 방법도 있다. 그러나 이 방법은 가격과 다른 속성이 독립이 아니므로, 가격의 효과를 단독으로 추정하는 것은 곤란하다.

지나치게 가격설정치의 폭이 좁으면, 가격의 영향은 작아져서 검출할 수 없는 경우도 있다. 반대로 폭이 지나치게 넓으면, 회답자는 가격만으로 선호를 판단해 버려 다른 속성의 효과를 식별하는 것이 곤란해진다. 따라서 가격에 대해서는 적절한 범위 내에서 수준을 설정하는 것도 중요하다.

3. 컨조인트 분석의 해설

1) 데이터의 수집방법

컨조인트 분석에서의 데이터 수집방법으로서는 다음과 같은 방법이 있다.
  ① 전콘셉트법(全콘셉트法)
  ② 이인자일람표법(二因子一覽表法)
  ③ 일대비교법(一對比較法)

대부분의 경우에 모든 속성에 대해서 어떠한 수준을 지정하여 상품(또는 가상 상품)을 이미지할 수 있는 구체적인 콘셉트로서, 고객에게 자극(컨조인트 카드)을 제시하는 전콘셉트법이 가장 이용하기 쉽다. 이 외에 주목하는 두 개의 인자(因子)를 문제 삼아서 각각의 인자에 관하여 복수의 수준간에 트레이드 오프를 평가할 수 있도록 매트릭스(행렬형식)의 질문표를 제시하는 '이인자일람표법', 전콘셉트법에 있어서의 구체적인 콘셉트를 2개 1조로서 회답자에게 제시하는 '일대비교법' 등이 있다.

전콘셉트법에 의한 컨조인트 카드의 예를 <그림 10-3>에 보인다.

```
PC 1                          PC 2
CPU : 400MH                   CPU : 300MH
하드 디스크 : 20GB             하드 디스크 : 20GB
디스플레이 : TFT               디스플레이 : DSTN

PC 3                          PC 4
CPU : 400MH                   CPU : 300MH
하드 디스크 : 40GB             하드 디스크 : 20GB
디스플레이 : TFT               디스플레이 : TFT
```

| 그림 10.3 | **PC에 대한 전콘셉트법에서의 컨조인트 카드 예**

이인자일람표(二因子一覽表)는 2속성의 수준간에서의 트레이드 오프를 평가하는 데에는 적합한 데이터 수집방법이다. 예를 들면, 상품의 어떤 기능을 고객은 얼마에 상당한다고 보고 있는지 해석에 의해 구해진다. <표 10-1>에서는 CPU 400MH, 150만원의 PC가 가장 선호되는데, CPU 400MH, 200만원의 PC보다는 CPU 300MH, 150만원의 PC 쪽이 좋다고 회답자가

답했다고 하면, CPU 100MH 분의 처리속도의 차이(보다 구체적으로는 400MH와 300MH의 차이)를 고객은 금액 환산으로 얼마의 상위라고 느끼고 있는지 평가할 수 있다.

| 표 10.1 | PC에 대한 이인자일람표의 예

		가격		
		150만원	200만원	250만원
CPU	400MH	1	3	6
	300MH	2	5	8
	200MH	4	7	9

2) 측정 척도

전콘셉트법에 있어서는 다음과 같은 측정 척도로 회답자의 응답을 측정할 수 있다.
    ① 순위법 : 컨조인트 카드를 좋아하는(혹은 사고 싶은) 순으로 늘어 놓도록 한다.
    ② 평점법 : 각 컨조인트 카드에 득점(스코어)을 매기도록 한다(예를 들면, 가장 좋아하는 것에 10점, 최악의 경우를 0점 등으로 한다).
    ③ 평정척도법 : 각 컨조인트 카드에 대해서 '좋아함', '약간 좋아함', '보통', '약간 싫어함', '싫어함'과 같이 준비한 카드 내의 적합한 것을 고르도록 하여 5단계 평가 등으로 치환한다.

3) 직교계획

상품 콘셉트의 평가에 있어서는 많은 속성에 대해서 많은 수준의 편성에 관한 고객의 평가를 필요로 한다. 그러나 모든 속성에 대해서 모든 수준의 편성을 만들면 컨조인트 카드의 매수는 막대한 수가 된다.

예를 들면, 어떤 상품에 대해서 2수준의 속성 A, B, C, D, E, F의 효과를 모두 조사하고 싶다고 하자. 이들 모든 편성에 대해서 컨조인트 카드를 작성하면, 카드의 매수는 $2 \times 2 \times 2 \times 2 \times 2 \times 2 = 64$가 된다. 그러나 각 속성이 각각 단독으로 그 상품의 효용에 영향을 미치고 있다고 가정하면, 다음에 보이는 '직교표'를 이용함으로써 여덟 가지의 편성에 대한 데이터를 수집하면 충분히 해석할 수 있다는 것을 알 수 있다.

어떤 속성과 다른 속성의 각각의 수준이 서로 같은 횟수씩 균형 있게 나타나는 편성으로 되어 있을 때, 이들 속성은 직교하고 있다고 한다.

| 표 10.2 | **직교계획**

카드 번호	속성 A	속성 B
①	1	1
②	1	1
③	1	2
④	1	2
⑤	2	1
⑥	2	1
⑦	2	2
⑧	2	2

<표 10-2>와 같은 경우에 이 속성 A와 속성 B는 직교하고 있다고 하며, 이와 같은 편성으로 실험을 행하는 계획을 직교계획이라고 한다. <표 10-2> 내의 수치 '1'은 제1수준을, '2'는 제2수준을 나타낸다. 속성 A의 제1수준과 제2수준 내에는 속성 B의 각 수준이 같은 횟수씩 나타나고 있다. 이때 속성 A와 속성 B는 직교하고 있다고 한다.

대부분의 전콘셉트법을 이용하는 컨조인트 분석 소프트웨어에서는, 조사하고 싶은 속성과 수준의 수가 많은 경우라도 각 속성(인자)이 직교하도록 하는 실험계획법의 지식을 잘 이용하도록 고안되어 있고, 이것에 의해서 컨조인트 카드의 매수를 대폭으로 절약할 수 있다. 이것은 단지 해석이 용이해진다고 하는 것만이 아니라 회답자의 부담을 경감할 수 있고, 신뢰할 수 있는 데이터를 수집할 수 있다고 하는 장점이 크다.

여기에서 '주효과'란 각 속성에 대한 단독의 효과를 말한다. 복수의 속성에 대한 편성 내에서 어떤 속성의 특정 수준과 다른 속성의 특정 수준이 편성되었을 때에, 특히 고객에게 선호된다고 하는 효과는 '교호작용'이라고 불린다. 교호작용이 있다는 것이 예상되는 경우에는 실험계획법에 관해서 신중한 배려가 필요하게 되므로, 실험계획법 등에 정통한 통계분석 전문가에게 상담하는 편이 좋다.

4) 컨조인트 분석에 있어서의 해석방법

고객의 평가 데이터로부터 부분효용치를 추정하기 위한 기법으로서는 <그림 10-4>와 같은 방법이 있다. 수집된 데이터가 순위 데이터인 경우에 순위라고 하는 것을 강조한 해석법으로서는 단조회귀분석이 있고, 초기의 컨조인트 분석 소프트웨어로서 유명한 MONANOVA가 이 방법을 채택하고 있다.

데이터의 종류(측정 척도)	해석방법
순위 데이터	단조회귀분석
순위 데이터의 변환치 평정척도치의 데이터	최소자승법 (중회귀분석)
선택 데이터	로짓 모델 프로빗 모델

| 그림 10.4 | **컨조인트 분석에서의 해석방법**

그 후 데이터 측정 척도로서 평정척도치나 평가 스코어가 많이 이용되게 되고, 이와 같은 데이터에 적합한 최소자승 모델이 많이 사용되게 되었다. 선호 순위의 수치를 그대로 계량치의 데이터에 치환해도 해석 결과에 대한 영향이 별로 크지 않다는 사실이 보고되었다. 이 결과를 이용해서 PLANPARTNER 등 많은 컨조인트 분석 소프트웨어가 이 최소자승법을 채택하고 있다.

또한 각 컨조인트 카드가 어느 정도의 확률로 선택되었는지, 그 정도를 효용의 크기로 간주해서 각 속성의 개별 효과를 추정하는 모델은 선택확률의 예측 모델이라고 생각된다. 이와 같은 경우에는 로짓 모델(logit model) 혹은 프로빗 모델(probit model) 등이 이용된다. 이 방법은 상품의 선호보다는 선택이라고 하는 직접 구매로 이어지는 정보가 얻어진다고 하는 점에서, 점유율 예측에 관해서는 매력적이다. 그러나 그 이론은 상당히 난해하고 상세한 것은 다른 전문서적에 양보하기로 한다.

5) 컨조인트 분석 결과의 검증

컨조인트 분석에 의해서 모든 속성에 대한 각 수준마다의 부분효용치가 구해지면, <그림 10-1>에 보인 바와 같은 사고방식에 의해서 컨조인트 카드에는 없는 수준의 편성 등 임의(가상)의 상품에 대한 전체효용치도 추정할 수 있다. 그러나 그 예측치의 신뢰성을 확보하기 위해서는 컨조인트 분석에 의해서 얻어진 부분효용의 추정치와 그 사고방식(모델)이 도움이 되는지 아닌지를 확인할 필요가 있다. 이와 같은 경우에 이용되는 카드가 홀드아웃 카드(hold-out card, 검정 카드)이다.

홀드아웃 카드는 부분효용치의 추정에는 이용하지 않는 예비적인 카드로, 대부분의 컨조인트 분석 소프트웨어에서는 자동적으로 홀드아웃 카드를 생성하는 기능을 갖고 있다. 즉, 이 카드는 회답자의 평가대상에는 포함되지만 부분효용치의 추정에는 사용되지 않는다. 그래서 추정된 부분효용치에 의거해서 홀드아웃 카드에 표시된 각 속성의 각 수준을 편성한 가상 상품의 전체효용을 계산하고, 그 효용치(또는 선호 순서)를 회답자의 평가치와 직접 비교함으로써 추정결과의 정합성을 검증할 수 있다.

6) 층별분석과 선택 시뮬레이터

최신의 컨조인트 분석 소프트웨어에서는 집단전체의 대표적인 효용치에 대해서나 개개인의 효용치에 대해서도 추정할 수 있도록 설계된 것도 많다. 이때, 개개인에 대한 효용치의 해석결과를 회답자의 페이스 시트에 기재되어 있는 정보 등(성별, 연령층, 직업 등)에 의해 몇 개의 집단으로 분할해서 층별로 검토할 수 있다면, 각 세그먼트마다의 특징을 파악할 수도 있다.

각 세그먼트마다 어떠한 상품 속성의 편성(프로파일)이 가장 선호되고, 선택되는가(즉, 점유율을 획득할 수 있는가)를 예측하는 것도 가능하게 된다. 이와 같은 점유율 예측도 컨조인트 분석의 주요한 목적의 하나이며, 이를 위한 도구가 컨조인트 시뮬레이터 혹은 선택 시뮬레이터라고 불리는 것이다.

일반적으로 컨조인트 분석의 결과로부터 선택을 예측할 때의 가장 간단한 방법은, 효용치가 최대가 된 콘셉트(상품 속성의 편성)가 선택된다고 하는 것이다. 이 방법은 제1순위 선택방식이라고 불리고 있다(현재의 PLANPARTNER에는 이 기능은 포함되어 있지 않다).

7) 상품기획에 있어서의 컨조인트 분석

여기에서 상품기획 도구로서의 컨조인트 분석에 대해서 생각하면, 다음과 같이 설명할 수 있다. 상품기획에서의 컨조인트 분석이란 아이디어 선택법에 의해 좁혀진 아이디어의 각 속성에 대한 좋아함과 싫어함이나 구입의향의 정도를 정량적으로 측정하고, 품질표의 작성 시에 필요한 고객이 기대하는 요인마다의 중요도와 그 최적수준을 구하는 도구이다.

아이디어 선택법에 의해 몇 개의 중요한 속성의 항목이 확인되면, 다음의 단계로서 더욱 구체적으로 각 속성마다의 수준을 정할 필요가 있다. 여기에서 어떤 속성의 수준과 가격의 관계가 문제로 되어 있다면, 이인자일람표법(二因子一覽表法)에 의해 데이터를 수집하고, 트레이드 오프 관계를 분명히 하기 위해서 분석을 실시할 필요가 있다. 그러나 일반적으로는 이 단계에서도 고객이 평가하는 중요 속성의 확인과 평가되는 수준의 확정이 구해지는 경우가 많다.

이 때문에 상품기획 도구로서의 컨조인트 분석에서는 이와 같은 '중요 속성의 확인'과 '최적 수준의 확정'을 목적으로 한 전콘셉트법(全콘셉트法)에 의거한 방법을 표준사양에 설정하기를 권한다. 물론 이 방법에서도 속성의 수를 좁혀서(속성 수를 2, 3까지로 한다) 수준의 수를 많이 설정하면, 트레이드 오프 분석에도 충분히 대응할 수 있다.

4. 컨조인트 분석의 절차와 요점

1) 컨조인트 분석의 절차

컨조인트 분석의 절차는 다음과 같다.

① 컨조인트 분석의 목적을 명확히 한다.
② 속성을 정한다.
③ 수준을 정한다.
④ 데이터 수집법과 제시대상의 구조를 정한다.
⑤ 컨조인트 분석 소프트웨어에 속성과 수준을 입력하고, 컨조인트 분석 카드를 작성한다.
⑥ 적절한 회답자를 선정한다.
⑦ 컨조인트 카드를 회답자에게 보여서, 제시대상을 평가해 받는다(평가점, 순서, 일대비 교의 우열 등).
⑧ 회답자의 결과(각 카드의 선호 순위 등)를 입력하고, 부분효용치를 계산한다.
⑨ 홀드아웃 카드(hold-out card)에 대한 평가가 있는 경우는 그 검토를 함. 데이터를 세 그먼트마다 나누어서 다시 층별한 해석을 실시할 필요가 있는지 아닌지에 대해서도 검 토한다.
⑩ 고찰을 하고 레포트에 정리한다.

2) 컨조인트 분석의 요점

최근의 컨조인트 분석 소프트웨어는 이용하기 쉽도록 고안되어 있고, 복잡한 수준설정 등에 관한 전문지식을 그다지 깊이 이해하지 않더라도 사용할 수 있게끔 고안되었다. 여기에서 상품 기획에 있어서의 컨조인트 분석의 요점을 정리하면 다음과 같이 된다.

첫째, 컨조인트 분석은 이용하는 소프트웨어에 따라서 속성 수, 수준 수, 회답자 층별의 가부 (可否), 점유율 예측이나 추정결과에 대한 검증의 유무 등에 대해서 제약을 받는 일이 많다. 이용 가능한 소프트웨어의 특징을 충분히 이해해서 최대한의 정보를 이끌어낼 수 있도록 하는 조사계획을 세우는 게 좋다.

둘째, 회답자의 선정에는 특히 주의를 요한다. 대상 상품에 무관심한 사람을 다수 모으더라도 의미가 없다. 속성이 좁혀진 단계에서의 조사에서는 신상품정보의 관리 면으로부터의 배려도 필요하다. 또 고객층을 충분히 좁히지 않은 단계에서의 조사에서는 페이스 시트를 활용해서 회답자에 대한 관심의 높이를 확인할 수 있도록 하면 좋다.

셋째, 컨조인트 분석에서는 일반적으로 앙케트 조사보다도 복잡한 질문형식이 된다. 모든 회답자에게 직접 기입방법을 설명할 수 있는 것이 최선이지만, 우송이나 다른 사람에게 의뢰할 때에는 특히 알기 쉬운 질문표(컨조인트 카드를 포함한다)를 작성하도록 유의해야 한다.

넷째, 컨조인트 분석을 손으로 계산하는 것은 무리이다. 역시 간단한 표계산 소프트웨어 정도는 사용할 수 있도록 해야 한다. 회답자의 데이터를 바르게 PC에 입력하는 것, 입력 미스가 없는 것도 확인해야 한다. 가능한 한 계산결과는 표보다 그래프에 그리도록 한다. 품질표의 작성자에게도 알기 쉬운 발표 자료에 정리하는 것도 중요하다.

5. 컨조인트 분석의 실제

1) 컨조인트 분석용 카드

컨조인트 분석은 「소비자의 기호를 알기 위한 수법」이라고 생각하면 알기 쉽다. 다음의 예를 통하여 이해해 보도록 하자.

어떤 카펫 청소기 판매회사에서는 다음의 다섯 가지 속성과 그 수준에 대해서 소비자가 어떠한 수준의 편성을 원하고 있는지를 조사하게 되었다.

| 표 10.3 | **카펫의 속성과 수준**

속성	수준			
디 자 인	A형	B형	C형	← 3가지
브랜드명	K2R	Glory	Bissel	← 3가지
가 격	1.19달러	1.39달러	1.59달러	← 3가지
보 증 서	무	유		← 2가지
환 불 금	무	유		← 2가지

그런데 다섯 가지의 속성과 그 수준에 의한 여러 가지 편성을 만들어 보면

A형	Glory	1.39달러	보증서 유	환불금 무
B형	K2R	1.19달러	보증서 무	환불금 무
B형	Glory	1.39달러	보증서 무	환불금
:	:	:	:	:

실은 모든 편성은 무려 $3 \times 3 \times 3 \times 2 \times 2 = 108$가지나 존재한다. 이렇게 많은 편성이 존재하면 소비자는 그 중에서 상품을 한 개 선택한다는 것은 도저히 불가능하다.

그래서 직교표를 이용해서 균형 있게 108가지 중에서 18가지만을 끄집어내 보자. 실제로는 이 18가지의 카드에 네 가지의 홀드아웃 카드(No. 19~No. 22)와 두 가지의 시뮬레이션 카드(No. 23~No. 24)가 추가되므로, 편성의 수는 24가지가 된다.

SPSS에서는 ORTHOPLAN(직교배열) 프로그램을 이용하면, 선호도 특성을 분석하는 경우에 필요한 카펫 청소기를 선정하는 데 하나의 요인의 효과를 구할 때 다른 요인의 치우침이 발생하지 않는다.

2) 직교계획 프로그램에 의한 컨조인트 분석

> **직교계획**

직교계획 생성은 요인 수준의 편성을 모두 검정하지 않고 일부(예를 들면, 27가지 중 9가지)만 검정하기 위해서 데이터 파일을 작성한다. 직교계획 프로그램은 불필요한 교호작용을 구하

지 않고 각 수준의 편성 중에서 일부만을 선택하여 실험을 실시하는 방법으로 일부실시법 (fractional factorial design)이라고 한다. 카펫 청소기 상품 중에서 18가지의 상품을 선정하기 위하여 SPSS에서는 다음과 같은 절차에 의해서 컨조인트 카드가 작성된다.

> SPSS에 의한 해법

순서 1 ▸ ▸ ▸ 직교계획 생성

(1) 메뉴에서 [데이터(D)] - [직교계획(H)] - [생성(G)]을 선택한다.

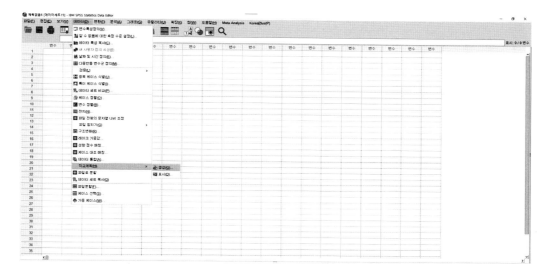

(2) [직교계획 생성] 대화상자가 나타나면, 첫 번째 속성의 [요인이름]과 [요인레이블]을 다음과 같이 입력한다. 그리고 [추가(A)] 버튼을 클릭한다.

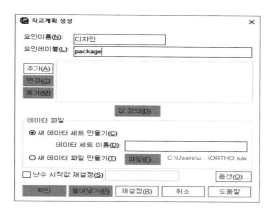

(3) 아래의 화면에서 [디자인 'package'(?)]를 마우스로 클릭하면 다음과 같이 [값 정의 (D)] 버튼이 반전된다.

(4) [값 정의] 대화상자가 나타나면 다음과 같이 디자인 값과 레이블을 입력하고, [계속] 버튼을 클릭한다.

(5) 다음과 같이 '디자인(package)'에 대한 데이터가 입력되어 있는 것을 확인하고, 같은 방법으로 나머지 속성에 대해서도 주어진 데이터를 입력한다.

(6) 다음과 같이 모든 속성에 대한 데이터가 입력되어 있는 것을 확인한다.

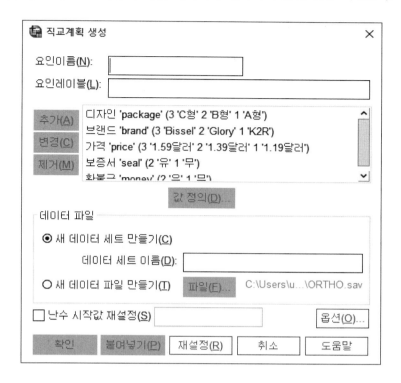

위의 화면에서 [옵션(O)] 버튼을 클릭한다.

(7) [옵션] 대화상자에서 다음과 같이 입력하고 [계속] 버튼을 클릭한다.

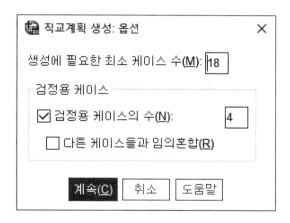

(8) 다음의 화면에서 [파일(F)] 버튼을 클릭하여 저장 경로를 명시한다(여기에서, C:₩컨
조인트₩카펫.sav).

여기에서는 C 드라이브에 '컨조인트'라고 하는 폴더를 만들어 놓고 그곳에 모든 관련
파일을 저장하기로 한다. 따라서 위의 [파일(F)] 버튼을 클릭하여 '컨조인트' 폴더를
불러서 파일 이름으로 '카펫'을 입력하고 저장한다(저장 위치는 임의로 정한다).

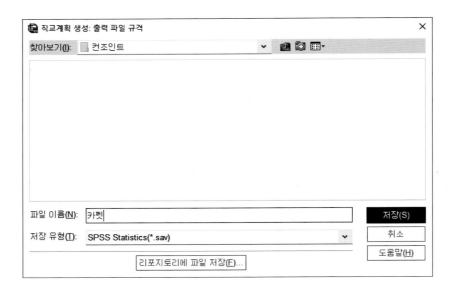

(9) [확인] 버튼을 클릭하면 '컨조인트' 폴더의 '카펫' 파일에 컨조인트 카드가 생성된다. 직교계획 생성에서는 가상의 상품이 추출된다. 따라서 매번 동일한 직교계획을 실시 하더라도 서로 다른 결과가 나타나므로 반드시 매번 저장해 두는 것이 좋다.

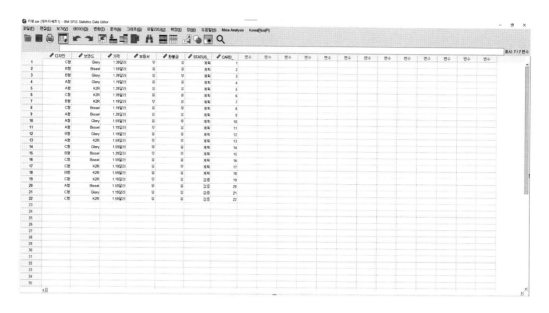

순서 2 ▸ ▸ ▸ 추정 상품의 출력

(1) 메뉴에서 [데이터(D)] - [직교계획(H)] - [표시(D)]를 선택한다.

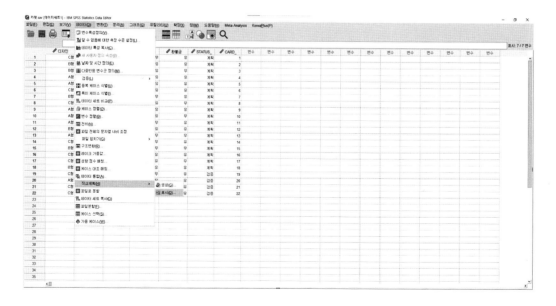

(2) 다음의 화면에서 '디자인', …, '환불금' 등을 [요인(F)] 난으로 이동한다. [형식]의 '실험자 목록(L)'을 선택하고 [확인] 버튼을 클릭한다.

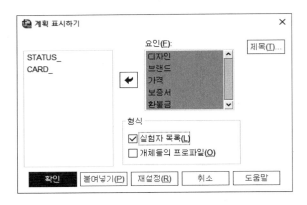

(3) 다음과 같은 카드 목록이 출력된다.

카드 목록

	카드 ID	package	brand	price	seal	money
1	1	C형	Glory	1.39달러	무	유
2	2	B형	Bissel	1.59달러	유	유
3	3	B형	Glory	1.39달러	유	무
4	4	A형	Glory	1.19달러	유	유
5	5	A형	K2R	1.39달러	유	유
6	6	C형	K2R	1.39달러	유	유
7	7	B형	K2R	1.19달러	무	유
8	8	C형	Bissel	1.19달러	유	무
9	9	A형	Bissel	1.39달러	유	유
10	10	A형	Glory	1.59달러	유	무
11	11	A형	Bissel	1.19달러	무	유
12	12	B형	Glory	1.19달러	유	유
13	13	A형	K2R	1.59달러	무	무
14	14	C형	Glory	1.59달러	무	무
15	15	B형	Bissel	1.39달러	무	유
16	16	C형	Bissel	1.59달러	유	유
17	17	C형	K2R	1.19달러	유	무
18	18	B형	K2R	1.59달러	유	유
19[a]	19	C형	K2R	1.19달러	무	유
20[a]	20	A형	Bissel	1.59달러	무	유
21[a]	21	C형	Glory	1.19달러	유	유
22[a]	22	C형	K2R	1.59달러	유	유

a. 검증

모의실험 카드(simulation card)라고 하는 가상적인 시나리오를 만들어 놓고 추정된 계수들을 이용하여 각 상품의 시장점유율을 예측할 수 있다. 여기에서 가상의 카펫 청소기에 대한 고객의 가상 선호도를 계산할 수 있는데, 다음과 같은 두 가지 카펫 청소기에 대한 선호도를 계산해 보자.

디자인	브랜드	가격	보증서	환불금	STATUS_	CARD_
C형	K2R	$1.19	무	무	Simulation	1
B형	Glory	$1.19	유	유	Simulation	2

순서 4 ▸ ▸ ▸ 소비자 선호도 조사

다음에 이 24매의 카드 중 시뮬레이션 카드를 제외한 22매의 카드(=22가지의 편성)를 소비자에게 보이고 좋아하는 순서로 1번에서 22번까지 순위를 매기도록 했다. 소비자 10명이 매긴 순위는 다음과 같은 결과였다고 하자.

| 표 10.4 | 소비자 10명이 매긴 순위

소비자	순위1	순위2	순위3	순위4	순위5	순위6	순위7	순위8	순위9	순위10	순위11	순위12	순위13	순위14	순위15	순위16	순위17	순위18	순위19	순위20	순위21	순위22
김을동	13	15	1	20	14	7	11	19	3	10	17	8	5	9	6	12	4	21	18	2	22	16
김병래	15	7	18	2	12	3	11	20	16	21	6	22	8	17	19	1	14	4	9	5	10	13
김청자	2	18	14	16	22	13	20	10	15	3	1	6	9	5	7	12	19	8	17	21	11	4
박선달	13	10	20	14	2	18	16	22	15	3	1	9	5	6	8	17	11	7	19	4	12	21
소병수	13	18	2	10	20	15	9	5	3	7	11	4	12	22	14	16	1	6	19	21	17	8
심달중	15	2	3	12	18	7	10	11	4	9	5	13	16	14	22	8	6	1	21	19	17	20
장영세	13	7	15	18	2	3	10	20	14	11	19	17	12	1	9	5	4	6	8	16	21	22
정영삼	15	7	13	4	6	16	8	22	5	9	21	18	10	3	2	20	14	11	17	19	1	12
오영일	20	9	10	11	4	5	13	15	2	3	12	18	7	1	21	14	16	22	8	6	17	19
최마소	8	21	19	17	4	11	12	7	1	6	9	5	3	15	14	16	22	20	10	13	2	18

순서 5 ▶ ▶ ▶ 컨조인트 분석의 실시

컨조인트 분석을 위해서 <표 10-4>를 SPSS 데이터 편집기에 입력하고 파일 이름을 '예제 10-1'이라고 명명한다.

(1) 메뉴에서 [파일(F)] - [새로 만들기(N)] - [명령문(S)]을 선택한다.

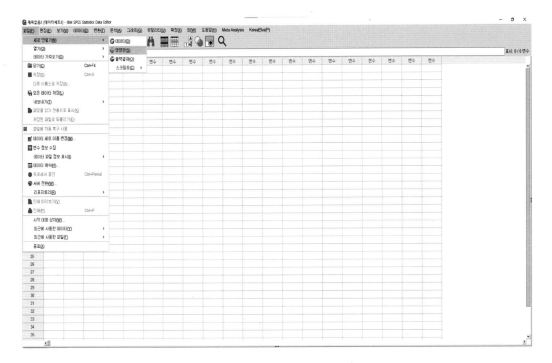

(2) SPSS 명령문 편집기 화면이 열리면 다음과 같은 명령문을 입력한다.

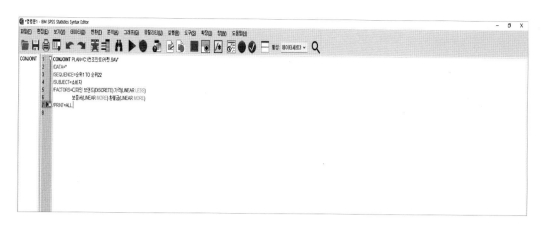

CONJOINT PLAN='C:₩컨조인트₩카펫.SAV'   ← C 드라이브 '컨조인트' 폴더에 있는 '카펫' 파일

/DATA= *   ← *는 화면상에 열려 있는 데이터를 사용하라는 의미

/SEQUENCE = 순위1 TO 순위22   ← 선호도의 순위

/SUBJECT = 소비자

/FACTORS = 디자인 브랜드(이산 데이터) 가격(내림차순)

          보증서(오름차순) 환불금(오름차순)   ← 다섯 개의 요인

/PRINT = ALL.   ← 모두를 출력하라는 의미

(3) '카펫' 파일은 '컨조인트' 폴더에 저장해 놓고, '예제 10-1' 데이터는 화면상에 열려 있
는 상태에서 컨조인트 명령문의 [실행(R)] - [모두(A)]를 선택한다. 컨조인트 분석이
실행된다.

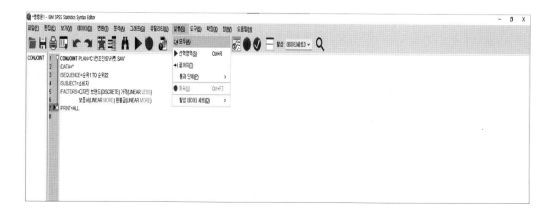

(1) 컨조인트분석 - 첫째

개체 1: 김을동

유틸리티(U)

		유틸리티 추정	표준오차
디자인	A형	.667	.630
	B형	-.667	.630
	C형	1.221E-15	.630
브랜드	K2R	.333	.630
	Glory	1.000	.630
	Bissel	-1.333	.630
가격	1.19달러	-.417	.546
	1.39달러	-.833	1.092
	1.59달러	-1.250	1.637
보증서	무	-9.000	.945
	유	-18.000	1.891
환불금	무	-5.000	.945
	유	-10.000	1.891
(상수)		33.667	2.521

중요도 값[a]

디자인	7.207
브랜드	12.613
가격	4.505
보증서[b]	48.649
환불금[b]	27.027

a. 2개 반전

b. 역방향

계수

	B 계수	
	추정값	표준오차
가격	-.417	.546
보증서	-9.000	.945
환불금	-5.000	.945

상관계수^a

	변수값	TPL 유의확률
Pearson의 R	.962	.000
Kendall의 타우	.869	.000
검증용 Kendall의 타우	.667	.087

a. 관측 기본 설정과 추정 기본 설정 간 상관관계

시뮬레이션의 기본 설정 점수

카드 번호	ID	점수
1	1	19.583
2	2	5.583

김을동의 컨조인트 분석결과이다. 먼저 '유틸리티(U)'의 숫자는 다섯 가지 속성에 대한 각 수준마다의 부분효용 스코어와 표준오차를 나타내고 있다.

예를 들면, 다음의 다섯 가지 수준의 편성에 대해서 부분효용 스코어를 합계하면

$$B형 + Bissell + \$1.19 + 무 + 유 + 상수$$
$$= -0.667 - 1.333 - 1.417 - 9.000 - 10.000 + 33.667$$
$$= 11.250$$

가 된다. 즉, 위의 다섯 가지 수준의 편성에 대한 전효용 스코어(=합계)가 11.250이다. 이 전효용 스코어가 큰 편성을 김을동이 원하고 있는 것이다.

'중요도 값'이란 다섯 가지 속성의 중요도를 퍼센트로 표현한 것이다. 가령 보증서의 '중요도 값'이 48.649%로 가장 크므로, 김을동에게 있어서는 다섯 가지 속성 중 보증서의 유무가 가장 중요하다는 것을 알 수 있다. 거꾸로 가격의 '중요도 값'은 4.505%이므로, 그다지 문제로 삼고 있지 않다는 것을 간파할 수 있다.

다음에 상관계수는 모델과 데이터의 적합도를 나타내는 수치이다.

'시뮬레이션의 기본 설정 점수'는 '카펫' 파일의 마지막에 있는 2매의 시뮬레이션 카드의 전효용 스코어를 구하고 있다. 카드 2보다 카드 1의 전효용 스코어 쪽이 크다는 것을 알 수 있다. 따라서 알고 싶은 상품의 편성을 시뮬레이션 카드가 있는 곳에 넣어 두면 무엇인가 도움이 될 수 있을 것이다.

이하 나머지 9명에 대해서도 같은 방법으로 분석이 가능하다.

(2) 컨조인트분석 - 둘째

전체 통계량

유틸리티(U)

		유틸리티 추정	표준오차
디자인	A형	.367	.192
	B형	1.867	.192
	C형	-2.233	.192
브랜드	K2R	-.017	.192
	Glory	-.350	.192
	Bissel	.367	.192
가격	1.19달러	1.108	.166
	1.39달러	2.217	.332
	1.59달러	3.325	.498
보증서	무	-2.000	.287
	유	-4.000	.575
환불금	무	-1.250	.287
	유	-2.500	.575
(상수)		12.700	.767

중요도 값

디자인	35.635
브랜드	14.911
가격	29.410
보증서	11.172
환불금	8.872

평균 중요도 점수

계수

	B 계수 추정값
가격	1.108
보증서	-2.000
환불금	-1.250

상관계수[a]

	변수값	TPL 유의확률
Pearson의 R	.982	.000
Kendall의 타우	.892	.000
검증용 Kendall의 타우	.667	.087

a. 관측 기본 설정과 추정 기본 설정 간 상관관계

시뮬레이션의 기본 설정 점수

카드 번호	ID	점수
1	1	8.308
2	2	8.825

시뮬레이션의 기본 설정 확률[b]

카드 번호	ID	최대 유틸리티[a]	Bradley-Terry-Luce	로짓
1	1	50.0%	45.6%	50.7%
2	2	50.0%	54.4%	49.3%

a. 등순위 시뮬레이션 포함

b. 음수가 아닌 점수를 가진 10개의 개체 중 10개의 개체가 Bradley-Terry-Luce 및 Logit 방법에 사용되었습니다.

컨조인트 분석에서는 전술한 바와 같이 각 소비자마다 '중요도 값'이나 '유틸리티'를 출력해 주는데, 모든 소비자를 한데 모은 컨조인트 분석의 결과가 위의 '유틸리티'표이다.

아무래도 소비자는 카펫 청소기를 구입할 때는 디자인(=35.635)이나 가격(=29.410)이 걱정이 된다고 하는 경향을 알았다.

Chapter 11

상관분석

Chapter 11

상관분석

1. 상관관계의 파악

1) 상관계수와 산점도에 의한 파악

예제 11-1

다음의 데이터는 어떤 제품의 강도(y)와 그 제품 중에 포함된 경화제의 양(x)을 30개 측정한 것이다. 이 데이터를 그래프로 표현하고 경화제의 양 x와 강도 y의 관계를 파악하라.

| 표 11.1 | 데이터표

No.	1	2	3	4	5	6	7	8	9	10
경화제의 양(x)	29	32	29	28	25	28	31	31	32	23
강도(y)	50	49	46	51	44	46	52	52	51	42
No.	11	12	13	14	15	16	17	18	19	20
경화제의 양(x)	29	32	27	30	29	29	30	30	32	29
강도(y)	46	52	47	53	51	51	53	53	54	47
No.	21	22	23	24	25	26	27	28	29	30
경화제의 양(x)	29	29	28	28	26	31	26	33	27	32
강도(y)	50	53	49	46	47	53	45	48	47	48

> **사고방식과 적용수법**

두 개의 양적인 변수(x와 y)가 있을 때, 이 두 개의 변수 관계를 시각에 호소하여 파악하기 위해서는 산포도(散布圖) 혹은 산점도(散點圖)라고 불리는 그래프를 적용한다.

> **상관관계**

두 개의 변수 x와 y가 있을 때에, x의 변화에 따라서 y도 변화하는 관계를 상관관계라고 한다. x가 증가하면 y도 증가하는 관계를 양의 상관관계, x가 증가하면 y는 감소하는 관계를 음의 상관관계라고 한다. 어느 쪽의 관계도 보이지 않는 경우를 무상관이라고 한다.

상관관계와 인과관계는 다른 개념이다. 인과관계란 원인과 결과의 관계이며, 이것은 데이터의 통계적 검토만으로는 입증할 수 없다. 데이터에 의거해서 검토할 수 있는 것은 상관관계이며, 인과관계는 데이터의 배후에 있는 이론적 지식이나 기술적 지식에 의해서 설명이 될 필요가 있다. 흔히 수학을 잘하는 사람은 물리도 잘한다고 일컬어지고 있다. 이것은 수학의 성적과 물리의 성적 사이에는 양의 상관관계가 존재한다는 것을 말하고 있는 것으로, 인과관계가 존재하고 있다는 것을 말하고 있는 것은 아니다.

> **상관계수**

두 개의 변수 사이에 상관관계가 있는지 어떤지를 수치적으로 판단하는 데는 상관계수라고 불리는 지표를 이용한다.

상관계수는 통상 r이라는 기호로 표기되고, -1에서 1까지의 값을 취한다.

$$-1 \leq r \leq 1$$

상관계수의 부호가 양($+$)일 때에는 양의 상관관계가 있다는 것을, 음($-$)일 때에는 음의 상관관계가 있다는 것을 나타내고 있다. 상관관계의 강도는 상관계수의 절대값 $|r|$ 또는 자승값 r^2으로 평가한다. 어느 쪽도 1에 가까울수록 상관이 강하다는 것을 의미한다. 상관관계가 존재하지 않을 때에는 상관계수의 값은 0에 가까운 값이 된다.

변수 x와 y의 상관계수는 다음과 같은 순서로 산출할 수 있다.

① x의 편차제곱의 합 $S(xx)$를 계산한다.

$$S(xx) = \sum_{i=1}^{n} (x_i - \overline{x})^2 = \sum_{i=1}^{n} x_i^2 - \left(\sum_{i=1}^{n} x_i\right)^2 / n$$

② y의 편차제곱의 합 $S(yy)$를 계산한다.

$$S(yy) = \sum_{i=1}^{n} (y_i - \overline{y})^2 = \sum_{i=1}^{n} y_i^2 - \left(\sum_{i=1}^{n} y_i\right)^2 / n$$

③ x와 y의 편차곱의 합 $S(xy)$를 계산한다.

$$S(xy) = \sum_{i=1}^{n} (x_i - \overline{x})(y_i - \overline{y}) = \sum_{i=1}^{n} x_i y_i - \left(\sum_{i=1}^{n} x_i\right)\left(\sum_{i=1}^{n} y_i\right) / n$$

④ 상관계수 r을 계산한다.

$$r = \frac{S(xy)}{\sqrt{S(xx)\,S(yy)}}$$

> **상관계수의 해석방법**

상관계수로부터 상관관계의 강약을 판단하는 기준은 다음과 같다.

$0.8 \leq |r|$: 강한 상관 있음
$0.6 \leq |r| < 0.8$: 상관 있음
$0.4 \leq |r| < 0.6$: 약한 상관 있음
$|r| < 0.4$: 거의 상관 없음

그러나 이것은 어디까지나 기준이고, 상관계수는 데이터 수와의 관계로 음미할 필요가 있다. 특히 데이터의 수가 적으면, 모상관계수 ρ가 0인지 어떤지의 가설검정을 실시해야 한다.

상관계수에 관한 일반적인 성질로서 주의할 점은, 계산에 이용하는 표본 데이터의 선택방법에 따라서 현저히 그 상관계수의 크기가 달라진다는 점이다. 예를 들면, x와 y가 양의 상관일 때 x가 일정한 값 x_0보다 큰 데이터밖에 얻을 수 없는 경우, x와 y의 상관은 현저히 낮아지기 쉽다. 이러한 사실은 가령 x를 입학시험의 성적, y를 입학 후의 성적으로 하는 경우에 일어날 수 있다. 그 밖의 주의점으로서는, 두 개의 변수 x, y에 상관이 있는 경우라고 하더라도 $x \rightarrow y$ 또는 $y \rightarrow x$의 어떤 인과관계도 성립하지 않는 경우가 있다.

> 산점도

산점도(散點圖)는 상관관계의 유무를 시각적으로 확인하기 위한 그래프이다. 두 개의 변수 중 한쪽을 가로축으로 하고 다른 한쪽을 세로축으로 하여, 대응하는 데이터를 1점씩 타점(plot)함으로써 작성한다.

2) 상관분석의 실제

> SPSS에 의한 해법

순서 1 ▸ ▸ ▸ 데이터의 입력

	x	y
1	29.00	50.00
2	32.00	49.00
3	29.00	46.00
4	28.00	51.00
5	25.00	44.00
6	28.00	46.00
7	31.00	52.00
8	31.00	52.00
9	32.00	51.00
10	23.00	42.00
11	29.00	46.00
12	32.00	52.00
13	27.00	47.00
14	30.00	53.00
15	29.00	51.00
16	29.00	51.00
17	30.00	53.00
18	30.00	53.00
19	32.00	54.00
20	29.00	47.00
21	29.00	50.00
22	29.00	53.00
23	28.00	49.00
24	28.00	46.00
25	26.00	47.00
26	31.00	53.00
27	26.00	45.00
28	33.00	48.00
29	27.00	47.00
30	32.00	48.00

메뉴에서 [분석(A)] - [상관분석(C)] - [이변량 상관(B)]를 선택한다.

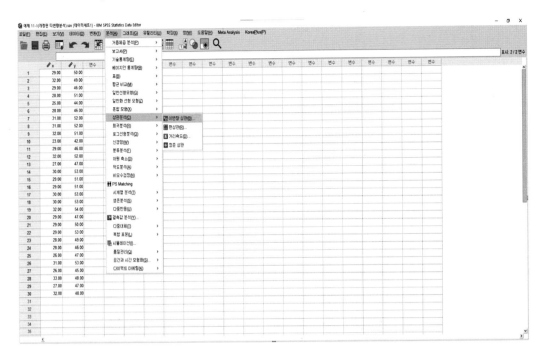

다음과 같은 대화상자가 나타난다.

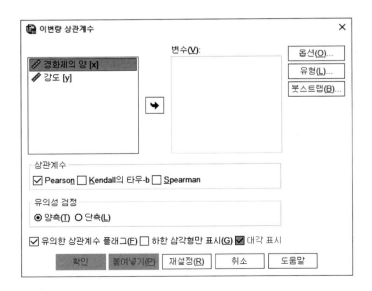

[변수(V)]로서 'x'와 'y'를 선택한다. [상관계수]는 이미 초기지정으로 [Pearson]이 선택되었고, [유의성 검정]도 [양쪽(T)]이 선택되어 있다.

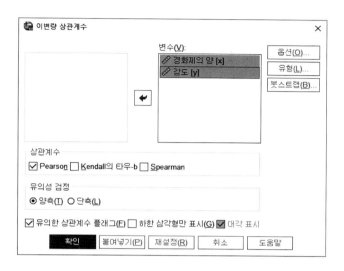

[옵션(O)] 버튼을 클릭하면, [이변량 상관계수 : 옵션] 대화상자가 나타난다.

순서 4 ▸ ▸ ▸ 통계량의 선택

필요한 통계량으로서 [평균과 표준편차(M)]와 [교차곱 편차와 공분산(C)]을 선택한다.

[계속] 버튼을 클릭하면 앞의 화면으로 되돌아간다. 여기에서 [확인] 버튼을 클릭하면 분석결과를 얻을 수 있다.

기술통계량

	평균	표준편차	N
경화제의 양	29.1333	2.33021	30
강도	49.2000	3.17751	30

상관관계

		경화제의 양	강도
경화제의 양	Pearson 상관	1	.681**
	유의확률 (양측)		.000
	제곱합 및 교차곱	157.467	146.200
	공분산	5.430	5.041
	N	30	30
강도	Pearson 상관	.681**	1
	유의확률 (양측)	.000	
	제곱합 및 교차곱	146.200	292.800
	공분산	5.041	10.097
	N	30	30

**. 상관관계가 0.01 수준에서 유의합니다(양측).

➤ 결과의 해석방법

x(경화제의 양)와 y(강도)는 상당한 양의 상관관계(0.681)를 가지고 있으며, 통계적으로 매우 유의하다(**).

$$0.6 \leq |r| < 0.8 \; : \; 상관 \; 있음$$

데이터의 수가 적으면, 모상관계수 ρ가 0인지 어떤지의 가설검정을 실시할 필요가 있다.

순서 1 ▸ ▸ ▸ 그래프의 선택

메뉴에서 [그래프(G)] - [레거시 대화상자(L)] - [산점도/점도표(S)]를 선택한다.

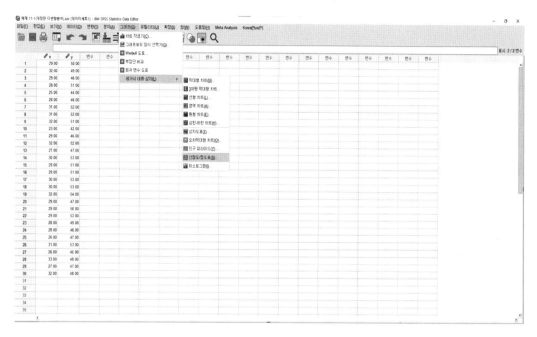

↓ (대화상자가 나타난다)

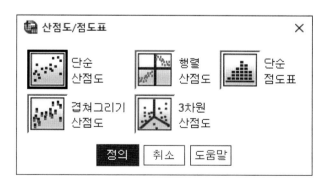

여기에서 초기지정된 상태대로 [단순 산점도]를 선택하고, [정의] 버튼을 클릭하면 [단순 산점도] 대화상자가 나타난다.

순서 2 ▸ ▸ ▸ 변수의 선택

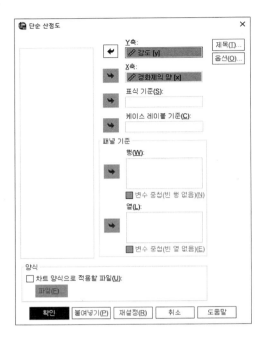

[Y-축(Y)]에는 'y'를, [X-축(X)]에는 'x'를 선택한다. [제목(T)] 버튼을 클릭하면 [제목]
대화상자가 나타난다.

순서 3 ▸ ▸ ▸ 제목의 입력

[제목]의 [첫째줄(L)] 난에 '경화제의 양에 따른 강도의 변화'라는 제목을 입력한 후, [계
속] 버튼을 클릭하면 앞의 화면으로 되돌아간다.

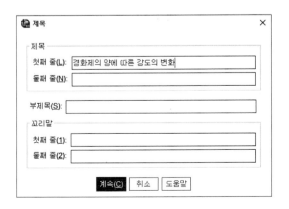

[단순 산점도] 대화상자에서 [확인] 버튼을 클릭하면, 다음과 같은 산점도가 작성된다.

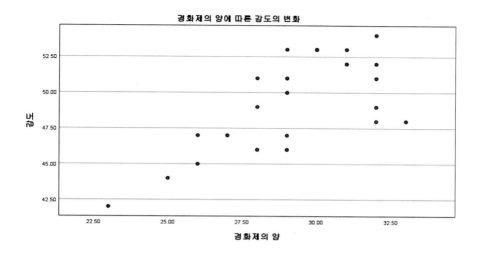

> **산점도 관찰의 요점**

산점도를 관찰할 때의 요점은 다음과 같다.

① 이상치(엄청나게 차이가 나는 값)는 없는가?
② 두 개의 변수 x와 y 사이에는 어떠한 관계(직선관계, 곡선관계, 무관계)가 있는가?
③ 그룹이 형성되어 있지 않은가?

2. 편상관계수의 산출

1) 편상관계수의 의미

세 개의 변량 y, x_1, x_2에 있어서 y와 x_1의 편상관계수(partial correlation coefficient)란 y로부터 x_2의 영향을 제거한 것과 x_1으로부터 x_2의 영향을 제거한 것의 상관계수를 말한다.

한편, 두 개의 변수 x와 y에 영향을 미치는 변수를 제어변수(control variable)라 하고 제어변수가 없는 편상관계수를 0차 상관이라고 한다. 즉, 보통의 상관계수를 일컫는다. 제어변수가 한 개인 경우의 편상관계수를 1차 편상관이라고 한다.

그리고 x_1으로부터 x_2의 영향을 제거한 것과 y의 상관계수를 y와 x_1의 부분상관계수(part correlation coefficient)라고 한다.

2) 편상관계수의 산출

 11-2

K고등학교 3학년 학생 20명에 대한 국어, 영어, 수학 세 과목의 성적과 성별 및 순위 데이터가 다음의 표와 같다. 수학의 영향을 제거한 국어와 영어의 편상관계수를 산출해 보자.

| 표 11.2 | 데이터표

(단위 : 점)

번호	성별	순위	국어	수학	영어
1	남	12	69	42	63
2	남	4	70	44	61
3	남	11	59	43	54
4	남	13	58	46	55
5	여	5	67	43	58
6	여	14	64	40	57
7	여	7	55	50	45
8	여	16	68	51	58
9	여	6	61	39	53
10	남	15	65	50	56
11	여	1	54	40	47
12	여	2	56	48	52
13	남	10	64	44	54
14	남	17	59	41	55
15	여	19	64	43	68
16	여	20	62	44	51
17	여	3	49	45	46
18	남	18	62	48	61
19	남	9	57	40	47
20	남	8	58	41	49

순서 1 ▸ ▸ ▸ 데이터의 입력

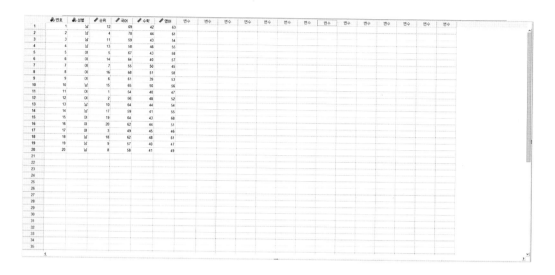

순서 2 ▸ ▸ ▸ 편상관계수의 선택

메뉴에서 [분석(A)] - [상관분석(C)] - [편상관(R)]을 선택한다.

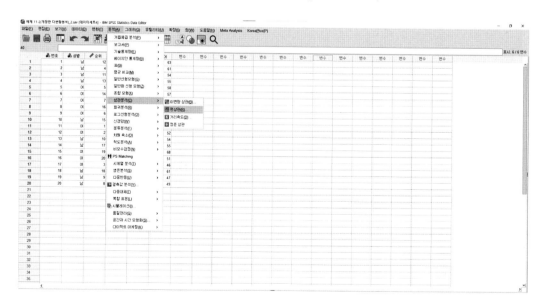

↓ (대화상자가 나타난다)

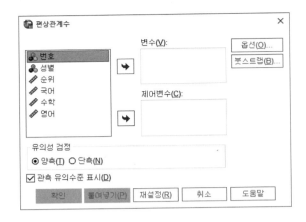

순서 3 ▸ ▸ ▸ 변수의 선택 및 결과의 출력

　　[편상관계수] 대화상자에서 [변수(V)]에 '국어'와 '영어'를 선택하고 [제어변수(C)]에 '수학'을 선택한 다음 [확인] 버튼을 클릭하면 국어와 영어의 편상관계수가 산출된다.

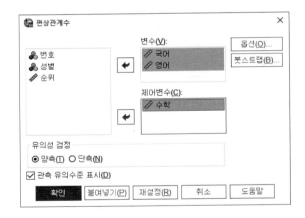

> 분석결과

상관관계

대조변수			국어	영어
수학	국어	상관관계	1.000	.785
		유의확률(양측)	.	.000
		자유도	0	17
	영어	상관관계	.785	1.000
		유의확률(양측)	.000	.
		자유도	17	0

국어와 영어의 편상관계수는 0.785인 것을 알 수 있다. 이 데이터에 있어서 수학의 점수를 제어하는 것은 의미가 있다. 편상관계수를 산출할 때에는 이론적인 뒷받침이 필요하다.

3. 범주별 상관계수의 산출

1) 파일의 분할

앞의 [예제 11-2]의 데이터에 대해서 남녀 두 그룹으로 나누어 보도록 하자.

SPSS에 의한 해법

순서 1 ▸ ▸ ▸ 파일분할의 선택

메뉴에서 [데이터(D)] - [파일분할]을 선택한다.

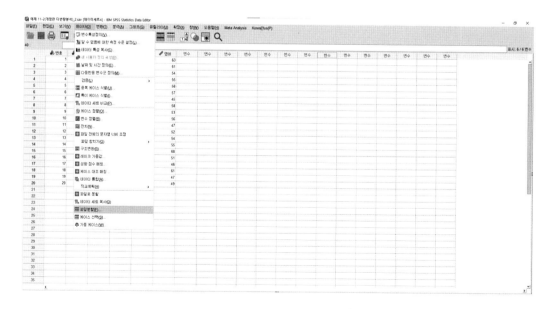

[파일분할] 대화상자가 나타나면 [분할 집단변수(G)]에 '성별'을 선택하고 [확인] 버튼을 클릭한다.

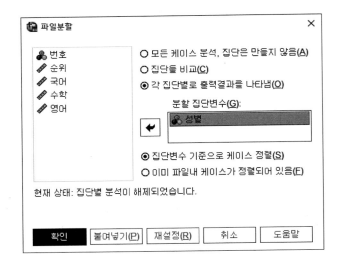

다음과 같이 남녀 두 그룹으로 나누어져 있음을 확인할 수 있다.

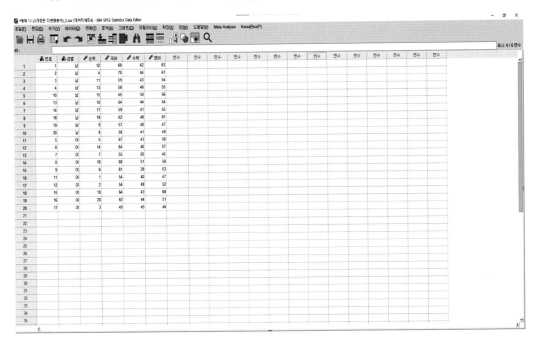

2) 남녀별 상관계수의 산출

남녀 두 그룹으로 분할된 데이터에 대해서 국어, 수학, 영어 사이의 Pearson 상관계수를 구하면 다음과 같다.

성별 = 남

상관관계[a]

		국어	수학	영어
국어	Pearson 상관	1	.290	.787[**]
	유의확률 (양측)		.416	.007
	N	10	10	10
수학	Pearson 상관	.290	1	.437
	유의확률 (양측)	.416		.206
	N	10	10	10
영어	Pearson 상관	.787[**]	.437	1
	유의확률 (양측)	.007	.206	
	N	10	10	10

[**]. 상관관계가 0.01 수준에서 유의합니다(양측).

a. 성별 = 남

성별 = 여

상관관계[a]

		국어	수학	영어
국어	Pearson 상관	1	-.038	.775[**]
	유의확률 (양측)		.917	.009
	N	10	10	10
수학	Pearson 상관	-.038	1	-.141
	유의확률 (양측)	.917		.698
	N	10	10	10
영어	Pearson 상관	.775[**]	-.141	1
	유의확률 (양측)	.009	.698	
	N	10	10	10

[**]. 상관관계가 0.01 수준에서 유의합니다(양측).

a. 성별 = 여

다시 모든 케이스를 분석하고 싶은 경우에는 메뉴에서 [데이터(D)] - [파일분할(F)]을 선택하고, [파일분할] 대화상자에서 [모든 케이스 분석, 집단은 만들지 않음(A)]을 체크한 다음 [확인] 버튼을 클릭한다.

4. 부분 데이터만의 상관계수의 산출

1) 특정 데이터의 추출

앞의 [예제 11-2]의 데이터에 대해서 상위 10명만의 상관계수를 구하기 위하여 먼저 상위 10명만의 데이터를 추출해 보자.

> **SPSS에 의한 해법**

순서 1 ▸ ▸ ▸ 메뉴에서 [데이터(D)] - [케이스 선택(S)]을 선택한다.

순서 2 ▸ ▸ ▸ [케이스 선택] 대화상자에서 [조건을 만족하는 케이스(C)]를 선택하고 [조건(I)] 버튼을 클릭한다.

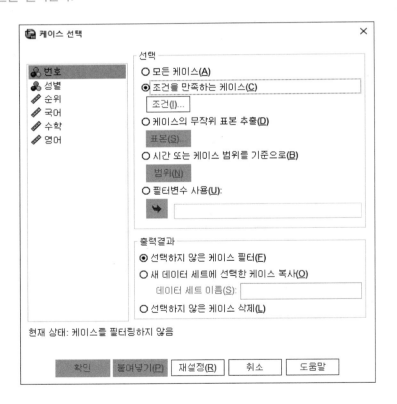

순서 3 ▶ ▶ ▶ [케이스 선택 : 조건] 대화상자에서 변수 중 '순위'를 선택하여 오른쪽 난으로 옮기고, 키보드를 이용하여 '순위 <= 10'이라고 표시되도록 한다. [계속] 버튼을 클릭한다.

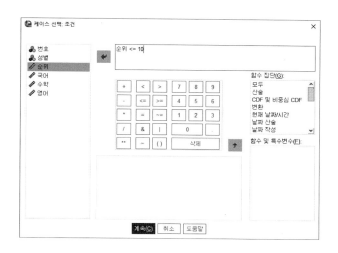

순서 4 ▶ ▶ ▶ [케이스 선택] 대화상자로 되돌아오면 '선택하지 않은 케이스 필터(F)'를 지정하고 [확인] 버튼을 클릭한다. 결과를 보면 순위가 10보다 큰 케이스 번호에 사선이 그어져 있다. 이것은 분석에서 제외된다는 것을 의미한다.

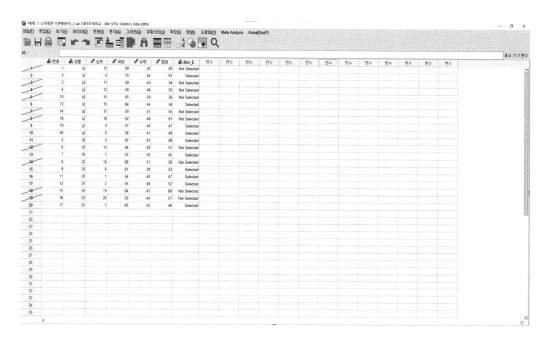

2) 특정 데이터만의 상관계수

위의 데이터에 대해서 국어, 수학, 영어 사이의 상위 10명만의 Pearson 상관계수를 구하면 그 결과는 다음과 같다.

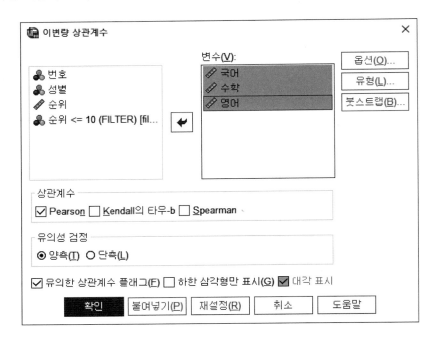

상관관계

		국어	수학	영어
국어	Pearson 상관	1	-.156	.924**
	유의확률 (양측)		.666	.000
	N	10	10	10
수학	Pearson 상관	-.156	1	-.085
	유의확률 (양측)	.666		.815
	N	10	10	10
영어	Pearson 상관	.924**	-.085	1
	유의확률 (양측)	.000	.815	
	N	10	10	10

**. 상관관계가 0.01 수준에서 유의합니다(양측).

SPSS에 의한
다변량분석 기초에서
응용까지

Chapter 12

분산분석

Chapter 12

분산분석

1. 일원 분산분석

 12-1

다이어트 식품으로 알려진 A, B, C, D 네 가지 식품의 콜레스테롤 함유량을 비교하려고 한다. 각 식품별로 세 개의 제품을 추출하여 콜레스테롤 함유량을 측정한 결과가 다음과 같았다.

| 표 12.1 | 데이터

(단위 : mg)

A	3.6	4.1	4.0
B	3.1	3.2	3.9
C	3.2	3.5	3.5
D	3.5	3.8	3.8

네 가지 다이어트 식품의 콜레스테롤 함유량이 같다고 할 수 있는지를 5% 유의수준으로 검정하라.

 사고방식과 적용수법

두 집단의 평균을 비교할 때는 두 모평균의 차에 관한 검정을 실시한다. 그러나 우리의 일상 생활 주변에서는 두 개 이상의 모집단의 평균을 동시에 비교해야 하는 경우가 흔히 발생하며, 이를 위해 사용되는 통계적 기법을 분산분석(analysis of variance : ANOVA)이라고 한다.

예를 들면, 사무직 근로자와 생산직 근로자 그리고 서비스직 근로자 사이의 평균임금을 비교하는 경우를 들 수 있다. 여기에서 근로자의 유형이 독립변수가 되고 임금이 종속변수가 되어 결국 분산분석이란 독립변수와 종속변수의 관계를 분석하는 기법인 것이다. 또한 독립변수를 인자(factor)라고도 하며 앞의 예에서는 인자의 세 가지 상태, 즉 사무직, 생산직, 서비스직의 인자수준(factor level)이 있다고 할 수 있다.

분산분석에는 단 하나의 인자를 분석대상으로 하는 일원 분산분석(one-way ANOVA)과 두 개의 인자를 분석대상으로 하는 이원 분산분석(two-way ANOVA)이 있다. 두 개 이상의 인자를 분석대상으로 하는 경우를 통틀어 다원 분산분석(multi-way ANOVA)이라고 하기도 한다.

이원 분산분석의 예로서 제품의 진열방법과 제품의 포장방법이 매출액에 어떤 영향을 미치는가를 분석하는 경우를 들 수 있다. 이때의 독립변수는 제품의 진열방법과 포장방법이 되며 두 개의 독립변수가 함께 매출에 미치는 영향을 분석한다.

▶ 분산분석표

분산분석이란 "측정치 전체의 분산을 몇 개의 요인효과에 대응하는 분산과, 그 나머지의 오차분산으로 나누어서 검정이나 추정을 실시하는 것"이라고 정의할 수 있다.

측정치는 문제 삼은 인자를 어떤 수준으로 선택해서 행해진 실험의 결과이다. 개개의 실험조건을 처리라고 부르고, 그 차이가 측정치에 어떻게 영향을 미치는가를 조사하는 것이 목적이다. 분산분석은 변동요인을 하나의 인자에 의한 효과(주효과)와 복수 인자의 복합효과(교호작용)의 두 종류의 요인효과로 나누어서, 그것들을 선형모델의 모수(母數) 또는 변량이라 생각하고 그 추측을 행하는 것이다. 여기에서 요인효과는 주효과와 교호작용을 총칭해서 일컫고 있다.

측정치에 대한 변동의 크기는 편차제곱의 합(sum of squares)으로 헤아려진다. 전체의 변동을 나타내는 총 편차제곱의 합은 각각의 요인효과에 대한 편차제곱의 합(처리요인에 의한 변동)과 문제 삼은 요인으로는 설명할 수 없는 산포도의 크기를 나타내는 오차에 대한 편차제곱의 합(잔차요인에 의한 변동)으로 분해된다. 편차제곱의 합은 그 요인효과의 상대적인 크기를 나타내는 기여율을 계산하는 데도 이용된다. 편차제곱의 합을 그 자유도로 나눈 것은 제곱평균 또는 불편분산이라고 부른다.

어떤 요인효과에 대한 검정은 그 불편분산을 오차분산 등으로 나눈 분산비(F비)에 의해서 실시된다. 분산분석의 주요한 계산결과는 분산분석표(ANOVA table)로 정리된다.

| 표 12.2 | 분산분석표(일원 분산분석)

변동의 요인	편차제곱의 합 (S)	자유도 (ϕ)	분 산 (V)	분산비 (F)	분산의 기대치 $[E(V)]$
처 리 잔 차	S_A S_e	$a-1$ $a(n-1)$	V_A V_e	V_A / V_e	$\sigma_e^{\,2} + n\sigma_A^{\,2}$ $\sigma_e^{\,2}$
계	S_T	$an-1$			

> ➤ 검정의 순서

순서 1 ▸ ▸ ▸ 가설의 설정

　　　　귀무가설　$H_0 : \mu_A = \mu_B = \mu_C = \mu_D$
　　　　(네 가지 식품의 콜레스테롤 평균함유량이 모두 같다.)
　　　　대립가설　$H_1 : \mu_A,\ \mu_B,\ \mu_C,\ \mu_D$ 중 적어도 하나는 다르다.

순서 2 ▸ ▸ ▸ 유의수준 α의 설정

$$\text{유의수준}\quad \alpha = 0.05$$

순서 3 ▸ ▸ ▸ 검정통계량 F값의 계산

$$F = \frac{V_A}{V_e}$$

여기에서

$$V_A = \frac{S_A}{a-1}$$

$$V_e = \frac{S_e}{a(n-1)}$$

순서 4 ▸ ▸ ▸ p 값의 산출

유의수준과 비교할 확률 p를 계산한다. p값은 F분포에서 F 이상의 값이 발생할 확률이다.

순서 5 ▸ ▸ ▸ 판정

[p값에 의한 판정]

$$p값 \leq 유의수준 \ \alpha \ \rightarrow \ 귀무가설 \ H_0를 \ 기각한다.$$
$$p값 > 유의수준 \ \alpha \ \rightarrow \ 귀무가설 \ H_0를 \ 기각하지 \ 않는다.$$

[기각치에 의한 판정]

$$F비 \geq F(\phi_A, \ \phi_e : \alpha) \ \rightarrow \ 귀무가설 \ H_0를 \ 기각한다.$$
$$F비 < F(\phi_A, \ \phi_e : \alpha) \ \rightarrow \ 귀무가설 \ H_0를 \ 기각하지 \ 않는다.$$

◆ TIPS!

분산분석(analysis of variance, ANOVA)은 통계학에서 두 개 이상 다수의 집단을 서로 비교하고자 할 때 집단 내의 분산, 총평균 그리고 각 집단의 평균의 차이에 의해 생긴 집단간 분산의 비교를 통해 만들어진 F분포를 이용하여 가설검정을 하는 방법이다. 통계학자이자 유전학자인 로날드 피셔(R. A. Fisher)에 의해 1920년대에서 1930년대에 걸쳐 만들어졌다.

> SPSS에 의한 해법

순서 1 ▸ ▸ ▸ 데이터의 입력

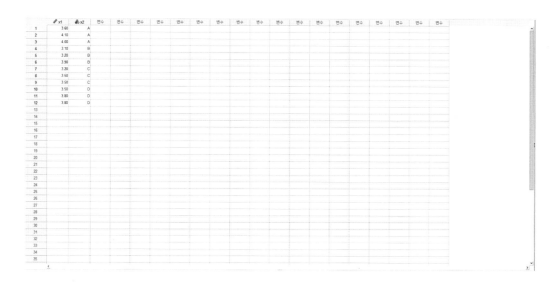

순서 2 ▸ ▸ ▸ 일원배치 분산분석의 선택

메뉴에서 [분석(A)] - [평균 비교(M)] - [일원배치 분산분석(O)]을 선택한다.

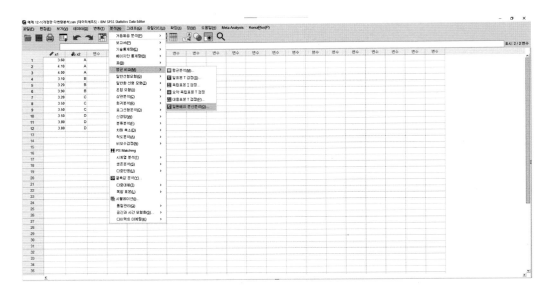

↓ (대화상자가 나타난다)

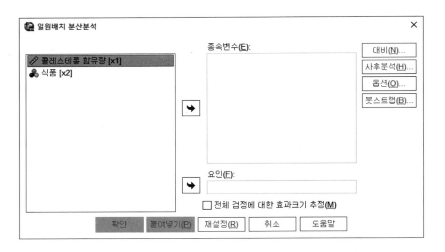

순서 3 ▸ ▸ ▸ 변수의 선택

[종속변수(E)]로서 'x_1(콜레스테롤 함유량)'을 선택하고, [요인(F)]으로서 'x_2(식품)'를 선택
한다.

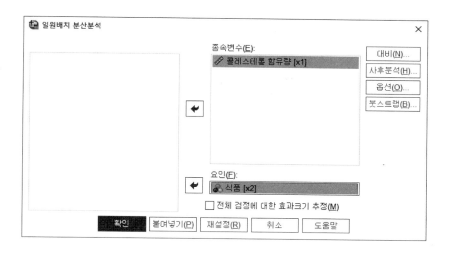

순서 4 ▸ ▸ ▸ [대비(N)] 버튼의 선택

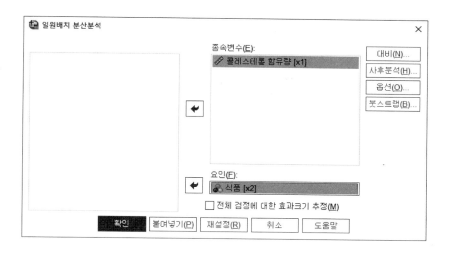

[일원배치 분산분석 : 대비] 대화상자는 대비(contrast)를 이용하여, 두 집단의 평균 차이를 비교하는 것이다. 이것은 일종의 사후검정(Post hoc test)과 유사한 방법이나 대비는 전체분석을 행하면서 특정 평균치들에 대하여 사전에 계획한 비교를 실행한다는 점에서 다르다. 여기에서 [다항식(P)]과 [차수(D)]는 '1차'를 선택한다.

[계속] 버튼을 클릭하여 앞의 대화상자로 되돌아가면, [사후분석(H)] 버튼을 클릭한다.

순서 5 ▸ ▸ ▸ [사후분석(H)] 버튼의 선택

[일원배치 분산분석 : 사후분석 - 다중비교] 대화상자에서 [Scheffe]를 선택하고, [계속] 버튼을 클릭하면 앞의 대화상자로 되돌아간다. 여기에서 [옵션(O)] 버튼을 클릭한다.

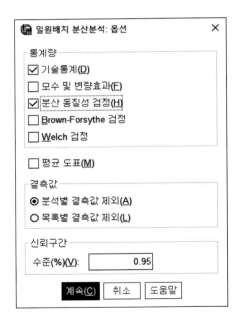

순서 6 ▸ ▸ ▸ [옵션(O)] 버튼의 선택

[일원배치 분산분석 : 옵션] 대화상자에서 [통계량]으로서는 [기술통계(D)]와 [분산 동질성 검정(H)]을 선택한다. [계속] 버튼을 클릭하면 앞의 대화상자로 되돌아간다. 여기에서 [확인] 버튼을 클릭하면 다음과 같은 분석결과를 얻을 수 있다.

분산의 동질성 검정

		Levene 통계량	df1	df2	CTT 유의확률
콜레스테롤 함유량	평균을 기준으로 합니다.	2.667	3	8	.119
	중위수를 기준으로 합니다.	.302	3	8	.823
	자유도를 수정한 상태에서 중위수를 기준으로 합니다.	.302	3	5.024	.824
	절삭평균을 기준으로 합니다.	2.248	3	8	.160

ANOVA

콜레스테롤 함유량

			제곱합	자유도	평균제곱	F	CTT 유의확률
집단-간	(결합됨)		.540	3	.180	2.250	.160
	선형항	대비	.054	1	.054	.675	.435
		편차	.486	2	.243	3.038	.104
집단-내			.640	8	.080		
전체			1.180	11			

다중비교

종속변수: 콜레스테롤 함유량

Scheffe

(I) 식품	(J) 식품	평균차이(I-J)	표준오차	CTT 유의확률	95% 신뢰구간 하한	95% 신뢰구간 상한
A	B	.50000	.23094	.272	-.3066	1.3066
	C	.50000	.23094	.272	-.3066	1.3066
	D	.20000	.23094	.859	-.6066	1.0066
B	A	-.50000	.23094	.272	-1.3066	.3066
	C	.00000	.23094	1.000	-.8066	.8066
	D	-.30000	.23094	.655	-1.1066	.5066
C	A	-.50000	.23094	.272	-1.3066	.3066
	B	.00000	.23094	1.000	-.8066	.8066
	D	-.30000	.23094	.655	-1.1066	.5066
D	A	-.20000	.23094	.859	-1.0066	.6066
	B	.30000	.23094	.655	-.5066	1.1066
	C	.30000	.23094	.655	-.5066	1.1066

동질적 부분집합

콜레스테롤 함유량

Scheffe[a]

식품	N	유의수준 = 0.05에 대한 부분집합 1
C	3	3.4000
B	3	3.4000
D	3	3.7000
A	3	3.9000
CTT 유의확률		.272

등질적 부분집합에 있는 집단에 대한 평균이 표시됩니다.
a. 조화평균 표본크기 3.000을(를) 사용합니다.

> **결과의 해석방법**

분산분석이 유용하기 위해서는 표본이 무작위로 추출되었으며 모집단은 동일한 분산을 가지고 있다는 가정을 충족시켜야 한다. 현재 분석하고 있는 자료가 이러한 가정을 충족시키고 있는지를 알아보기 위해 Levene 통계량을 사용한다. Levene 통계량 값이 2.667로서 충분히 크며 p값 = 0.119 > 유의수준 α = 0.05이므로 모집단의 분산이 동일하다는 귀무가설이 채택된다. 따라서, 다음의 계속적인 분석이 가능하다.

분산분석의 결과에서

$$유의확률 \ p값 = 0.160 > 유의수준 \ \alpha = 0.05$$

이므로 귀무가설을 기각할 수 없다. 즉, 다이어트 식품별 콜레스테롤 함유량이 다르다고 할 수 없다. 우리는 1단계 분석에서 식품별로 콜레스테롤 함유량에 유의한 차이가 없음을 알았다. 이것은 사후분석을 통해 재확인할 수 있다.

> **TIPS!**
>
> ANOVA는 세 집단 이상의 평균 비교를 할 때 사용하는데 ANOVA의 귀무가설이 '모든 집단의 평균이 같다'이다. 만약, 귀무가설을 기각하게 되어 적어도 한 집단의 평균이 다른 집단들과 다르다고 나온다면 어떤 집단들이 서로 다른지 궁금할 것이다. 이 궁금증을 해결해 줄 수 있는 방법이 바로 사후분석이다.

Scheffe 통계량으로 계산된 사후검정을 보면 유의수준 0.05 하에서 각 식품간 콜레스테롤 함유량의 평균 차이가 유의하지 않음을 알 수 있다. 따라서, 식품별 콜레스테롤 함유량에는 차이가 없다는 결론을 내릴 수 있다.

마지막으로 동일집단군 분류에서 부분집합(Subset)에서는 통계적으로 평균 차이가 없는 동일한 집단을 나타내고 있다.

2. 이원 분산분석

1) 반복 없는 이원 분산분석

 12-2

[예제 12-1]에서 각 다이어트 식품별로 측정된 세 개의 관측치가 세 곳의 상이한 실험실에서 측정된 결과라고 하자.

| 표 12.3 | 데이터

(단위 : mg)

식품 \ 실험실	1	2	3
A	3.6	4.1	4.0
B	3.1	3.2	3.9
C	3.2	3.5	3.5
D	3.5	3.8	3.8

다이어트 식품과 실험실에 따라서 콜레스테롤 함유량에 차이가 있는가를 5% 유의수준으로 검정하라.

> 사고방식과 적용수법

본 예제에서 만일 세 곳의 실험실로 하여금 네 가지 식품에 대하여 모두 콜레스테롤 함유량을 측정하게 한다면, 실험실들의 측정기술 수준의 차이에 기인한 함유량이 각 식품에 모두 반영

된다. 따라서 각 식품의 평균 콜레스테롤 함유량의 차이 여부를 보다 효율적으로 판단할 수 있게 된다. 이와 같이 표본을 각 처리방법에 임의로 할당하기 전에 각 집단이나 블록 내에서 상대적으로 적은 변동을 갖도록 어떤 특성을 사용하여 표본을 배치하는 방법을 난괴법(randomized block design)이라 하며, 이를 분석하는 수법을 반복 없는 이원 분산분석이라고 한다.

> **분산분석표**

본 예제에서는 다음 두 가지의 질문이 있을 수 있다.

첫째, 식품에 따라 콜레스테롤 함유량의 차이가 발생하는가?
둘째, 실험실에 따라 콜레스테롤 함유량의 차이가 발생하는가?

위의 두 가지 내용을 이원 분산분석에서의 주효과(main effect)에 대한 검정이라고도 한다. 여기에 관련된 검정을 보다 간편하게 하기 위해서는 이원 분산분석표(two-way ANOVA table)가 필요하다.

| 표 12.4 | **이원 분산분석표(반복 없는 이원 분산분석)**

변동의 요인	편차제곱의 합	자유도	분산	F 비	분산의 기대치
인자 A (행)	S_A	$a-1$	V_A	V_A / V_e	$\sigma_e^2 + b\sigma_A^2$
인자 B (열)	S_B	$b-1$	V_B	V_B / V_e	$\sigma_e^2 + a\sigma_B^2$
잔 차	S_e	$(a-1)(b-1)$	V_e		σ_e^2
계	S_T	$ab-1$			

> **검정의 순서**

반복 없는 이원 분산분석에서는 두 가지의 인자를 다루고 있으므로 두 가지 인자에 대한 가설검정을 별도로 해야 한다. 검정방법 및 순서는 일원 분산분석의 경우와 같다.

> **SPSS에 의한 해법**

순서 1 ▸ ▸ ▸ 데이터의 입력

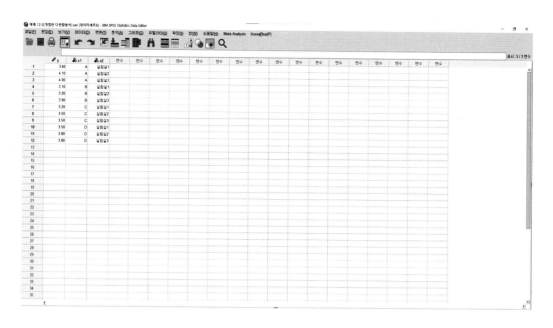

순서 2 ▸ ▸ ▸ 일반선형모형 – 일변량의 선택

메뉴에서 [분석(A)] - [일반선형모형(G)] - [일변량(U)]을 선택한다.

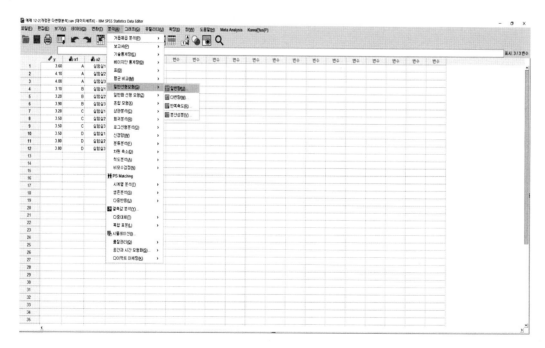

↓ (대화상자가 나타난다)

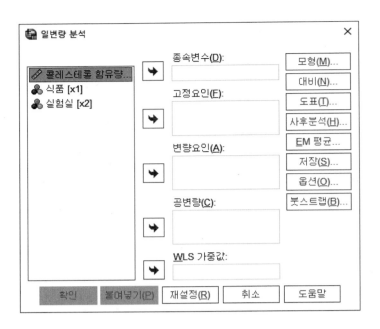

순서 3 ▸ ▸ ▸ 변수의 선택

　　[종속변수(D)]로서 'y(콜레스테롤 함유량)'를 선택하고, [고정요인(F)]으로서 'x_1(식품)'과 'x_2(실험실)'를 선택한다.

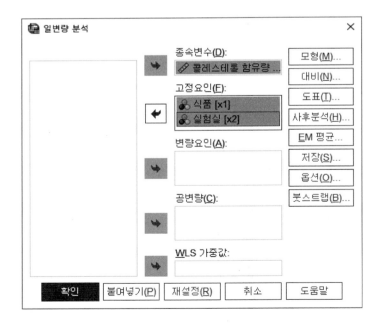

순서 4 모형의 설정

[모형(M)] 버튼을 클릭하면 [일변량 : 모형] 대화상자가 나타난다. [항 설정(B)] 버튼을 클릭하면 화면이 반전된다. [항 설정]에서 '주효과'를 선택하고 [모형(M)] 난에 'x_1'과 'x_2'를 지정한다. [계속] 버튼을 클릭하면 앞의 대화상자로 되돌아간다.

순서 5 ▸ ▸ ▸ 옵션의 선택

[옵션(O)] 버튼을 클릭하여 [옵션] 대화상자가 나타나면 [표시]로서 [기술통계량(D)]을 선택하고 [계속] 버튼을 클릭한다. 앞의 화면에서 [확인]을 클릭하면 분석결과를 얻을 수 있다.

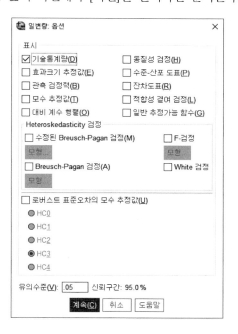

개체-간 요인

		값 레이블	N
식품	1	A	3
	2	B	3
	3	C	3
	4	D	3
실험실	1	실험실1	4
	2	실험실2	4
	3	실험실3	4

기술통계량

종속변수: 콜레스테롤 함유량

식품	실험실	평균	표준편차	N
A	실험실1	3.6000	.	1
	실험실2	4.1000	.	1
	실험실3	4.0000	.	1
	전체	3.9000	.26458	3
B	실험실1	3.1000	.	1
	실험실2	3.2000	.	1
	실험실3	3.9000	.	1
	전체	3.4000	.43589	3
C	실험실1	3.2000	.	1
	실험실2	3.5000	.	1
	실험실3	3.5000	.	1
	전체	3.4000	.17321	3
D	실험실1	3.5000	.	1
	실험실2	3.8000	.	1
	실험실3	3.8000	.	1
	전체	3.7000	.17321	3
전체	실험실1	3.3500	.23805	4
	실험실2	3.6500	.38730	4
	실험실3	3.8000	.21602	4
	전체	3.6000	.32753	12

개체-간 효과 검정

종속변수: 콜레스테롤 함유량

원인	제 III 유형 제 곱합	자유도	평균제곱	거짓	유의확률
수정된 모형	.960ᵃ	5	.192	5.236	.034
절편	155.520	1	155.520	4241.455	.000
x1	.540	3	.180	4.909	.047
x2	.420	2	.210	5.727	.041
추정값	.220	6	.037		
전체	156.700	12			
수정된 합계	1.180	11			

a. R 제곱 = .814 (수정된 R 제곱 = .658)

 결과의 해석방법

　기술통계량에서는 식품별, 실험실별 평균 콜레스테롤 함유량과 총평균 3.60을 보여 주고 있다. 그리고 식품별 표준편차와 실험실별 표준편차도 출력되어 있다.

　분산분석표에서 식품별 콜레스테롤 평균함유량에 대한 검정에서는,

$$\text{유의확률 } p \text{값} = 0.047 < \text{유의수준 } \alpha = 0.05$$

이므로 귀무가설 H_0를 기각한다. 즉, 다이어트 식품별로 콜레스테롤 평균함유량이 모두 같다고는 할 수 없다.

　그리고 실험실별 콜레스테롤 평균함유량에 대한 검정에서는,

$$\text{유의확률 } p \text{값} = 0.041 < \text{유의수준 } \alpha = 0.05$$

이므로 귀무가설 H_0를 기각한다. 즉, 실험실별로 콜레스테롤 평균함유량이 모두 같다고는 할 수 없다.

TIPS!

분산분석(ANOVA)의 자리매김

척도와 분석간의 관계	독립변수	
	범주형	연속형
종속변수 범주형	❶ 교차분석	❹ 판별분석 로지스틱회귀분석
종속변수 연속형	❷ t-test분석 ANOVA(분산분석)	❸ 상관분석 회귀분석

네 개 회사에서 생산되는 소형차를 여섯 명의 운전자에게 운전하게 하여 휘발유 리터당 주행거리를 측정한 결과가 다음과 같다.

| 표 12.5 | 차종별 운전자별 리터당 주행거리

(단위 : km/리터)

차종 \ 운전자	1	2	3	4	5	6
가	15	10	13	14	17	9
나	17	12	18	13	15	12
다	17	7	9	13	8	12
라	10	12	8	7	9	11

차종에 따라 리터당 주행거리의 차이가 발생하는가? 그리고 운전자에 따라 리터당 주행거리의 차이가 발생하는가? 5% 유의수준으로 각각 검정하라.

> **SPSS에 의한 해법**

순서 1 ▶ ▶ ▶ 데이터의 입력

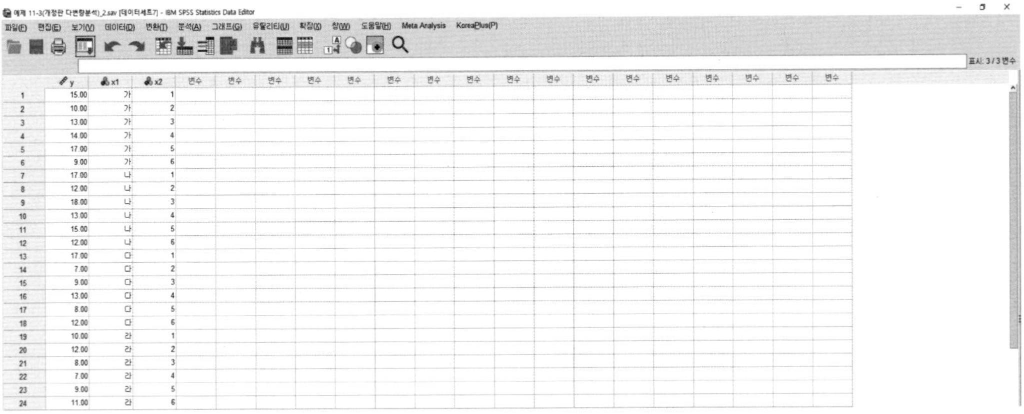

순서 2 ▶ ▶ ▶ 일반선형모형 – 일변량의 선택

메뉴에서 [분석] - [일반선형모형] - [일변량]을 선택한다. [예제 12-2]와 같은 순서!

개체-간 효과 검정

종속변수: 리터당 주행거리

원인	제 III 유형 제곱합	자유도	평균제곱	거짓	유의확률
수정된 모형	134.000[a]	8	16.750	2.094	.103
절편	3456.000	1	3456.000	432.000	.000
x1	87.000	3	29.000	3.625	.038
x2	47.000	5	9.400	1.175	.367
추정값	120.000	15	8.000		
전체	3710.000	24			
수정된 합계	254.000	23			

a. R 제곱 = .528 (수정된 R 제곱 = .276)

> 결과의 해석방법

분산분석표에서 차종별 리터당 주행거리에 대한 검정에서는,

$$\text{유의확률 } p\text{값} = 0.038 < \text{유의수준 } \alpha = 0.05$$

이므로 귀무가설 H_0를 기각한다. 즉, 차종별로 리터당 주행거리가 모두 같다고는 할 수 없다. 그리고 운전자별 리터당 주행거리에 대한 검정에서는,

$$\text{유의확률 } p\text{값} = 0.367 > \text{유의수준 } \alpha = 0.05$$

이므로 귀무가설 H_0를 기각할 수 없다. 즉, 운전자별로 리터당 주행거리가 적어도 하나는 다르다고 할 수 없다.

TIPS!

F분포는 분산의 비교를 통해 얻어진 분포비율이다. 이 비율을 이용하여 각 집단의 모집단분산이 차이가 있는지에 대한 검정과 모집단평균이 차이가 있는지 검정하는 방법으로 사용한다. 즉, F = (군간 변동)/(군내 변동)이다. 만약 군내 변동이 크다면 집단 간 평균 차이를 확인하는 것이 어렵다. 분산분석에서는 집단간 분산의 동질성을 가정하고 있기 때문에 만약 분산의 차이가 크다면 그 차이를 유발한 변인을 찾아 제거해야 한다. 그렇지 않으면 분산분석의 신뢰도는 나빠지게 된다.

2) 반복 있는 이원 분산분석

 12-4

점포의 크기와 지역에 따라 생활필수품의 가격에 차이가 있는가를 알아보기 위하여 이원 분산분석을 하려고 한다. 점포의 크기를 인자 A로 하고 지역을 인자 B로 할 때 인자수준은 a = 2(대, 소), b = 3(서울, 중부, 남부)으로 한다. 따라서 전체 처리는 2 × 3 = 6개가 된다. 각 처리에서 두 개의 표본을 추출한 결과 다음과 같은 데이터를 얻었다고 한다.

| 표 12.6 | 데이터

(단위 : 1,000원)

점포크기 \ 지역	B_1(서울)	B_2(중부)	B_3(남부)
A_1(소)	74 78	78 74	68 72
A_2(대)	70 74	68 72	60 64

> **사고방식과 적용수법**

전술한 바와 같이 일원 분산분석은 모집단의 평균이 같은지에 대한 가설검정이며, 반복 없는 이원 분산분석은 블록화를 이용하여 비처리(non-treatment) 변동을 고려한 평균이 같은지에 대한 검정이다. 본 예제는 두 개의 처리효과를 검정하는 데 사용하는 반복 있는 이원 분산분석에 의해서 해결해야 한다. 이 검정은 반복을 완전 무작위화법으로 하는 경우와 같다.

> **TIPS!**
>
> 반복이 있는 이원배치법은 글자 그대로 이원배치법을 처리마다 여러 번 시험하는 것이다. 반복이 있는 이원배치법은 두 인자가 만나서 일으키는 '교호작용(interaction)'을 확인할 수 있다. 교호작용은 한 요인의 효과가 다른 요인의 수준에 의존하는 경우를 말한다. 교호작용도를 사용하여 가능한 교호작용을 시각화할 수 있다.

> **분산분석표**

반복 있는 이원 분산분석표는 다음과 같다.

| 표 12.7 | 이원 분산분석표(반복 있는 이원 분산분석)

변동의 요인	편차제곱의 합	자유도	분산	F비	분산의 기대치
인자 A (행)	S_A	$a-1$	V_A	V_A / V_e	$\sigma_e^2 + br\sigma_A^2$
인자 B (열)	S_B	$b-1$	V_B	V_B / V_e	$\sigma_e^2 + ar\sigma_B^2$
A×B (교호작용)	$S_{A \times B}$	$(a-1)(b-1)$	$V_{A \times B}$	$V_{A \times B} / V_e$	$\sigma_e^2 + r\sigma_{A \times B}^2$
잔 차	S_e	$ab(r-1)$	V_e		σ_e^2
계	S_T	$abr-1$			

> **검정의 순서**

반복 있는 이원 분산분석에서의 가설검정은 세 가지로 나누어진다. 먼저 인자간의 교호작용 (interaction)이 있는지의 여부를 검정해야 한다. 만약 교호작용이 존재한다면 인자 A와 인자 B의 효과를 따로 검정하는 것은 의미가 없게 되며 처리의 수가 ab인 일원 분산분석으로 간주 하여 ab개의 처리간 평균의 동일성을 검정하거나 차이를 추정하면 된다. 만약 교호작용이 존재 하지 않는다면 인자 A의 효과와 인자 B의 효과에 대하여 별도로 검정한다.

이원 분산분석의 모형은 다음과 같다.

$$Y_{ijk} = \mu_{..} + \alpha_i + \beta_j + (\alpha\beta)_{ij} + \varepsilon_{ijk}$$

여기에서

$\quad Y_{ijk}$: 인자 A의 수준이 i이고 인자 B의 수준이 j인 처리에서 추출한 k번째의 관찰값

$\quad \mu_{..}$: 총평균

$\quad \alpha_i$: 인자 A의 효과

$\quad \beta_j$: 인자 B의 효과

$\quad (\alpha\beta)_{ij}$: 교호작용 효과

$\quad \varepsilon_{ijk}$: 오차

교호작용이 존재하는지를 검정하기 위한 가설은 다음과 같이 설정된다.

$$H_0 : \text{모든 } (\alpha\beta)_{ij} = 0$$
$$H_1 : (\alpha\beta)_{ij} \text{ 중 적어도 하나는 0이 아니다.}$$

귀무가설처럼 모든 $(\alpha\beta)_{ij} = 0$이면 두 인자간에 교호작용이 존재하지 않음을 의미하며, 대립가설은 교호작용이 존재함을 의미한다. 판정방법은 다음과 같다.

[p값에 의한 판정]

p값 $\leq$ 유의수준 α → 귀무가설 H_0를 기각한다.
p값 $>$ 유의수준 α → 귀무가설 H_0를 기각하지 않는다.

[기각치에 의한 판정]

F비 $\geq F((a-1)(b-1),\ ab(r-1)\ ;\ \alpha)$ → 귀무가설 H_0를 기각한다.
F비 $< F((a-1)(b-1),\ ab(r-1)\ ;\ \alpha)$ → 귀무가설 H_0를 기각하지 않는다.

SPSS에 의한 해법

순서 1 ▸ ▸ ▸ 데이터의 입력

	size	area	price
1	소	서울	74.00
2	소	서울	78.00
3	대	서울	70.00
4	대	서울	74.00
5	소	중부	78.00
6	소	중부	74.00
7	대	중부	68.00
8	대	중부	72.00
9	소	남부	68.00
10	소	남부	72.00
11	대	남부	60.00
12	대	남부	64.00

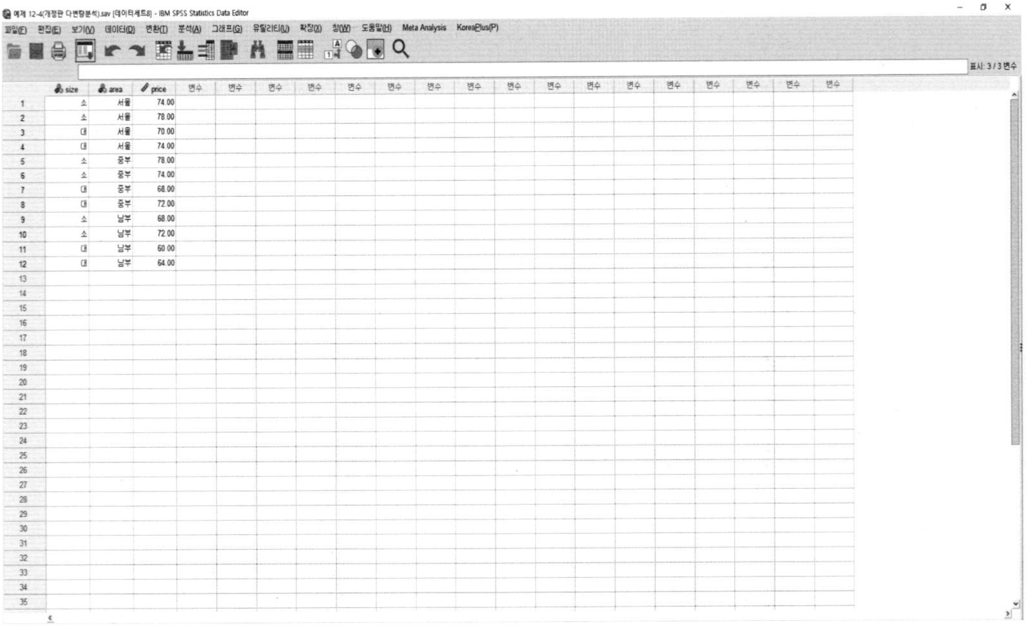

순서 2 ▸ ▸ ▸ 일반선형모형 – 일변량의 선택

메뉴에서 [분석(A)] - [일반선형모형(G)] - [일변량(U)]을 선택한다.

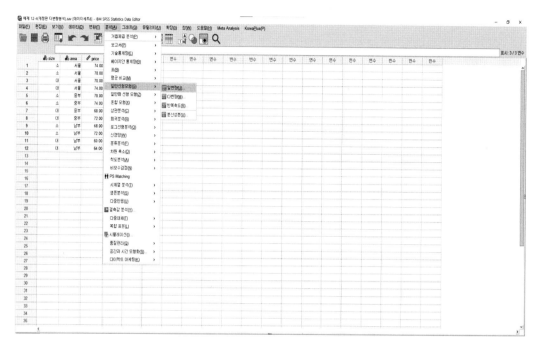

↓ (대화상자가 나타난다)

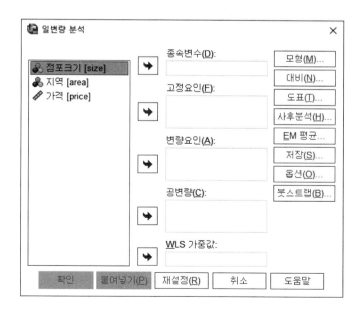

[종속변수(D)]로서 'price(가격)'를 선택하고, [고정요인(F)]으로서 'area(지역)'와 'size(점 포크기)'를 선택한다.

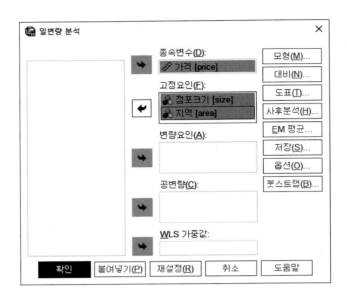

순서 4 ▸ ▸ ▸ 모형의 설정

[모형(M)] 버튼을 클릭하면 [일변량 : 모형] 대화상자가 나타난다.

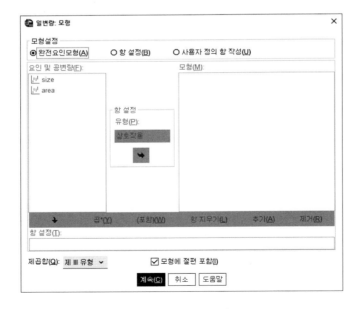

[항 설정(B)] 버튼을 클릭하면 화면이 반전된다. [항 설정]에서 '상호작용'을 선택하고 [모형(M)] 난에 'area'와 'size' 그리고 'area * size'를 지정한다. [계속] 버튼을 클릭하면 앞의 대화상자로 되돌아간다.

순서 5 ▸ ▸ ▸ 옵션의 선택

[옵션(O)] 버튼을 클릭하여 [일변량 : 옵션] 대화상자가 나타나면 [표시]로서 [기술통계량(S)]을 선택하고 [계속] 버튼을 클릭한다. 앞의 화면에서 [확인]을 클릭한다.

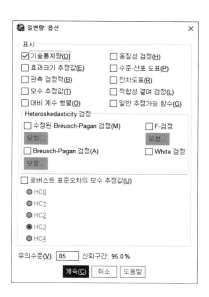

개체-간 효과 검정

종속변수: 가격

원인	제 III 유형 제곱합	자유도	평균제곱	거짓	유의확률
수정된 모형	268.000ª	5	53.600	6.700	.019
절편	60492.000	1	60492.000	7561.500	.000
size	108.000	1	108.000	13.500	.010
area	152.000	2	76.000	9.500	.014
size * area	8.000	2	4.000	.500	.630
추정값	48.000	6	8.000		
전체	60808.000	12			
수정된 합계	316.000	11			

a. R 제곱 = .848 (수정된 R 제곱 = .722)

→ 결과의 해석방법

① 교호작용의 검정

$$유의확률 \ p값 \ = \ 0.630 \ > \ 유의수준 \ \alpha \ = \ 0.05$$

이므로 귀무가설 H_0를 기각하지 않는다. 즉, 점포의 크기와 지역간에 교호작용은 존재하지 않는다.

② 점포크기의 효과에 대한 검정

$$유의확률 \ p값 \ = \ 0.010 \ < \ 유의수준 \ \alpha \ = \ 0.05$$
$$F비 \ = \ 13.5 \ > \ F(1, \ 6 \ ; \ 0.05) \ = \ 5.987$$

이므로 귀무가설 H_0를 기각한다. 즉, 점포의 크기에 따라 가격에 차이가 있다.

③ 지역의 효과에 대한 검정

$$유의확률 \ p값 \ = \ 0.014 \ < \ 유의수준 \ \alpha \ = \ 0.05$$
$$F비 \ = \ 9.5 \ > \ F(2, \ 6 \ ; \ 0.05) \ = \ 5.143$$

이므로 귀무가설 H_0를 기각한다. 즉, 지역적 위치가 생활필수품의 가격에 영향을 미친다.

◆ 교호작용도의 작성

교호작용도(interaction plot) 혹은 상호작용도는 눈으로 교호작용을 확인할 수 있는 유용한 도구다. 평균의 교호작용도를 그리는 순서는 다음과 같다.

TIPS!

하나의 범주형 요인과 계량형 반응 사이의 관계가 두 번째 범주형 요인의 값에 따라 어떻게 달라지는지 표시하려면 교호작용도를 사용한다. 교호작용이 요인과 반응간의 관계에 미치는 영향을 확인하려면 선을 평가한다. 평행선이면 교호작용이 발생하지 않는다는 것을 의미하고, 선들이 교차하면 교호작용이 발생한다는 것을 의미한다. 선이 평행하지 않을수록 교호작용의 강도가 더 크다. 적절한 분산분석 검정을 수행하고 효과의 통계적 유의성을 평가하도록 해야 한다. 교호작용 효과가 유의하면 교호작용 효과를 고려하지 않고 주효과를 해석할 수 없다.

순서 1 ▸ ▸ ▸ 변수의 선택

앞의 [순서 3]에서처럼 [종속변수(D)]로서 'price(가격)'를 선택하고, [고정요인(F)]으로서 'area(지역)'와 'size(점포크기)'를 선택한다.

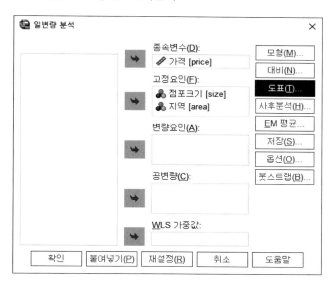

순서 2 ▸ ▸ ▸ 도표의 선택

(1) 위의 대화상자에서 [도표(T)]를 선택한다. [일변량 : 프로파일 도표] 대화상자에서 [수평축 변수]로서 'area(지역)', [선구분 변수]로서 'size(점포크기)'를 선택한다.

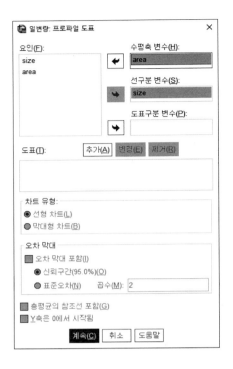

(2) [추가(A)] 버튼을 클릭한다.

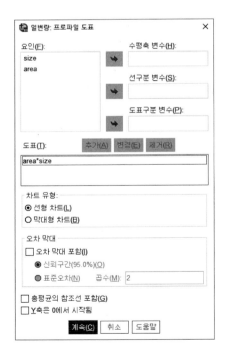

위의 대화상자에서 [계속] 버튼을 클릭하여, 앞의 화면으로 되돌아가면 [확인] 버튼을 클릭한다.

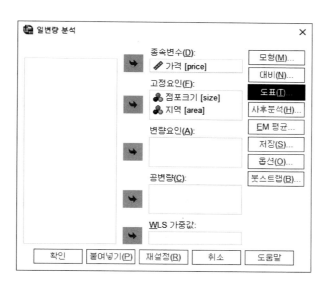

순서 4 ▸▸▸ 도표의 완성

(1) 다음과 같은 프로파일 도표가 완성된다. 이것이 'area(지역)'와 'size(점포크기)' 사이의 교호작용도이다.

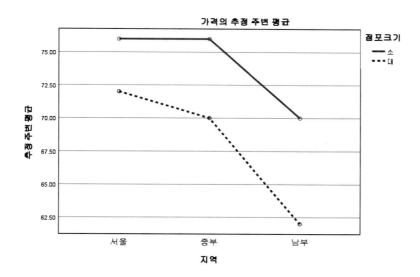

이 교호작용도에서 두 선이 교차되고 있지 않기 때문에 점포의 크기와 지역간의 두 인자 간에 교호작용이 없음을 알 수 있다. 만약 교호작용이 있다면 두 선은 서로 교차하게 된다.

(2) 'size(점포크기)'를 [수평축 변수]로, 'area(지역)'를 [선구분 변수]로 바꾸어 교호작용도를 작성할 수도 있다.

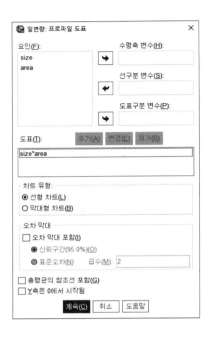

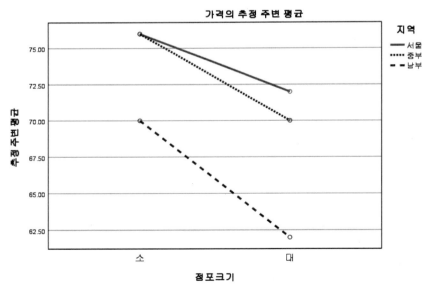

빵의 맛에 영향을 주는 두 인자로 굽는 시간과 온도의 효과를 조사하고자 실험을 실시했다. 전문가가 빵의 맛에 대한 등급을 측정했으며 굽는 시간은 '짧다', '중간', '길다' 등으로 세 개의 수준을 가진다. 굽는 온도 역시 '낮다', '중간', '높다' 등으로 세 개의 수준을 가진다. 세 명의 전문가가 각 경우마다 빵을 0에서 6까지의 등급으로 평가한 데이터가 다음과 같다.

| 표 12.8 | 데이터

온도 ＼ 굽는 시간	낮다	중간	높다
짧다	0 0 3	0 2 4	4 5 6
중간	2 3 4	3 6 6	1 2 3
길다	4 5 6	1 3 5	0 1 2

시간과 온도에 따라서 빵의 맛에 영향을 주는지 5% 유의수준으로 검정하라.

▶ SPSS에 의한 해법

순서 1 ▸ ▸ ▸ 데이터의 입력

(주 1) '시간'이라는 변수에는 1 = '짧다', 2 = '중간', 3 = '길다'고 하는 변수값 설명을 해 놓는다.
(주 2) '온도'라는 변수에는 1 = '낮다', 2 = '중간', 3 = '높다'고 하는 변수값 설명을 해 놓는다.

순서 2 ▸ ▸ ▸ 일반선형모형 – 일변량의 선택

메뉴의 [분석(A)] - [일반선형모형(G)] - [일변량(U)]을 선택한다. 이하 순서는 [예제 12-4]
와 같다.

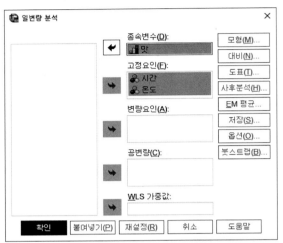

> 분석결과

개체-간 효과 검정

종속변수: 맛

원인	제 III 유형 제곱합	자유도	평균제곱	거짓	유의확률
수정된 모형	66.000ª	8	8.250	3.908	.008
절편	243.000	1	243.000	115.105	.000
시간	2.000	2	1.000	.474	.630
온도	2.000	2	1.000	.474	.630
시간 * 온도	62.000	4	15.500	7.342	.001
추정값	38.000	18	2.111		
전체	347.000	27			
수정된 합계	104.000	26			

a. R 제곱 = .635 (수정된 R 제곱 = .472)

> 결과의 해석방법

① 교호작용의 검정

$$유의확률\ p값\ =\ 0.001\ <\ 유의수준\ \alpha\ =\ 0.05$$

이므로 귀무가설 H_0를 기각한다. 즉, 굽는 시간과 온도간에 교호작용은 존재한다.

② 시간의 효과에 대한 검정

$$\text{유의확률 } p\text{값} = 0.630 > \text{유의수준 } \alpha = 0.05$$

이므로 귀무가설 H_0를 기각하지 않는다. 즉, 굽는 시간에 따라 빵의 맛에 영향을 미치지 않는다.

③ 온도의 효과에 대한 검정

$$\text{유의확률 } p\text{값} = 0.630 > \text{유의수준 } \alpha = 0.05$$

이므로 귀무가설 H_0를 기각하지 않는다. 즉, 온도에 따라 빵의 맛에 영향을 미치지 않는다.

> 교호작용도 작성

순서 1 ▶ ▶ ▶ 변수의 선택

[일변량 : 프로파일 도표] 대화상자에서 [수평축 변수]로서 '온도', [선구분 변수]로서 '시간'을 선택한다. [예제 12-4]의 도표 작성 방법과 같다.

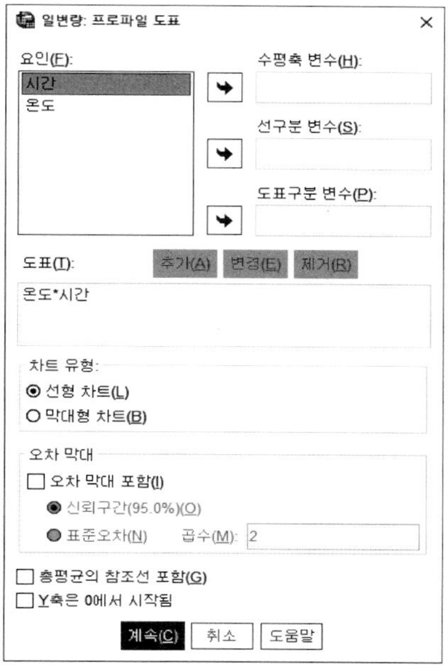

다음과 같은 프로파일 도표가 완성된다. 이것이 '온도'와 '시간' 사이의 교호작용도이다.

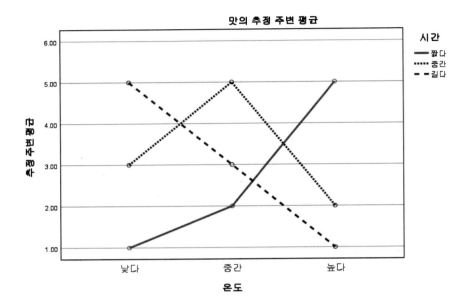

이 교호작용도에서 각 선이 서로 교차되기 때문에 굽는 시간과 온도의 두 인자간에 교호작용이 있음을 알 수 있다.

TIPS!

한 요인의 효과가 다른 요인의 수준에 의존하는 경우를 말한다. 교호작용도를 사용하여 가능한 교호작용을 시각화할 수 있다. 교호작용도가 평행선으로 나타나면 교호작용이 없다는 것을 나타낸다. 선 사이의 기울기 차이가 클수록 교호작용의 정도가 더 높다. 그러나 교호작용도로 교호작용이 통계적으로 유의한지 여부는 알 수 없다.

TIPS!

다중공선성과 교호작용 효과는 완전히 다른 개념이다. 다중공선성은 수치형 변수간의 독립성 여부를 확인하는 것이지만 교호작용 효과는 연구에서 중요하게 관심을 가지는 X간의 상호관계를 확인하는 것이다. 즉, 수치형 변수에 범주형 변수가 적용되면 Y의 평균이 어떻게 달라지느냐 하는 연구에 중요한 부분이다.

3. 다변량 분산분석

예제 12-6

K기업의 마케팅 담당자는 신제품의 전국적인 판매촉진활동을 계획하고 있다. 그는 가격(price)과 판매점(place)에 따른 신제품 판매량의 차이를 측정하고자 한다. 판매점마다 가격을 서로 다르게 하여 2주일 동안 판매량을 조사한 결과 다음과 같은 데이터를 수집했다. 유의수준 5%로 검정하라.

| 표 12.9 | 데이터

구분		판매점			
		1	2	3	4
가격	1(상)	(30, 34) (34, 31)	(40, 40) (40, 45)	(27, 26) (26, 28)	(25, 27) (23, 25)
	2(중)	(36, 37) (34, 34)	(46, 44) (48, 47)	(27, 26) (26, 29)	(29, 27) (26, 26)
	3(하)	(39, 36) (39, 40)	(46, 48) (47, 53)	(32, 34) (32, 31)	(30, 31) (33, 31)

(주) 괄호 안의 첫 번째 숫자는 판매촉진 1주일 전의 판매량이고, 두 번째 숫자는 판매촉진 1주일 후의 판매량을 가리킨다.

▶ 사고방식과 적용수법

다변량 분산분석(multivariate analysis of variance : MANOVA)은 이미 앞에서 단일변량 분산분석에서 설명한 바와 달리 종속변수의 수가 두 개 이상인 경우에 여러 모집단의 평균 벡터를 동시에 비교하는 분석기법이다. 예를 들면, 어떤 동물의 암컷과 수컷에서 몸무게, 길이, 가슴너비를 각각 측정한 후에 두 모집단의 크기에 차이가 있는지를 검토한다거나 세 종류의 산업에 속한 여러 회사들의 경영실태를 분석하기 위하여 유동성비율, 부채비율, 자본수익률 등을 자료로 하여 비교할 때 다변량 분산분석을 이용할 수 있다. 또한 다변량 분산분석에서는 종속변수의 조합에 대한 효과의 동시검정을 중요시한다. 그 이유는 대부분의 경우에 종속변수들은 서로 독립적이 아니고, 또한 이 변수들은 동일한 개체에서 채택되어서 상관관계가 있기 때문이다.

ANOVA와 MANOVA의 차이점은 실험개체를 대상으로 놓고 변수가 단수인가 혹은 복수인가에 달려 있다. MANOVA 설계의 특징은 종속변수가 벡터 변수라는 데에 있다. 이 종속변수는 각 모집단에 대하여 같은 공분산행렬을 가지며 다변량 정규분포를 이루고 있다고 가정한다. 공분산행렬이 같다는 것은 ANOVA에서 분산이 같다는 가정을 MANOVA로 연장시킨 것이다. MANOVA에 대한 연구의 초점은 모집단의 중심, 즉 평균 벡터 사이에 차이가 있는지의 여부에 대한 것이다. 즉, 모집단들의 종속변수(벡터)에 의해 구성된 공간에서 중심(평균)이 같은지의 여부를 조사하고자 한다.

다변량 분산분석은 요인의 수에 따라 단일변량의 경우와 마찬가지로 일원 다변량 분산분석(one-way MANOVA), 이원 다변량 분산분석(two-way MANOVA) 등으로 나누고 있다.

> **TIPS!**
>
> 다변량 분산분석은 두 개 또는 그 이상의 반응변수(Y)가 있을 때 사용하는 방법으로, 반응변수간의 공분산을 사용하여 다수의 반응변수들에서 집단간의 차이가 있는지를 검정하는 방법이다. MANOVA에서는 반응변수가 벡터의 형태로 주어지므로 모집단의 평균 벡터 사이에 차이가 있는지 여부를 판단하는 것이 주요 관심사이다.

▶ 분석절차

다변량 분산분석에서의 귀무가설은 여러 모집단의 평균 벡터가 같다는 것을 기술한다. 이것의 분석절차는 일반적으로 다음과 같다.

(1) 먼저 종속변수 사이에서 상관관계가 있는지의 여부를 조사한다. 만일에 상관관계가 없다면 변수들을 개별적으로 ANOVA검정을 실시한다. 반대로 상관관계가 있으면 MANOVA검정을 하게 된다.

(2) 변수들의 기본 가정인 다변량 정규분포성과 등공분산성 등을 조사한다.

(3) 모든 요인수준의 평균 벡터들이 같은지를 검정한다.

(4) 만일에 모든 평균 벡터들이 같다는 귀무가설이 채택되면 검정은 거기서 끝난다. 그러나 귀무가설이 기각되어 모든 평균 벡터들이 반드시 같지 않다면, 변수들을 개별적으로 조사하여 어떤 변수가 얼마나 다른가를 조사하며 그리고 그 차이가 의미하는 것은 무엇인가를 규명한다.

▶ SPSS에 의한 해법

순서 1 ▸ ▸ ▸ 데이터의 입력

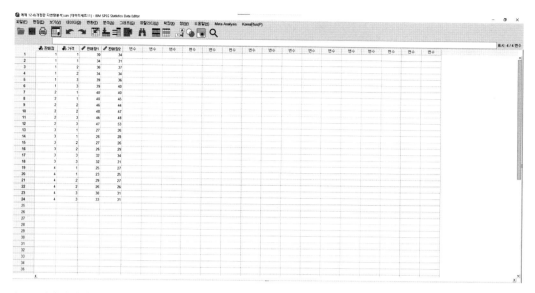

(주 1) '판매점'이라는 변수에는 1 = '판매점 1', 2 = '판매점 2', 3 = '판매점 3', 4 = '판매점 4'라고 하는
변수값 설명을 해 놓는다.

(주 2) '가격'이라는 변수에는 1 = '상', 2 = '중', 3 = '하'라고 하는 변수값 설명을 해 놓는다.

순서 2 ▸ ▸ ▸ 일반선형모형 – 다변량의 선택

메뉴에서 [분석(A)] - [일반선형모형(G)] - [다변량(M)]을 선택한다.

순서 3 ▶ ▶ 변수의 선택

[다변량] 대화상자가 나타나면, [종속변수(D)]로서 '판매량 1'과 '판매량 2'를 선택한다. [고정요인(F)]으로서 '판매점'과 '가격'을 선택한다.

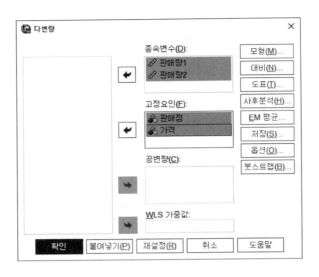

[다변량] 대화상자에서 [공변량(C)] 난은 통제변수를 선택하는 곳이다. [WLS 가중값] 난은 가중된 최소제곱분석에 대한 가중값이 있는 숫자변수를 나열한다. 여기에서 가중값이 0, 음수, 결측값이 있을 때는 분석에서 사례가 제외된다.

순서 4 ▶ ▶ 옵션(O)의 선택

[옵션(O)] 버튼을 클릭하면 [다변량 : 옵션] 대화상자가 나타난다.

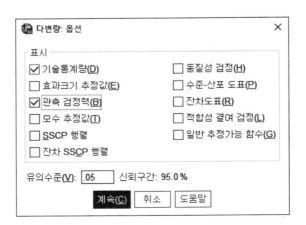

여기에서 원하는 [표시]로서 [기술통계량(D)]과 [관측 검정력(B)]을 선택하고 [계속] 버튼
을 클릭한다. 그 전의 화면으로 되돌아가면 [확인] 버튼을 클릭한다.

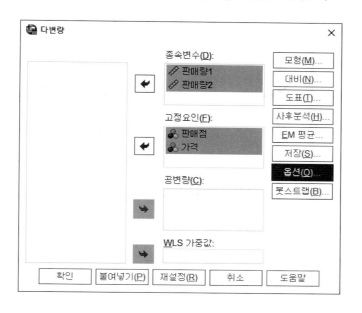

다음과 같은 분석결과를 얻게 된다.

> **분석결과**

분석결과로서는 다음과 같은 내용이 출력된다.

(1) 개체-간 요인   (2) 기술통계량

(3) 다변량 검정   (4) 개체-간 효과검정

개체-간 요인

		값 레이블	N
판매점	1	판매점1	6
	2	판매점2	6
	3	판매점3	6
	4	판매점4	6
가격	1	상	8
	2	중	8
	3	하	8

기술통계량

판매점		가격	평균	표준편차	N
판매량1	판매점1	상	32.00	2.828	2
		중	35.00	1.414	2
		하	39.00	.000	2
		전체	35.33	3.445	6
	판매점2	상	40.00	.000	2
		중	47.00	1.414	2
		하	46.50	.707	2
		전체	44.50	3.564	6
	판매점3	상	26.50	.707	2
		중	26.50	.707	2
		하	32.00	.000	2
		전체	28.33	2.875	6
	판매점4	상	24.00	1.414	2
		중	27.50	2.121	2
		하	31.50	2.121	2
		전체	27.67	3.670	6
	전체	상	30.63	6.675	8
		중	34.00	8.832	8
		하	37.25	6.585	8
		전체	33.96	7.624	24
판매량2	판매점1	상	32.50	2.121	2
		중	35.50	2.121	2
		하	38.00	2.828	2
		전체	35.33	3.077	6
	판매점2	상	42.50	3.536	2
		중	45.50	2.121	2
		하	50.50	3.536	2
		전체	46.17	4.355	6
	판매점3	상	27.00	1.414	2
		중	27.50	2.121	2
		하	32.50	2.121	2
		전체	29.00	3.098	6
	판매점4	상	26.00	1.414	2
		중	26.50	.707	2
		하	31.00	.000	2
		전체	27.83	2.563	6
	전체	상	32.00	7.211	8
		중	33.75	8.276	8
		하	38.00	8.418	8
		전체	34.58	8.054	24

다변량 검정[a]

효과		값	거짓	가설 자유도	오차 자유도	유의확률	비중심 모수2	관측 검정력[d]
절편	Pillai의 트레이스	.999	8174.133[b]	2.000	11.000	.000	16348.265	1.000
	Wilks의 람다	.001	8174.133[b]	2.000	11.000	.000	16348.265	1.000
	Hotelling의 트레이스	1486.206	8174.133[b]	2.000	11.000	.000	16348.265	1.000
	Roy의 최대근	1486.206	8174.133[b]	2.000	11.000	.000	16348.265	1.000
판매점	Pillai의 트레이스	1.040	4.336	6.000	24.000	.004	26.015	.942
	Wilks의 람다	.015	26.076[b]	6.000	22.000	.000	156.456	1.000
	Hotelling의 트레이스	61.149	101.914	6.000	20.000	.000	611.486	1.000
	Roy의 최대근	61.089	244.355[c]	3.000	12.000	.000	733.066	1.000
가격	Pillai의 트레이스	1.009	6.105	4.000	24.000	.002	24.420	.964
	Wilks의 람다	.090	12.842[b]	4.000	22.000	.000	51.370	1.000
	Hotelling의 트레이스	9.026	22.564	4.000	20.000	.000	90.256	1.000
	Roy의 최대근	8.902	53.415[c]	2.000	12.000	.000	106.829	1.000
판매점 * 가격	Pillai의 트레이스	.709	1.099	12.000	24.000	.404	13.193	.457
	Wilks의 람다	.373	1.167[b]	12.000	22.000	.363	14.001	.471
	Hotelling의 트레이스	1.456	1.213	12.000	20.000	.339	14.560	.473
	Roy의 최대근	1.283	2.566[c]	6.000	12.000	.078	15.396	.620

a. Design: 절편 + 판매점 + 가격 + 판매점 * 가격

b. 정확한 통계량

c. 해당 유의수준에서 하한값을 발생하는 통계량은 F에서 상한값입니다.

d. 유의수준 = .05을(를) 사용하여 계산

개체-간 효과 검정

원인	종속변수	제 III 유형 제곱합	자유도	평균제곱	거짓	유의확률	비중심 모수2	관측 검정력[c]
수정된 모형	판매량1	1312.458[a]	11	119.314	58.440	.000	642.837	1.000
	판매량2	1431.833[b]	11	130.167	26.033	.000	286.367	1.000
절편	판매량1	27676.042	1	27676.042	13555.612	.000	13555.612	1.000
	판매량2	28704.167	1	28704.167	5740.833	.000	5740.833	1.000
판매점	판매량1	1105.458	3	368.486	180.483	.000	541.449	1.000
	판매량2	1268.833	3	422.944	84.589	.000	253.767	1.000
가격	판매량1	175.583	2	87.792	43.000	.000	86.000	1.000
	판매량2	152.333	2	76.167	15.233	.001	30.467	.994
판매점 * 가격	판매량1	31.417	6	5.236	2.565	.078	15.388	.620
	판매량2	10.667	6	1.778	.356	.893	2.133	.112
추정값	판매량1	24.500	12	2.042				
	판매량2	60.000	12	5.000				
전체	판매량1	29013.000	24					
	판매량2	30196.000	24					
수정된 합계	판매량1	1336.958	23					
	판매량2	1491.833	23					

a. R 제곱 = .982 (수정된 R 제곱 = .965)

b. R 제곱 = .960 (수정된 R 제곱 = .923)

c. 유의수준 = .05을(를) 사용하여 계산

(1) 개체-간 요인

판매점과 가격에서 신제품 판매량의 차이를 측정한 케이스가 나타나 있다.

(2) 기술통계량

판매점 및 가격에 따른 판매촉진 1주일 전의 판매량과 판매촉진 1주일 후의 판매량이 나타나 있다.

(3) 다변량 검정

다변량 분산분석에서는 연구목적에 따라서 Pillai의 트레이스, Wilks의 람다, Hotelling의 트레이스, Roy의 최대근 등을 사용한다. 여기에서 Intercept는 상수를 의미하며, 종속변수를 독립변수에 의한 함수관계로 나타낼 때 필요하다. 여기에서는 Wilks 통계량값을 사용한다.

Wilks의 람다는 다음과 같이 계산된다.

$$\Lambda = \frac{\text{그룹 내 분산}}{\text{총분산}}$$

만일, 람다값이 작으면 귀무가설을 기각시킨다. 위의 결과에서 판매점의 람다값은 0.015이며, 이것을 F값으로 환산하면 26.076이 된다. 이때 유의확률은 0.000이므로 평균 벡터가 같다는 귀무가설을 기각시킨다. 그러므로 판매점에 따라 신제품 판매량은 차이가 있으며($p = 0.000 < 0.05$), 또한 가격에 따라서도 차이가 있음을 알 수 있다($p = 0.000 < 0.05$). 교호작용 효과를 검정하기 위하여 Wilks 람다값의 F확률을 살펴보면, Sig. of $F = 0.363 > 0.05$이므로 판매점 및 가격의 교호작용(상호작용) 효과는 없다고 볼 수 있다.

(4) 개체-간 효과검정

개체-간 효과검정에서 수정모형은 판매점, 가격에 답변한 케이스가 적은 경우 이를 수정하게 되는 것을 말한다. 판매촉진 1주일 전의 판매량과 1주일 후의 판매량 각각에 대해서 일원배치 분산분석을 실시하고 있다.

다변량검정에서는 다음 네 가지의 통계량이 언제나 등장한다.

Pillai의 트레이스, Wilks의 람다, Hotelling의 트레이스, Roy의 최대근

이 네 가지의 통계량은

$$H = \text{가설평방합적합행렬}(假說平方合積合行列),$$
$$E = \text{오차평방합적합행렬}(誤差平方合積合行列)$$

이라고 했을 때, $E^{-1}H$의 고유치(eigenvalue)

$$\lambda_1 \geqq \lambda_2 \geqq \cdots \geqq \lambda_s$$

를 다음 식에 대입하면 구해진다.

Pillai's trace $\qquad \cdots \quad V = \displaystyle\sum_{i=1}^{s} \frac{\lambda_i}{1 + \lambda_i}$

Wilk's lambda $\qquad \cdots \quad \Lambda = \displaystyle\prod_{i=1}^{s} \frac{1}{1 + \lambda_i}$

Hotelling's trace $\qquad \cdots \quad U = \displaystyle\sum_{i=0}^{s} \lambda_i$

Roy's largest root $\qquad \cdots \quad \Theta = \lambda_{\max}$

그러나 그러기 위해서는 고유치를 계산하지 않으면 안 되는데, 도저히 전자식 탁상 계산기로는 구해지지 않는다. 그래서 SPSS Syntax 명령문을 이용한다.

TIPS!

MANOVA의 특징에 대해 소개해 보면, 반응변수간의 공분산을 이용함으로써 더 많은 정보를 사용한다. 공분산을 사용한다는 것이 어렵게 다가오지만 생각해보면 당연한 것이라고 느낄 수 있다. 반응변수간 공분산이 0이라면(상관=0, 독립) 일변량 ANOVA를 여러 번 반복하는 것과 같은 결과가 나온다. 또한, ANOVA를 중복수행하게 되면 1종 오류가 증가하게 된다. 따라서 다변량 자료에서는 반응변수의 상관 정도에 관계없이 ANOVA보다 MANOVA를 이용하는 것이 신뢰도 측면에서 좋다고 결론지을 수 있다. 분석의 순서는 개별 반응변수에 대한 유의성 검정을 수행한 후 적용한다.

Chapter 13

결측값의 처리

Chapter 13

결측값의 처리

1. 앙케트 조사와 결측값

 13-1

음식의 기호에 관한 다음과 같은 앙케트 조서를 실시했다. 여섯 개의 질문을 하고 있다.

Q1. 어느 알콜 음료를 가장 좋아하십니까?
    1. 청주   2. 맥주   3. 포도주

Q2. 어느 식사를 가장 좋아하십니까?
    1. 한식   2. 중화   3. 양식

Q3. 알콜류를 마실 때의 안주로서 어느 것을 가장 좋아하십니까?
    1. 채소   2. 초콜릿   3. 치즈

Q4. 어느 차를 가장 좋아하십니까?
    1. 녹차   2. 커피   3. 홍차

Q5. 맛의 기호는 어느 쪽이십니까?
    1. 연한 맛   2. 진한 맛

Q6. 저녁식사는 어디에서 드시는 일이 많습니까?
    1. 자택   2. 외출처

앙케트의 조사에서 회답자 전원이 모든 질문에 응답해 주면 결측값은 생기지 않는다. 그러나 어떤 질문에는 응답을 하고 어떤 질문에는 응답하지 않는다고 하는 회답자가 존재하면, 결측값이 생기게 된다.

| 표 13.1 | **결측값이 있는 데이터표(1)**

회답자	Q1	Q2	Q3	Q4	Q5	Q6
1	3	2	2	2	2	2
2	3	3	3	2	2	2
3	3	2	1	2	2	1
4	3	3	3	3	2	2
5	1	1	1	2	1	1
6	3	3	2	1	2	1
7	1	1	1	2	1	2
8	2	2	2	2	1	1
9	2	2	3	3	2	2
10	1	1	2	2	1	2
11	3	2	1	2	2	1
12	2	2	1	1	1	1
13	1	1	2	2	1	1
14	1	1	3	3	1	2
15	3	3	3	3	2	2
16	1	2	1	1	1	1
17	2	2	1	1	1	1
18	3	3	3	3	2	2
19		1	3	3	1	2
20	2		2	2	2	1

예를 들면, 여섯 개의 질문을 20명에게 했을 때 19번의 회답자는 [질문 1]에 회답하고 있지 않고, 20번의 회답자는 [질문 2]에 회답하고 있지 않다고 하는 상황이 생겼다. 이 경우에 <표 13.1>과 같은 데이터표가 된다.

결측값이 있는 경우의 처리방법으로서는 다음의 세 가지를 생각할 수 있다.

① 결측값이 있는 회답자(대상)를 삭제한다.
② 결측값이 있는 질문(변수)을 삭제한다.
③ 결측값을 보충한다.

결측값의 처리로서는 ①이 무난한 태도일 것이다. 그러나 <표 13.2>의 예와 같은 경우에는 곤란하게 된다.

결측값이 있는 회답자는 제거한다고 하는 방법으로 처리하면, 유효한 회답자는 1, 3, 8번의 세 사람밖에 남지 않게 된다. 이와 같은 상황일 때에는 결측값을 보충한다고 하는 방법을 취하게 될 것이다.

| 표 13.2 | **결측값이 있는 데이터표(2)**

회답자	Q1	Q2	Q3	Q4	Q5	Q6
1	3	2	2	2	2	2
2	3	3		2	2	2
3	3	2	1	2	2	1
4	3	3	3	3		2
5	1	1	1	2	1	
6	3	3	2	1	2	
7	1	1	1	2		2
8	2	2	2	2	1	1
9	2	2		3	2	2
10	1		2	2	1	2
11		2	1	2	2	1
12		2	1	1	1	1
13	1		2	2	1	1
14	1	1		3	1	2
15	3	3	3		2	2
16	1	2	1	1		1
17	2	2	1	1	1	
18	3	3	3	3	2	
19		1	3	3	1	2
20	2		2	2	2	1

결측값을 보충할 때에는 최빈값(mode)을 이용해서 결측값을 추정하는 방법과 '무회답'이라고 하는 범주가 있다고 생각해서 새로 범주를 추가하는 방법이 있다.

최빈값을 이용해서 추정하는 방법에 대해서 설명하기로 한다. 예를 들면, <표 13.1>에 있어서 Q1의 경우에 다음과 같은 집계결과로 되어 있다.

범주	회답자
1	6
2	5
3	8
무회답	1
합계	20

따라서, 최빈수는 3이 된다. 이때, 결측값의 추정치로서 3을 사용하는 것이 최빈값을 이용하는 추정방법이다. 추정 후는 다음과 같은 집계결과가 된다.

범주	회답자
1	6
2	5
3	9
합계	20

최빈값이 두 개 이상 있을 때는 최빈값으로부터 랜덤하게 고르면 된다. 그리고 이 방법은 결측값이 많은 질문에 대해서는 피하는 것이 좋다.

한편, 무회답이라고 하는 범주를 추가하는 방법은 Q1의 경우에 무회답의 사람을 네 번째의 범주에 회답했다고 간주하는 것이다. 이 경우에는 다음과 같은 집계결과가 된다.

범주	회답자
1	6
2	5
3	8
4	1
합계	20

그런데 다음의 <표 13-3>에 보이는 바와 같은 경우도 상정할 수 있다. 이것은 어떤 특정의 질문에 결측값이 집중한다고 하는 상황이다. 이 경우에 결측값이 있는 회답자는 제거하는 방법으로 처리하면, Q5의 결측값이 많기 때문에 유효한 회답자는 다섯 명밖에 남지 않게 된다. 이와 같은 상황일 때에는 Q5를 삭제하는 방법이 좋을 것이다.

 TIPS!

결측값(missing data)의 취급방법에는 여러 가지가 있는데, 대별하면 다음의 두 가지이다.
(1) 결측값을 어떤 방식으로 추정한 다음에 모수의 추정을 실시한다.
(2) 먼저 모수를 추정한 다음에 결측값의 추정을 실시한다.

TIPS!

많은 데이터 파일에는 일정한 양의 결측 데이터가 들어 있다. 이러한 결측 데이터는 여러 가지 요인으로 인해 생성될 수 있다. 예를 들어, 설문조사 반응자가 일부 질문에 대답하지 않거나, 특정 변수가 일부 케이스에 적용될 수 없거나, 코딩 오류로 인해 일부 값이 제거될 수 있다. IBM SPSS 통계에는 다음 두 가지의 결측값이 있다.
• 사용자 결측값 : 결측 데이터를 포함하는 것으로 정의된 값이다. 이러한 값에는 데이터가 결측된 이유를 나타내는 값 레이블(예: 남자가 임신한 경우 해당없음이라는 값 레이블 및 코드 99)이 할당될 수 있다.
• 시스템-결측값 : 숫자 변수에 값이 없으면 시스템-결측값이 할당된다. 이 값은 데이터 편집기의 데이터 보기에서 마침표로 표시된다.

| 표 13.3 | **결측값이 있는 데이터표(3)**

회답자	Q1	Q2	Q3	Q4	Q5	Q6
1	3	2	2	2	2	2
2	3	3	3	2		2
3	3	2	1	2	2	1
4	3	3	3	3		2
5	1	1	1	2		1
6	3	3	2	1	2	1
7	1	1	1	2	1	2
8	2	2	2	2		1
9	2	2	3	3		2
10	1	1	2	2		2
11	3	2	1	2		1
12	2	2	1	1		1
13	1	1	2	2		1
14	1	1	3	3		2
15	3	3	3	3		2
16	1	2	1	1		1
17	2	2	1	1		1
18	3	3	3	3	2	2
19	1	1	3	3		2
20	2	3	2	2		1

이상으로 지금까지 보아 온 바와 같이 결측값에 대한 대처는 결측값의 수나 어떠한 상황에서 결측값이 발생하고 있는가에 따라서 다른 방법을 취해야 하는 것으로, 어떠한 대처방법이 좋은 가는 일괄적으로 말할 수 없다.

결측값 그 자체의 분석이란 결측값분석(missing value analysis)이라고 불리며, 다음과 같은 두 개의 테마를 갖고 있다.

① 결측값에는 어떠한 경향이 있는가를 발견한다.
② 결측값을 추정한다.

예를 들면, 여성은 연령의 무회답이 많다든가, 질문 1에서 무회답인 사람은 질문 3에서도 무회답이라든가 하는 경향을 분석하는 것이 ①의 경우이다. 이 회답자는 연령이 무회답이지만, 반드시 몇 살 정도일 것이라고 추정하는 것이 ②의 경우이다.

SPSS의 다중대응분석에는 이와 같은 결측값을 처리하는 방법이 마련되어 있으므로, <표 13-1>의 예로 소개하기로 한다.

순서 1 ▸ ▸ ▸ 데이터의 입력

<표 13.1>의 데이터를 다음과 같이 입력한다. 결측값은 공란으로 둔다. Q1의 19번째와 Q2의 20번째에 공란이 있다.

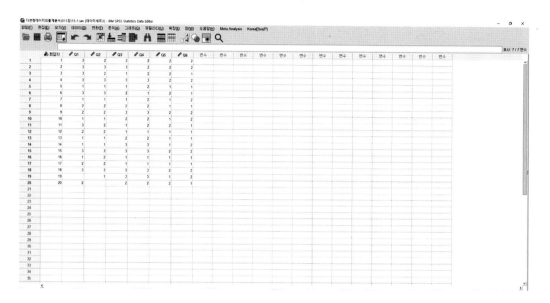

[변수값 설명]

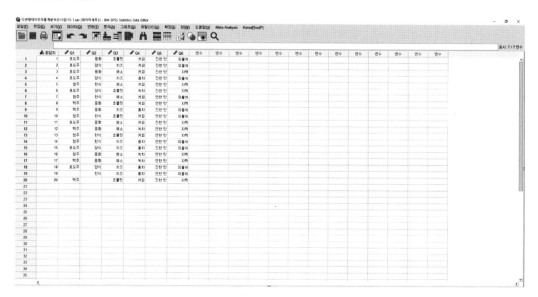

(1) 메뉴에서 [분석(A)] - [차원 축소(D)] - [최적화 척도법(O)]을 선택한다.

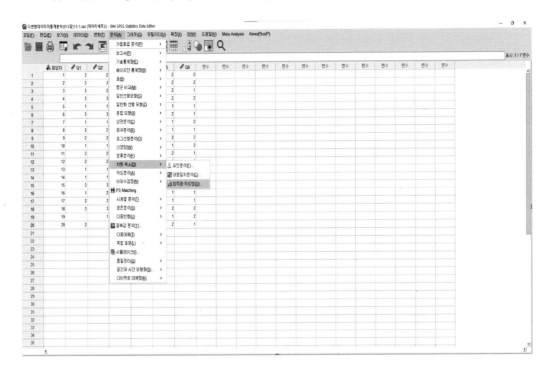

(2) 다음과 같이 다중대응분석(다중 대응일치분석)을 선택하고 [정의]를 클릭한다.

다음 화면에서 변수 Q1, Q2, Q3, Q4, Q5, Q6를 [분석변수(A)] 난으로 이동한다.

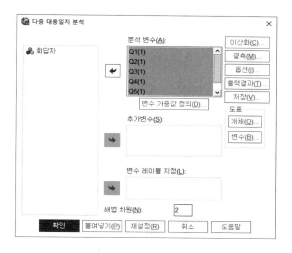

[결측(M)] 버튼을 클릭한다.

그러면 다음과 같은 [결측값] 대화상자가 나타난다.

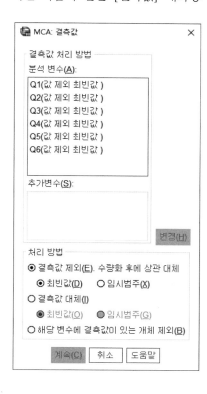
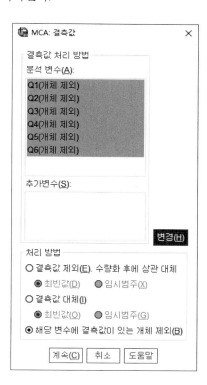

여기서부터는 결측값에 대해서 어떠한 처리를 하는가에 따라서 절차가 다르다.

(1) 결측값이 있는 대상을 삭제하고 싶을 때

결측값이 있는 회답자를 분석의 대상에서 삭제할 때에는, [분석변수(A)] 난에 있는 Q1, Q2, Q3, Q4, Q5, Q6를 선택하고 [해당 변수에 결측값이 있는 개체 제외(B)]에 체크한다. 그리고 [변경(H)] 버튼을 클릭한다.

이와 같은 설정을 해서 다중대응분석을 실행하면 된다. 다중대응분석을 실시하는 절차는 다음과 같다.

> ➤ SPSS에 의한 다중대응분석 해법

순서 4 ▸ ▸ ▸ 변수의 선택

[예제 13-1]의 <표 13.1>에 대한 결측값 처리의 절차 순서 3에 이어서 변수를 선택한다. 계속해서 '회답자'를 [변수 레이블 지정]의 난으로 이동하고 [출력결과]를 클릭한다.

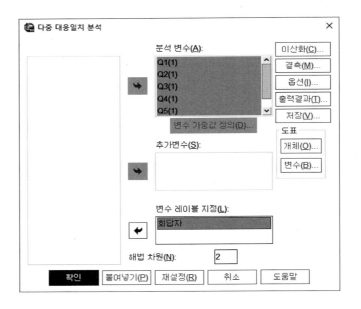

순서 5 ▸ ▸ ▸ 출력결과의 설계

[출력결과] 화면이 되면 [개체변수], [판별측도], [변환된 변수간 상관관계]를 선택하고, 이어서 'Q1~Q6'를 [범주 수량화 및 기여도] 난과 [다음 범주 포함] 난으로 이동한다. '회답자'를 [개체점수 레이블 기준]의 난으로 이동하고 [계속] 버튼을 클릭한다.

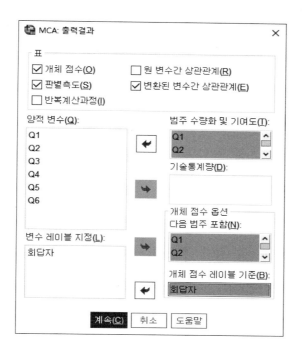

순서 6 ▸ ▸ ▸ 개체도표 설계

(1) 다음 화면이 되면 [도표] 중의 [개체]를 클릭한다.

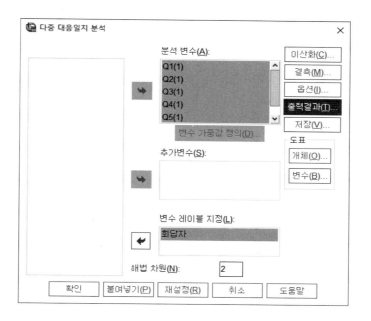

(2) [개체도표] 화면이 되면 다음과 같이 선택하고, '회답자'를 [선택]의 난으로 이동하고
    [계속] 버튼을 클릭한다.

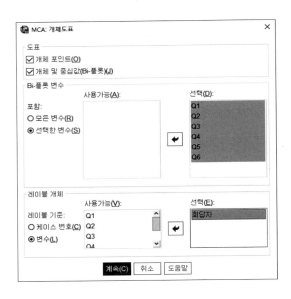

순서 7 ▶ ▶ ▶ 변수도표 설계
    앞의 순서 (1)의 화면으로 되돌아오면 [도표] 중의 [변수]를 클릭한다. 다음과 같은 [변수도
표] 화면이 되면 'Q1~Q6'를 [결합범주도표]의 난으로 이동하고 [계속] 버튼을 클릭한다.

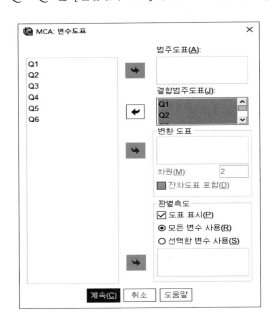

앞의 화면에서 [계속] 버튼을 클릭하고, [다중 대응일치분석] 대화상자에서 [확인] 버튼을 클릭하면, 다음과 같은 출력결과를 얻을 수 있다.

어느 질문에 있어서도 결측값이 있는 2행이 제거되어 있으므로, 도수의 합계는 20이 아니라 18로 되어 있는 것을 확인할 수 있다.

Q1

포인트: 좌표

범주	빈도	중심값 좌표 차원	
		1	2
청주	6	.689	1.111
맥주	4	.577	-.994
포도주	8	-.805	-.336

변수 주 정규화

Q2

포인트: 좌표

범주	빈도	중심값 좌표 차원	
		1	2
한식	5	.598	1.440
중화	8	.434	-.795
양식	5	-1.292	-.168

변수 주 정규화

Q3

포인트: 좌표

범주	빈도	중심값 좌표 차원	
		1	2
채소	7	.782	-.374
초콜릿	5	.354	.296
치즈	6	-1.207	.190

변수 주 정규화

Q4

포인트: 좌표

범주	빈도	중심값 좌표 차원	
		1	2
녹차	4	.769	-1.084
커피	9	.326	.363
홍차	5	-1.203	.215

변수 주 정규화

Q5

포인트: 좌표

범주	빈도	중심값 좌표 차원	
		1	2
연한 맛	9	.804	.361
진한 맛	9	-.804	-.361

변수 주 정규화

Q6

포인트: 좌표

범주	빈도	중심값 좌표 차원	
		1	2
자택	9	.702	-.463
외출처	9	-.702	.463

변수 주 정규화

범주 포인트의 결합 도표를 그리면 다음과 같다.

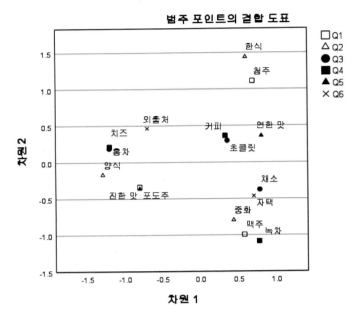

한편, 개체점수와 배치도는 다음과 같다.

개 체 점 수

회답자	차원 1	차원 2	Q1	Q2	Q3	Q4	Q5	Q6
1	-.328	-.157	포도주	중화	초콜릿	커피	진한 맛	외출처
2	-1.228	.066	포도주	양식	치즈	커피	진한 맛	외출처
3	.174	-.846	포도주	중화	채소	커피	진한 맛	자택
4	-1.647	.001	포도주	양식	치즈	흥차	진한 맛	외출처
5	1.068	1.050	청주	한식	채소	커피	연한 맛	자택
6	-.295	-.910	포도주	양식	초콜릿	녹차	진한 맛	자택
7	.684	1.449	청주	한식	채소	커피	연한 맛	외출처
8	.876	-.531	맥주	중화	초콜릿	커피	연한 맛	자택
9	-.795	-.554	맥주	중화	치즈	흥차	진한 맛	외출처
10	.567	1.738	청주	한식	초콜릿	커피	연한 맛	외출처
11	.174	-.846	포도주	중화	채소	커피	진한 맛	자택
12	1.114	-1.445	맥주	중화	채소	녹차	연한 맛	자택
13	.951	1.339	청주	한식	초콜릿	커피	연한 맛	자택
14	-.280	1.626	청주	한식	치즈	흥차	연한 맛	외출처
15	-1.647	.001	포도주	양식	치즈	흥차	진한 맛	외출처
16	1.145	-.537	청주	중화	채소	녹차	연한 맛	자택
17	1.114	-1.445	맥주	중화	채소	녹차	연한 맛	자택
18	-1.647	.001	포도주	양식	치즈	흥차	진한 맛	외출처
19[a]	.	.	.	.	.	.	.	.
20[a]	.	.	.	.	.	.	.	.

변수 주 정규화

a. Excluded case (case number).

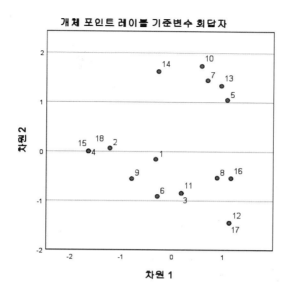

개체 포인트 레이블 기준변수 회답자

19번과 20번째의 개체점수가 공란으로 되어 있어, 제외되어 있는 것을 알 수 있다. 배치도상에 19번과 20번은 플롯되어 있지 않다.

(2) 결측값을 최빈값으로 추정하고 싶을 때

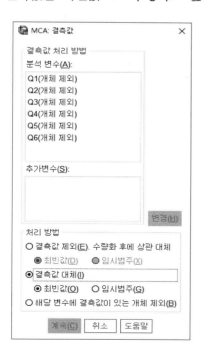
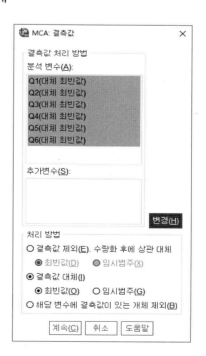

결측값을 최빈값으로 보충할 때에는 [결측값] 대화상자에서 [결측값 대체], [최빈값]을 선택한다. [분석변수(A)] 난에 있는 Q1, Q2, Q3, Q4, Q5, Q6를 선택하고 [변경(H)] 버튼을 클릭한다.

그리고 다중대응분석을 실행하면 다음과 같은 출력결과를 얻게 된다. 결측값이 있는 2행은 제거되어 있지 않으므로, 도수의 합계는 20으로 되어 있다.

Q1

포인트: 좌표

범주	빈도	중심값 좌표 차원 1	2
청주	6	.588	-1.249
맥주	5	.675	.821
포도주	9	-.767	.376

변수 주 정규화

Q2

포인트: 좌표

범주	빈도	중심값 좌표 차원 1	2
한식	6	.235	-1.446
중화	9	.559	.723
양식	5	-1.288	.433

변수 주 정규화

Q3

포인트: 좌표

범주	빈도	중심값 좌표 차원 1	2
채소	7	.846	.144
초콜릿	6	.410	.049
치즈	7	-1.197	-.185

변수 주 정규화

Q4

포인트: 좌표

범주	빈도	중심값 좌표 차원 1	2
녹차	4	.891	.804
커피	10	.359	-.163
홍차	6	-1.192	-.264

변수 주 정규화

Q5

포인트: 좌표

범주	빈도	중심값 좌표 차원 1	2
연한 맛	10	.612	-.608
진한 맛	10	-.612	.608

변수 주 정규화

Q6

포인트: 좌표

범주	빈도	중심값 좌표 차원 1	2
자택	10	.766	.403
외출처	10	-.766	-.403

변수 주 정규화

범주 포인트의 결합 도표를 그리면 다음과 같다.

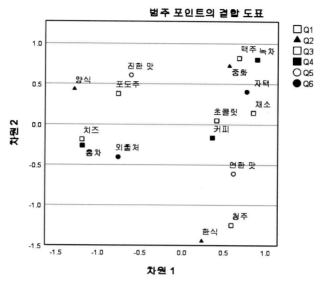

변수 주 정규화

한편, 개체점수와 배치도는 다음과 같다. 19번과 20번째의 개체점수가 계산되어 있는 것을 알 수 있다. 배치도상에 19번과 20번은 플롯되어 있다.

개체 점수

회답자	차원 1	차원 2	Q1	Q2	Q3	Q4	Q5	Q6
1	-.236	.510	포도주	중화	초콜릿	커피	진한 맛	외출처
2	-1.232	.286	포도주	양식	치즈	커피	진한 맛	외출처
3	.332	.899	포도주	중화	채소	커피	진한 맛	자택
4	-1.679	.244	포도주	양식	치즈	홍차	진한 맛	외출처
5	.982	-1.255	청주	한식	채소	커피	연한 맛	자택
6	-.173	1.149	포도주	양식	초콜릿	녹차	진한 맛	자택
7	.540	-1.602	청주	한식	채소	커피	연한 맛	외출처
8	.975	.526	맥주	중화	초콜릿	커피	연한 맛	자택
9	-.731	.560	맥주	중화	치즈	홍차	진한 맛	외출처
10	.414	-1.644	청주	한식	초콜릿	커피	연한 맛	외출처
11	.332	.899	포도주	중화	채소	커피	진한 맛	자택
12	1.254	.985	맥주	중화	채소	녹차	연한 맛	자택
13	.856	-1.298	청주	한식	초콜릿	커피	연한 맛	자택
14	-.496	-1.786	청주	한식	치즈	홍차	연한 맛	외출처
15	-1.679	.244	포도주	양식	치즈	홍차	진한 맛	외출처
16	1.229	.095	청주	중화	채소	녹차	연한 맛	자택
17	1.254	.985	맥주	중화	채소	녹차	연한 맛	자택
18	-1.679	.244	포도주	양식	치즈	홍차	진한 맛	외출처
19	-.887	-1.087	포도주	한식	치즈	홍차	연한 맛	외출처
20	.622	1.049	맥주	중화	초콜릿	커피	진한 맛	자택

변수 주 정규화

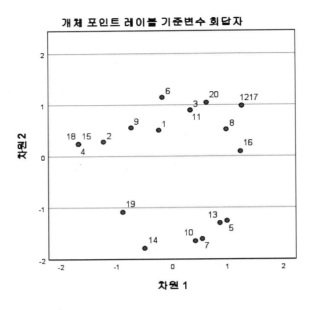

개체 포인트 레이블 기준변수 회답자

(3) 결측값을 임시범주로 추정하고 싶을 때

결측값을 무회답이라고 하는 범주를 추가해서 보충할 때에는 [결측값] 대화상자에서 [결측값 대치], [임시범주]를 선택한다. [분석변수(A)] 난에 있는 Q1, Q2, Q3, Q4, Q5, Q6를 선택하고 [변경(H)] 버튼을 클릭한다.

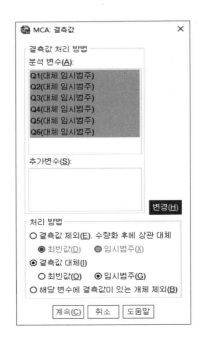

그리고 다중대응분석을 실행하면 다음과 같은 출력결과를 얻게 된다.

Q1

포인트: 좌표

범주	빈도	중심값 좌표 차원 1	2
청주	6	.574	1.102
맥주	5	.684	-.657
포도주	8	-.738	-.670
임시범주	1	-.961	2.038

변수 주 정규화

Q2

포인트: 좌표

범주	빈도	중심값 좌표 차원 1	2
한식	6	.210	1.430
중화	8	.556	-.566
양식	5	-1.275	-.561
임시범주	1	.666	-1.253

변수 주 정규화

Q1과 Q2에는 결측값이 있기 때문에 무회답이라고 하는 범주가 '임시범주'로 추가되어 있는 것을 알 수 있다. 한편, 다음에 보이는 바와 같이 Q3, Q4, Q5, Q6에는 결측값이 없으므로 임시범주는 나타나고 있지 않다.

Q3

포인트: 좌표

범주	빈도	중심값 좌표 차원 1	2
채소	7	.845	-.081
초콜릿	6	.420	-.201
치즈	7	-1.205	.253

변수 주 정규화

Q4

포인트: 좌표

범주	빈도	중심값 좌표 차원 1	2
녹차	4	.895	-.601
커피	10	.364	.013
홍차	6	-1.203	.379

변수 주 정규화

Q5

포인트: 좌표

범주	빈도	중심값 좌표 차원 1	2
연한 맛	10	.597	.697
진한 맛	10	-.597	-.697

변수 주 정규화

Q6

포인트: 좌표

범주	빈도	중심값 좌표 차원 1	2
자택	10	.773	-.383
외출처	10	-.773	.383

변수 주 정규화

범주 포인트의 결합 도표를 그리면 다음과 같다.

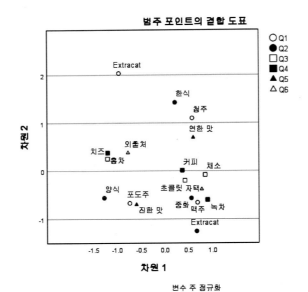

범주 포인트의 결합 도표

변수 주 정규화

'Extracat'로 표시되어 있는 것이 임시범주이다. 이 예에서는 ○는 Q1, ●는 Q2의 임시 범주를 나타내고 있다.

한편, 개체점수와 배치도는 다음과 같다. 19번과 20번째의 개체점수가 계산되어 있는 것을 알 수 있다. 배치도상에 19번과 20번은 플롯되어 있다.

개체 점수

회답자	차원 1	차원 2	Q1	Q2	Q3	Q4	Q5	Q6
1	-.221	-.685	포도주	중화	초콜릿	커피	진한 맛	외출처
2	-1.217	-.504	포도주	양식	치즈	커피	진한 맛	외출처
3	.347	-.937	포도주	중화	채소	커피	진한 맛	자택
4	-1.669	-.359	포도주	양식	치즈	홍차	진한 맛	외출처
5	.969	1.092	청주	한식	채소	커피	연한 맛	자택
6	-.150	-1.224	포도주	양식	초콜릿	녹차	진한 맛	자택
7	.523	1.393	청주	한식	채소	커피	연한 맛	외출처
8	.978	-.432	맥주	중화	초콜릿	커피	연한 맛	자택
9	-.731	-.355	맥주	중화	치즈	홍차	진한 맛	외출처
10	.401	1.345	청주	한식	초콜릿	커피	연한 맛	외출처
11	.347	-.937	포도주	중화	채소	커피	진한 맛	자택
12	1.253	-.624	맥주	중화	채소	녹차	연한 맛	자택
13	.847	1.044	청주	한식	초콜릿	커피	연한 맛	자택
14	-.519	1.669	청주	한식	치즈	홍차	연한 맛	외출처
15	-1.669	-.359	포도주	양식	치즈	홍차	진한 맛	외출처
16	1.222	.068	청주	중화	채소	녹차	연한 맛	자택
17	1.253	-.624	맥주	중화	채소	녹차	연한 맛	자택
18	-1.669	-.359	포도주	양식	치즈	홍차	진한 맛	외출처
19	-.961	2.038	임시범주	한식	치즈	홍차	연한 맛	외출처
20	.666	-1.253	맥주	임시범주	초콜릿	커피	진한 맛	자택

변수 주 정규화

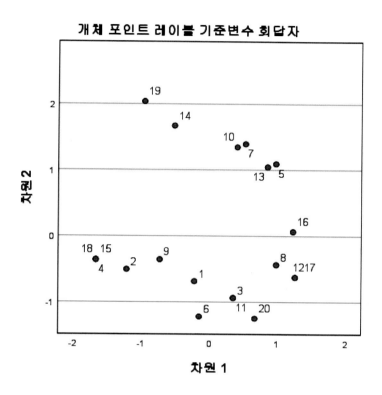

개체 포인트 레이블 기준변수 회답자

2. 추가처리 기능

> 추가처리의 예

[예제 13-1]의 20명에 대한 데이터표에 새로 다섯 명분의 회답결과를 추가하게 되었다. 단, 이 다섯 명은 미성년이기 때문에 Q1(알코올 음료의 기호)의 질문에는 회답하고 있지 않다. 그 결과가 <표 13.4>와 같다.

| 표 13.4 | **데이터표**

회답자	Q1	Q2	Q3	Q4	Q5	Q6
1	3	2	2	2	2	2
2	3	3	3	2	2	2
3	3	2	1	2	2	1
4	3	3	3	3	2	2
5	1	1	1	2	1	2
6	3	3	2	1	2	1
7	1	1	1	2	1	2
8	2	2	2	2	1	1
9	2	2	3	3	2	2
10	1	1	2	2	1	2
11	3	2	1	2	2	1
12	2	2	1	1	1	1
13	1	1	2	2	1	1
14	1	1	3	3	1	2
15	3	3	3	3	2	2
16	1	2	1	1	1	1
17	2	2	1	1	1	1
18	3	3	3	3	2	2
19	1	1	3	3	1	2
20	2	3	2	2	2	1
21		2	1	3	1	2
22		1	1	3	1	2
23		2	2	3	1	2
24		1	2	2	2	1
25		1	1	2	1	2

이와 같은 때에는 Q1을 보조변수, 회답자 21부터 25를 보조개체로 하는 추가처리 기능을 사용하면 된다.

구체적으로는 다음과 같은 조작을 실시한다.

① 보조변수의 설정

다중대응분석 대화상자에서 [분석변수]에 Q2, Q3, Q4, Q5, Q6를, [추가변수]에 Q1을 투입한다.

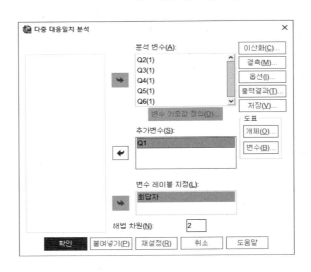

② 보조개체의 설정

[옵션]을 클릭한다. [처음(F)]에 21, [마지막(S)]에 25를 입력하고 [추가] 버튼을 클릭한다.

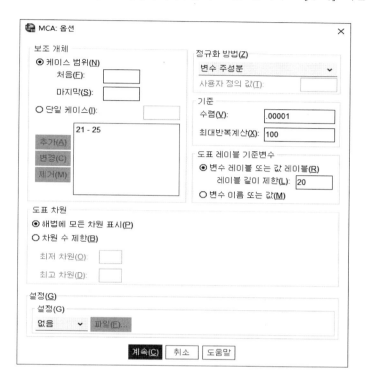

그 다음에 [계속] 버튼을 클릭한다. 설정한 후에 다중대응분석을 실시하면 다음과 같은 결과
가 출력된다.

① 관성

모형 요약

차원	Cronbach의 알파	설명된 분산		
		전체(고유값)	요약 관성	% 분산
1	.836	3.016	.603	60.318
2	.517	1.706	.341	34.113
전체		4.722	.944	
평균	.721[a]	2.361	.472	47.215

a. 평균 Cronbach의 알파는 평균 고유값에 기준합니다.

② 범주의 수량화

Q2

포인트: 좌표

범주	빈도	중심값 좌표 차원 1	중심값 좌표 차원 2
한식	6	.021	1.457
중화	8	.668	-.483
양식	6	-.912	-.814

변수 주 정규화

Q3

포인트: 좌표

범주	빈도	중심값 좌표 차원 1	중심값 좌표 차원 2
채소	7	.959	-.058
초콜릿	6	.327	.023
치즈	7	-1.240	.039

변수 주 정규화

Q4

포인트: 좌표

범주	빈도	중심값 좌표 차원 1	중심값 좌표 차원 2
녹차	4	1.065	-.778
커피	10	.338	.227
홍차	6	-1.273	.140

변수 주 정규화

Q5

포인트: 좌표

범주	빈도	중심값 좌표 차원 1	중심값 좌표 차원 2
연한 맛	10	.500	.727
진한 맛	10	-.500	-.727

변수 주 정규화

Q6

포인트: 좌표

범주	빈도	중심값 좌표 차원 1	중심값 좌표 차원 2
자택	10	.822	-.306
외출처	10	-.822	.306

변수 주 정규화

Q1[a]

포인트: 좌표

범주	빈도	중심값 좌표 차원 1	중심값 좌표 차원 2
청주	7	.208	1.174
맥주	5	.503	-.461
포도주	8	-.497	-.739

변수 주 정규화
a. 추가변수

여기에서 보조변수로서 설정한 Q1은 위와 같이 출력된다.

③ 범주 포인트의 결합 도표

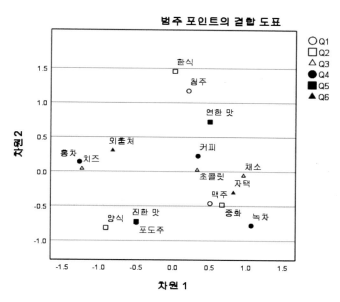

변수 주 정규화

④ 개체점수와 배치도

개체 점수

회답자	차원 1	2	Q2	Q3	Q4	Q5	Q6	Q1
1	.003	-.380	중화	초콜릿	커피	진한 맛	외출처	포도주
2	-1.040	-.567	양식	치즈	커피	진한 맛	외출처	포도주
3	.758	-.789	중화	채소	커피	진한 맛	자택	포도주
4	-1.574	-.620	양식	치즈	홍차	진한 맛	외출처	포도주
5	.876	1.201	한식	채소	커피	연한 맛	자택	청주
6	.266	-1.524	양식	초콜릿	녹차	진한 맛	자택	포도주
7	.330	1.559	한식	채소	커피	연한 맛	외출처	청주
8	.880	.113	중화	초콜릿	커피	연한 맛	자택	맥주
9	-1.050	-.427	중화	치즈	홍차	진한 맛	외출처	맥주
10	.120	1.609	한식	초콜릿	커피	연한 맛	외출처	청주
11	.758	-.789	중화	채소	커피	진한 맛	자택	포도주
12	1.331	-.529	중화	채소	녹차	연한 맛	자택	맥주
13	.666	1.251	한식	초콜릿	커피	연한 맛	자택	청주
14	-.933	1.563	한식	치즈	홍차	연한 맛	외출처	청주
15	-1.574	-.620	양식	치즈	홍차	진한 맛	외출처	포도주
16	1.331	-.529	중화	채소	녹차	연한 맛	자택	청주
17	1.331	-.529	중화	채소	녹차	연한 맛	자택	맥주
18	-1.574	-.620	양식	치즈	홍차	진한 맛	외출처	포도주
19	-.933	1.563	한식	치즈	홍차	연한 맛	외출처	청주
20	.025	-.932	양식	초콜릿	커피	진한 맛	자택	맥주
21[a]	.011	.367	중화	채소	홍차	연한 맛	외출처	.
22[a]	-.204	1.506	한식	채소	홍차	연한 맛	외출처	.
23[a]	-.199	.417	중화	초콜릿	홍차	연한 맛	외출처	.
24[a]	.334	.399	한식	초콜릿	커피	진한 맛	자택	.
25[a]	.330	1.559	한식	채소	커피	연한 맛	외출처	.

변수 주 정규화

a. 보조개체

회답자 21부터 25가 보조개체가 되어 있는 것을 알 수 있다. 배치도는 다음과 같다.

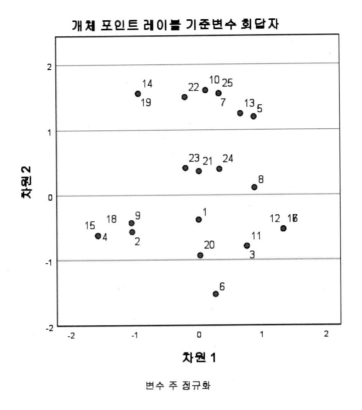

개체 포인트 레이블 기준변수 회답자

변수 주 정규화

회답자 21부터 25도 배치도상에 플롯되어 있는 것을 알 수 있다.

> **추가처리 기능의 활용**

추가처리 기능은 데이터 중에 이질적인 대상이나 이질적인 변수가 혼재하고 있을 때에 유효한 데이터 처리의 기능이다. 어떠한 경우에 활용할 수 있는지를 소개하기로 한다.

[활용 장면 1]

동일한 앙케트 조사를 연도를 바꾸어서 실시하는 경우에는 다음과 같은 데이터표가 된다.
이와 같은 때에는 금년의 회답자인 16번부터 30번을 보조개체로서 설정하는 방법을 생각할 수 있다. 이와 같이 하면 작년과 금년의 회답자 사이의 차이를 시각적으로 파악할 수가 있게 된다.

회답자	Q1	Q2	Q3	Q4
작년 1				
2		작년의 앙케트 조사의 회답결과		
3				
4				
5		15명		
6				
7				
8				
9				
10				
11				
12				
13				
14				
15				
금년 16				
17		금년의 앙케트 조사의 회답결과		
18				
19				
20		15명		
21				
22				
23				
24				
25				
26				
27				
28				
29				
30				

[활용 장면 2]

동일한 인물이 연도를 바꾸어서 회답하는 앙케트 조사의 경우에는 다음과 같은 데이터표가 된다.

회답자	작년				금년			
	Q1	Q2	Q3	Q4	Q5	Q6	Q7	Q8
1								
2		작년의 앙케트 조사의 회답결과				금년의 앙케트 조사의 회답결과		
3								
4								
5								
6								
7								
8								
9								
10								
11								
12								
13								
14								
15								

[활용 장면 3]

　동일한 인물이 동일한 앙케트 조사에 연도를 바꾸어서 회답하는 경우에는 활용장면 1의 분석
방법(16번부터 30번은 1번부터 15번과 동일한 인물)과 활용장면 2의 분석방법(Q5부터 Q8은
Q1부터 Q4와 같은 질문)이 가능하게 된다. 금년과 작년에 회답이 크게 변화한 회답자나 질문
을 시각적으로 파악할 수 있다.

	회답자	Q1	Q2	Q3	Q4
작년	1				
	2		작년의 앙케트 조사의 회답결과		
	3				
	4		15명		
	5				
	6				
	7				
	8				
	9				
	10				
	11				
	12				
	13				
	14				
	15				
금년	1				
	2		금년의 앙케트 조사의 회답결과		
	3				
	4		15명		
	5				
	6				
	7				
	8				
	9				
	10				
	11				
	12				
	13				
	14				
	15				

참고문헌

| 국내문헌 |

1. 강병서·김계수. 「사회과학 통계분석」. 고려정보산업, 1998.
2. 노형진. 「Excal로 배우는 경영수학」. 한올출판사, 2008.
3. 노형진. 「다변량해석 - 질적 데이터의 수량화 - 」. 석정, 1990.
4. 노형진·유한주·이상석. 「최신 통계학」. 석정, 1991.
5. 노형진. 「Excel에 의한 조사방법 및 통계분석」. 법문사, 1998.
6. 노형진. 「Excel에 의한 통계적 조사방법」. 형설출판사, 2000.
7. 노형진. 「Excel을 활용한 통계적 품질관리」. 형설출판사, 2000.
8. 노형진. 「SPSS에 의한 조사방법 및 통계분석」. 개정판. 형설출판사, 2005.
9. 노형진. 「SPSS에 의한 알기 쉬운 다변량분석」. 형설출판사, 2003.
10. 노형진. 「SPSS에 의한 다변량 데이터의 통계분석」. 도서출판 효산, 2007.
11. 정충영·최이규. 「SPSSWIN을 이용한 통계분석」. 무역경영사, 1996.

| 일본문헌 |

1. 內田治. 「すぐわかるSPSSによるアンケートの多變量解析」第2版. 東京圖書, 2007.
2. 內田治. 「すぐわかるSPSSによるアンケートのコレスポンデンス分析」. 東京圖書, 2006.
3. 奧野·芳賀·久米·吉澤. 「多變量解析法」. 日科技連出版, 1971.
4. 小林龍一. 「相關·回歸分析入門」. 日科技連出版, 1982.
5. 小林龍一. 「數量化入門」. 日科技連出版, 1981.
6. 小林·內田. 「やさしいSQC」. 日本經濟新聞社, 1986.
7. 芳賀·橋本. 「回歸分析と主成分分析」. 日科技連出版, 1980.
8. 林知己夫. 「數量化の方法」. 東洋經濟新報社, 1974.
9. 林知己夫. 「データ解析の方法」. 東洋經濟新報社, 1974.
10. ラッヘンブルック(鈴木·三宅譯). 「判別分析」. 現代數學社, 1979.

11. 柳井·高木 編者.「多變量解析ハンドブック」. 現代數學社, 1986.
12. 石村貞夫.「SPSSによる統計處理の手順」. 東京圖書, 1995.
13. 石村貞夫.「SPSSによる分散分析と多重比較の手順」. 東京圖書, 1997.
14. 石村貞夫.「SPSSによる時系列分析の手順」. 東京圖書, 1999.
15. 石村貞夫.「SPSSによる多變量データ解析の手順」第3版. 東京圖書, 2005.
16. 石村貞夫·石村光資郎.「SPSSでやさしく學ぶ多變量解析」第3版. 東京圖書, 2006.

| 서양문헌 |

1. Belsley, D. A., Kuh, E. and Welsch, R. E. : *Regression Diagnostics ; Identifying Influential Data and Sources of Collinearity*, John Wiley & Sons, 1980.

2. Chatterjee, S. and Price, B. : *Regression Analysis by Examples*, John Wiley & Sons, 1977.

3. Cook, R. D. and Weisberg, S. : *Residuals and Influence in Regression*, Chapman and Hall, 1982.

4. Draper, N. R. and Smith, H. : *Applied Regression Analysis*, John Wiley & Sons, 1981.

5. Everitt, B. S. : *The Analysis of Contingency Tables*, Chapman & Hall, London, 1977.

6. Kendall, M. G. : *Multivariate Analysis*, Charles Griffin, 1975.

7. Lachenbruch, P. A. : *Discriminant Analysis*, Hafner, 1975.

8. Rao, C. R. : *Linear Statistical Influence and Its Applications*, John Wiley & Wiley & Sons, 1973.

9. Seber, G. A. F. : *Linear Statistical Analysis*, John Wiley & Sons, 1977.

10. Weisberg, S. : *Applied Linear Regression*, John Wiley & Sons, 1980.

Index

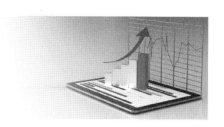

✿ 노형진(e-mail: hjno@kyonggi.ac.kr)

- 서울대학교 공과대학 졸업(공학사)
- 고려대학교 대학원 수료(경영학박사)
- 일본 쓰쿠바대학 대학원 수료(경영공학 박사과정)
- 일본 문부성 통계수리연구소 객원연구원
- 일본 동경대학 사회과학연구소 객원교수
- 러시아 극동대학교 한국학대학 교환교수
- 중국 중국해양대학 관리학원 객좌교수
- 현재) 경기대학교 경상대학 경영학과 명예교수
  한국제안활동협회 회장

| 주요 저서 |
- 『Amos로 배우는 구조방정식모형』 학현사
- 『SPSS를 활용한 주성분석과 요인분석』 한올출판사
- 『Excel 및 SPSS를 활용한 다변량분석 원리와 실천』 한올출판사
- 『SPSS를 활용한 연구조사방법』 지필미디어
- 『SPSS를 활용한 고급통계분석』 지필미디어
- 『제4차 산업혁명을 이끌어가는 스마트컴퍼니』 한올출판사
- 『제4차 산업혁명의 핵심동력 - 장수기업의 소프트파워-』 한올출판사
- 『제4차 산업혁명의 기린아 기술자의 왕국 혼다』 한올출판사
- 『제4차 산업혁명의 총아 제너럴 일렉트릭』 한올출판사
- 『망령의 포로 문재인과 아베신조』 한올출판사
- 『프로파간다의 달인』 한올출판사
- 『3년의 폭정으로 100년이 무너지다』 한올출판사

✿ 유자양(e-mail: victor@kgu.ac.kr)

- 석가장육군사관학교 공상관리학과 졸업(관리학 학사)
- 경기대학교 대학원 석사과정 졸업(경영학석사)
- 경기대학교 대학원 박사과정 졸업(경영학박사)
- 현재) 경기대학교 대학원 글로벌비즈니스학과 교수

| 주요 저서 |
- 『SPSS및 EXCEL을 활용한 다변량분석 이론과 실제』 지필미디어
- 『Excel을 활용한 컴퓨터 경영통계』 학현사.
- 『엑셀을 활용한 품질경영』 한올출판사

✿ 조신생(e-mail: xinshengxyz@dsu.ac.kr)

- 요성대학교 한국어전공 졸업
- 경기대학교 이벤트학과 졸업(관광학사)
- 경기대학교 대학원 석사과정 졸업(경영학석사)
- 경기대학교 대학원 박사과정 졸업(경영학박사)
- 하북민족사범대학교 관광항공서비스대학 교수 역임
- 현재) 동신대학교 기초교양대학 교수

| 주요 저서 |
- 『SPSS를 활용한 설문조사 및 통계분석』 학현사
- 『마케팅경영전략연구』 길림출판사.

✿ 동초희(e-mail: chrisdong0715@hotmail.com)

- 충칭사범대학교 영어영문학과(문학 학사)
- 경기대학교 대학원 무역학과 졸업(경영학석사)
- 경기대학교 대학원 글로벌비즈니스학과 박사과정수료
- 현재) 명지대학교 국제학부 공상관리전공 객원교수

| 주요 저서 |
- 한국 전자산업의 대중국 직접투자 결정요인에 관한연구,
  경기대학교 대학원
- 『엑셀을 활용한 품질경영』 한올출판사

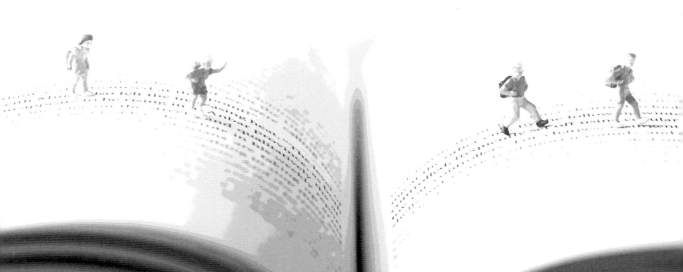

SPSS에 의한 다변량분석 기초에서 응용까지

초판 1쇄 발행 2008년 4월 15일
2판 1쇄 발행 2022년 6월 20일

저 자   노형진·유자양·조신생·동초희
펴낸이   임순재
펴낸곳   (주)한올출판사
등 록   제11-403호
주 소   서울시 마포구 모래내로 83(성산동 한올빌딩 3층)
전 화   (02) 376-4298(대표)
팩 스   (02) 302-8073
홈페이지 www.hanol.co.kr
e-메일   hanol@hanol.co.kr
ISBN   979-11-6647-234-3

• 이 책의 내용은 저작권법의 보호를 받고 있습니다.
• 잘못 만들어진 책은 본사나 구입하신 서점에서 바꾸어 드립니다.
• 저자와의 협의 하에 인지가 생략되었습니다.
• 책 값은 뒤 표지에 있습니다.

SPSS에 의한
다변량분석 기초에서
응용까지

SPSS에 의한
다변량분석 기초에서
응용까지

SPSS에 의한
다변량분석 기초에서
응용까지